U0369792

当代中国农业安全问题研究

——基于国家治理现代化的研究视角

赫永超　著

南开大学出版社

天　津

图书在版编目(CIP)数据

　　当代中国农业安全问题研究：基于国家治理现代化的研究视角 / 赫永超著. —天津：南开大学出版社，2021.1

　　ISBN 978-7-310-06072-6

　　Ⅰ. ①当… Ⅱ. ①赫… Ⅲ. ①农业生产－安全生产－研究－中国 Ⅳ. ①F325

中国版本图书馆 CIP 数据核字(2021)第 004679 号

当代中国农业安全问题研究——基于国家治理现代化的研究视角
DANGDAI ZHONGGUO NONGYE ANQUAN WENTI YANJIU
——JIYU GUOJIA ZHILI XIANDAIHUA DE YANJIU SHIJIAO

南开大学出版社出版发行
出版人：陈　敬
地址：天津市南开区卫津路 94 号　　邮政编码：300071
营销部电话：(022)23508339　营销部传真：(022)23508542
http://www.nkup.com.cn

北京君升印刷有限公司印刷　全国各地新华书店经销
2021 年 1 月第 1 版　　2021 年 1 月第 1 次印刷
210×148 毫米　32 开本　9.75 印张　2 插页　252 千字
定价：45.00 元

如遇图书印装质量问题,请与本社营销部联系调换,电话:(022)23508339

目　录

导　论 ……………………………………………………… 1
　　第一节　研究缘起与选题意义 ……………………………… 1
　　第二节　国内外研究述评 …………………………………… 4
　　第三节　主要概念 ………………………………………… 23
　　第四节　理论基础与研究思路 …………………………… 32
　　第五节　本书创新与不足 ………………………………… 37
第一章　国家治理现代化与农业安全 …………………… 39
　　第一节　国家治理现代化内容及其价值目标 …………… 40
　　第二节　国家治理现代化与农业安全的关系 …………… 56
第二章　当前我国面临的农业安全问题 ………………… 101
　　第一节　粮食安全 ………………………………………… 101
　　第二节　种子安全 ………………………………………… 118
　　第三节　农产品安全 ……………………………………… 124
　　第四节　农业生态安全 …………………………………… 138
第三章　我国农业安全问题原因探析 …………………… 154
　　第一节　农业安全治理缺乏战略意识 …………………… 154
　　第二节　产业供需失衡 …………………………………… 167
　　第三节　产业经营竞争力不足 …………………………… 177
　　第四节　农业法律监管机制不科学 ……………………… 184
第四章　农业安全对国家治理现代化提出的要求 ……… 191
　　第一节　农业政策制定要体现科学性 …………………… 192
　　第二节　农业政策抉择民主化 …………………………… 205

　　第三节　农业政策体系法治化 ……………………… 214

　　第四节　农业政策落实强化责任制 ………………… 224

第五章　我国农业安全的战略选择与实现路径 ……… 233

　　第一节　加强顶层设计 ……………………………… 233

　　第二节　构建现代农业治理体系 …………………… 248

　　第三节　提升农业安全治理能力 …………………… 266

结　论 ……………………………………………………… 284

参考文献 ………………………………………………… 287

后　记 …………………………………………………… 303

导　论

第一节　研究缘起与选题意义

一、研究缘起

农业是衣食之源，是人类生存和发展的基础。我国是一个人口众多、农业资源相对不足的发展中国家，这一国情决定了作为国民经济的基础产业，农业必须保持持续稳定增长，既不能停滞徘徊，更不能滑坡下降。发展农业从而解决国家农业安全问题是实现和维护国家安全非常重要的举措。随着城镇化以及农业、农村现代化进程的不断推进，我国农业发展不断遇到新问题，农业安全形势复杂严峻，面临农业生产能力不足、农业劳动力流失、农业生态环境污染严重等一系列挑战，有学者甚至指出我国的农业安全呈现由"潜在非安全"向"显在非安全"乃至危机演化的态势[①]。我国人口和资源之间的矛盾对农业发展提出了高效、生态、持续、稳定的要求。未来如何在我国水土资源和劳动力资源都较为紧张的条件下生产出质优价廉、种类丰富的农产品是我国农业发展亟须解决的一个非常突出的现实问题。因此，在国家治理现代化的框架内研究农业安全发展战略，对于稳定农业生产，增强农业抵抗风险能力，实现农业现代化和可持续发展，从而实现国家农业安全具有重大意义。

农业安全作为一种基础性准公共产品，既是经济问题，也是社会问题，更是政治问题，从政治高度认识国家粮食安全问题，不仅

[①] 朱晓峰：《论我国的农业安全》，《经济学家》，2002 年第 1 期。

是坚持具有中国特色农业现代化的实践需要，也是国家治理现代化进程的内在要求。国家治理的现代化提倡的民主、法治、责任、稳定、和谐等价值内涵运用在农业现代化中，主要体现为：农业安全的责任主体是政府，农业安全政策应当遵循民主程序，种子安全是一个法治问题，粮食安全是国家稳定的基础，农业生态安全关乎多重和谐，这些均与农业现代化发展密切相关。尽管改革开放以来我国的农业安全形势总体良好，当前农业供给侧结构性改革也被提上了日程，但是我们对此并不能过于乐观，我国农业安全问题的解决仍任重道远。

农业安全是农业现代化的一个重要发展目标，农业现代化是国家治理现代化的重要组成部分。农业现代化及国家治理现代化同属一个整体进程并相互作用，且农业现代化作为国家治理现代化的内容之一更推动着国家治理现代化内涵的不断丰富，而国家治理现代化的价值理念与内涵又为农业现代化提供了具体的支持，这两个方面共同影响着我国农业的发展和农业安全形势。因此，在国家治理现代化进程这一时代背景中考察农业安全，是探索在农业现代化建设过程中实现农业安全的有效手段，也是确保农业现代化和社会主义现代化协调统一发展的重要方法。

二、选题意义

（一）理论意义

本研究在理论上能够丰富国家治理现代化的内涵。国家治理现代化是当前学界比较关注的一个热点问题，农业现代化和农业安全作为国家治理现代化的题中应有之义，本研究的理论意义就在于不是从单一视角来研究影响农业安全的因素及保障农业安全的方法，而是通过分析国家治理现代化理论中责任、民主、法治、稳定、和谐的标准和价值目标来阐述农业安全政策的制定和实施，这是一种整体的、系统的分析，涵盖了与农业安全相关联的国内政治、经济、社会和生态环境等多个方面的因素。当前学界基本没有从国家治理现代化这个视角出发对农业问题进行的相关研究，国家治理现代化与农业现代化之间、农业安全与农业现代化之间相辅相成又不可分割的有机联系，决定了农业安全是国家治理现代化的重要内容，也是保证国家治理现代化顺利实现所不可或缺的重要一环。因此，从国家治理现代化、国家治理体系和国家治理能力现代化的视角来研究农业安全问题有着重要的理论价值，能够为农业安全发展战略的制定奠定理论基础，为学界相关研究提供更加全面的理论上的参考和借鉴，进而丰富农业安全领域的理论研究成果。

（二）实践意义

本书的实践意义在于推动国家治理现代化价值内涵在农业安全政策领域的实际应用。伴随着经济全球化和区域经济一体化不断深化，农业安全越来越成为各国关注的重大问题。中国是一个发展中国家，又是一个农业大国，农业安全事关国家的政治、经济、军事安全和国家形象，事关国家改革稳定发展大局。从目前情况来看，确保农业安全不仅是必要的，而且是非常紧迫的。在这一背景下，党的十九大和连续多年的中央一号文件都特别强调"农业农村农民问题是关系国计民生的根本性问题"，"农业是安天下、稳民心的战略产业"。如何保持农业的稳定增长和持续发展，如何应对农业安全面临的问题与挑战，是研究者必须要思考的问题。因此，尽快提出研究中国农业安全问题以及如何解决农业安全问题，从而探讨出一整套的架构和方法，具有积极的现实意义。本书基于国家治理现代化理论，从政治学意义上来探讨构建农业安全的组合型政策，提出了稳定粮食产能、确保种子安全、提升食品安全水平以及改善农业生态环境等相关措施。总之，探寻国家治理现代化视角下的农业现代化进程及农业安全保障协同发展的路径，并提出相关的政策建议是本研究最重要的实践意义。

第二节　国内外研究述评

一、关于国家治理现代化的研究述评

为全面深化改革，党的十八届三中全会明确提出："完善和发展中国特色社会主义制度，推进国家治理能力和国家治理体系现代化。"这一改革的总目标表明，我国的国家治理既要构建一个现代的国家治理体系，又要提升现代国家的治国能力；既要牢固把握社会主义方向，又要坚持发展的现代化导向。当前学界对于国家治理能力现代化的研究主要集中在国家治理现代化的提出、内涵、实现路径，以及习近平国家治理现代化思想等方面。

（一）国家治理现代化的提出

在国家治理现代化的提出这个问题上，已有学者从不同角度分析了其脉络和演进过程，认为国家治理现代化的提出是中国在国家治理这一问题上作出的必然选择，既是对历史经验的总结，又是针对当前经济社会发展的新形势、新变化和新问题而提出，有着很强的问题导向性和现实针对性。

中国政治、经济、文化、社会发展日新月异，目前的中国已经与改革开放之前的中国大有不同，社会的主要矛盾已经发生了根本性的变化，党和国家所面临的主要任务也发生了根本性的变革，这要求我们必须进行改革，以推动国家治理现代化更上一个新台阶。由于经济发展，私有权利得到飞速扩张，广大人民群众更为关注切身利益，积极寻求参与国家治理并表达自我的机会，公民意识的觉醒既是国家治理现代化的基础，又推动了国家治理现代化的快速发展。我们看到，当今国际竞争已是综合国力的竞争，其中包括国家软实力的竞争，作为国家软实力的重要组成部分，国家治理的竞争更加激烈了，而现代化则是国家治理的发展方向。由此，国家治理现代化的提出，势在必行。

（二）国家治理现代化的内涵

关于国家治理现代化内涵，很多学者希望通过阐释治理、国家治理、国家治理体系以及国家治理能力的概念来阐述国家治理现代化的内在含义。胡鞍钢将"现代化"定义为由低级到高级的演变过程，更加突出了组织的自我成长和完善，进一步指出了国家治理体系现代化和治理能力现代化实质上是国家制度的现代化，既包括国家各种制度的成熟和完备，也包括这些制度能够得到公平、有效、透明的执行。①赵周贤、孙存良认为构成国家治理现代化的两个主要内容分别是国家治理体系现代化和国家治理能力现代化，国家治理体系的现代化是国家制度的完备和现代化，国家治理能力的现代化就是有效执行国家治理体系而形成的结果。国家治理的现代化具有法治化、民主化、效能化和公正化四个特征。②黄建钢认为"国家治理体系和治理能力现代化"是一个概念组合体，它是由"国家""治理""体系""能力"和"现代化"等概念组合而成的，其中蕴含了丰富的有机性、配合性和合力性等因素。其中，"国家"属于客体，"人民"属于主体。"人民"只有通过人民代表大会制度和全国人民代表大会才能发挥作用。可以说，有什么样的人民代表大会制度，就有什么样的对"人民"的要求，而有什么样的"人民"及其代表制度，才会有什么样的对"国家治理体系和治理能力现代化"的理解和操作。③也有学者从整体上来把握国家治理现代化的内涵，许耀桐认为民主化、法治化、制度化、多元化是对国家治理现代化的

---

① 胡鞍钢等：《中国国家治理现代化》，中国人民大学出版社 2016 年版，第 82、88 页。

② 赵周贤，孙存良：《国际比较视野下的国家治理现代化》，《国家治理现代化丛论》，杨海蛟，程竹汝主编，上海人民出版社 2017 年版，第 140 页。

③ 黄建钢：《概念辨析：国家治理体系和治理能力现代化》，《国家治理现代化丛论》，杨海蛟，程竹汝主编，上海人民出版社 2017 年版，第 125 页。

基本要求，也是国家治理现代化的基本内容和要义。他指出，如果国家治理走向现代化，那么必然要求国家事务治理的民主化、法治化、制度化和多元化，这"四化"使国家治理更有章法、更有效率。[1]

（三）国家治理现代化的实现路径

在推进国家治理现代化的路径这一问题上，学者们围绕制度建设、改革、法治等国家治理现代化进程中的关键要素作了阐述。鲍传健认为，国家治理体系现代化的关键在于制度的改革和创新，即制度的破与立。周余云、栾建章认为，要从政治、经济、文化和技术等多方面的制度创新入手：推动依法治国，促进民主协商；进一步创新治理逻辑，实现多层、多主体共同治理；建设服务型政府，促进治理专业化；创新公共外交，提升国家软实力；建立科学治理衡量指标，稳定激励预期。[2]桑玉成、刘建军也认为构建完善的国家治理体系关键在于制度构建，即完善的国家治理体系等同于国家治理的制度化，并进一步提出中国共产党作为执政党要在国家治理体系中发挥主导作用。[3]许耀桐指出，推进国家治理，高度重视制度建设问题，必须选择制度改革的路径，即对于经济、政治、文化、社会、生态体制和党的建设制度必须从全面深化改革着手。[4]于江、魏崇辉从多元主体协同治理的角度分析了国家治理现代化的逻辑理路，指出多元主体协同治理要始终坚持当代中国国家治理现代化的核心要义是中国共产党领导下的多元主体协同治理，要将多元主体协同治理作为中国特色社会主义民主政治发展的重要内容；共识缺失、既得利益集团危害、精英共谋是当代中国多元主体协同治理现代化面临的困境；多元主体协同治理的基本路径是重构政府、社会、

---

① 许耀桐：《中国国家治理体系现代化总论》，国家行政学院出版社 2016 年版，第 41 页。

② 周余云，栾建章：《金砖在失色？"金砖国家体系和治理能力建设国际研讨会"论文集》，中央编译出版社 2016 年版，第 152-154 页。

③ 桑玉成，刘建军：《第四件大事——构建现代化的民主政治和完善的国家治理结构》，《新视野》，2012 年第 6 期。

④ 许耀桐：《中国国家治理体系现代化总论》，国家行政学院出版社 2016 年版，第 8 页。

公民的关系。①还有学者从大数据、"互联网+"等现代信息技术运用的视角阐述了国家治理现代化的实现路径。舒前毅指出,大数据技术将为推进国家治理体系现代化提供新机遇,促使国家治理理念、治理主体乃至行政组织结构等发生新变化,可有效推进国家治理手段现代化,提升现代国家治理能力。②董立人指出,"互联网+"有利于实现治理主体的多元化,提高决策的科学化水平,推动静态管理向动态治理变革,提高政务精细化、可视化水平,提高智慧政府水平,从而有效地推动国家治理能力的现代化转型。③

(四)习近平的国家治理现代化思想

当前,学者们多是通过分析习近平总书记关于"治理"和"国家治理"的系列讲话,来分析习近平的国家治理现代化思想。杨光斌认为习近平在阐述治国理政时多从中华文明基体论出发,强调以改革为方法、以公正价值为导向,努力使制度体系与治理能力相适应,以使以民主集中制为内核的中国模式更具国际竞争力。习近平的国家治理现代化思想至少包括了中华文明基体论的认识论、以改革为主导的方法论、以公正为导向的价值论、制度体系和治理能力相协调的制度论、以中国模式为宗旨的目的论五个方面。④孙粤文认为,"四个全面"战略布局反映了习近平国家治理思维中的中国逻辑,即问题导向逻辑、人民期盼逻辑、动力发生逻辑、路径保障逻辑、领导调控逻辑,是对改革开放以来国家治理和中国特色社会主义现代化实践经验的总结和升华,开启了中国国家治理现代化的伟

---

① 于江,魏崇辉:《多元主体协同治理:国家治理现代化之逻辑理路》,《求实》,2015年第4期。

② 舒前毅:《大数据技术与国家治理现代化》,《湖北行政学院学报》,2016年第6期。

③ 董立人:《"互联网+"助推国家治理体系和治理能力现代化》,《中共四川省委党校学报》,2016年第4期。

④ 杨光斌:《习近平的国家治理现代化思想——中国文明基体论的延续》,《行政科学论坛》,2015年第4期。

大征程。①许耀桐指出，在习近平国家治理现代化思想中，国家治理体系涵盖了经济、政治、文化、社会、生态文明和党的建设六大领域的治理，国家治理能力涵盖了改革发展稳定、内政外交国防、治党治国治军等几个方面。②刘志昌阐述了习近平国家治理现代化思想的形成、基本框架和基本要求，并指出，习近平国家治理现代化思想在治理体系上强调坚持中国特色社会主义制度和发展中国特色社会主义制度的有机统一，在治理主体上强调坚持党的领导和人民主体地位的有机统一，在治理方式上强调依法治国、依法执政、依法行政共同推进，在治理目标上强调坚持治理体系和治理能力现代化的有机统一。③

　　综上所述，学界关于国家治理现代化的研究已取得不少成果，对相关问题的研究已达到一定的深度，这为本研究提供了学术参考和研究思路，但这些研究仍存在一些不足：第一，理论深度和广度有待进一步扩展。当前针对国家治理现代化的研究多是关于国家治理现代化基础理论方面的，诸如国家治理现代化的提出、地位、重要意义、内涵、实现途径等，并且简单重复的问题比较明显。第二，研究视角较为单一。国家治理现代化是一个涉及多个方面、多个层次和多个领域的问题，因此，对它的研究也应该体现出跨学科和学科交叉性。但是，当前关于国家治理现代化的研究多集中于政治学、行政管理、法学这几个学科领域，而从经济学、生态学、社会学等学科视角进行的研究相对较少。第三，在研究方法上，主要以定性研究为主，而实证研究、计量分析和模型研究却较少，这就导致理论和实践相脱离，使理论研究无法很好地指导国家治理的实践。

① 孙粤文：《"四个全面"战略布局：习近平国家治理思维中的中国逻辑》，《长白学刊》，2016 年第 4 期。

② 许耀桐：《习近平的国家治理现代化思想论析》，《上海行政学院学报》，2014 年第 7 期。

③ 刘志昌：《习近平国家治理现代化思想研究》，《社会主义研究》，2016 年第 5 期。

二、关于农业安全的研究述评

伴随着经济全球化的深入发展以及农业竞争的日益激烈，各国政府和有关学者对农业安全问题的关注和重视达到了一个前所未有的高度。当前，我国学者对农业安全问题从不同视角进行了大量的、多方位的研究，研究的主题和方向主要集中在农业安全的内涵、农业安全的重要性、影响我国农业安全的因素、我国农业安全面临的挑战以及我国应对农业安全问题的战略选择等方面。

（一）农业安全的内涵

关于我国农业安全的内涵，目前学术界尚未达成共识，学者们各自持有不同的看法，这一现状亦从侧面反映了农业安全所涵盖的内容之广、牵扯方面之多。综合各家观点，本书将其整理归纳为以下四个方面。

第一，注重自主性与竞争力的农业安全。这是围绕农业的自主性、可持续性、国际竞争能力阐释农业安全的主要观点，主要着眼于如何保障农业的自给自足，减少对外的依存度，将农业发展的主动权掌握在自己的手中，其实质就是将农业视为基本的战略保障，即国家安全的基本力量。

第二，注重质量的农业安全。农业质量安全主张的代表人物是赵其国，他指出，农业安全归根到底就是农业的质量安全，农业安全工作的开展应当以如何提高农产品的质量作为目标和主题，这不仅是国计民生的需求，也是国际竞争的需要，更是社会发展到今天的必然结果，因此，他认为质量是农业安全的首要问题。

第三，注重可持续性的农业安全。这部分观点认为可持续性是农业安全的核心，也是目前农业亟待解决的重要问题，要确保农业作为国民经济基础产业的地位不动摇，更要解决农业作为脆弱性产业受到外界变化影响较大的问题，国家必须出面解决好农业发展的可持续性。也有学者认为，农业安全的核心是农业在提供食品方面的可持续性，同时也包括在提供就业和创收能力上的可持续性。除此之外，也有学者从保障需求和供求平衡两个方面阐释了农业安全的内涵，如党从速就认为，农业安全包括两方面内容，一是在合理的分配制度和良好的消费习惯下，农业生产力能够保障人民群众必要的物质资料品种与结构、数量与质量、当前与持续的需求；二是在必要的战略储备基础上，我们能够顺畅实现农产品的等价交换和供求平衡。①

第四，注重抵御外部势力干扰的农业安全。这种观点主要阐述了农业在国家粮食自给自足不受他国侵扰，在抵御外部势力干扰过程中所发挥的作用。还有观点主要从国际竞争的角度阐释了农业安全的具体内涵，认为拥有农业的自主权和发展权是一国农业安全的应有含义，该观点立足于本国权益不受侵害并且具有持续发展潜能的前提，阐释了一个国家必须有能力应对各种外来干扰，而这就必然要求国家农业在国际竞争当中处于优势地位。

（二）农业安全的重要性

对外，农业安全应保证一国的农业在国际经济活动中的自主性、自卫力和竞争力，能够应对外来干扰与威胁；对内，农业安全应在保证质量的前提下满足一国人民不断增加的食品需求，并处于可持续发展的状态。有关农业安全重要性的研究主要包括以下两个方面：一是农业的重要性，二是农业安全在国家安全当中的重要地位。其中，农业的重要性主要体现在以下三个方面。

第一，农业是国民经济的基础。农业的基础性主要表现在，如果没有农业的贡献，那么其他产业的发展就是无源之水，无本之木，农业为其他产业提供了基础性的生产资料。基于此，如果农业的生产效率得不到提高，农业的剩余价值得不到提高，其他产业的发展也会受到重大影响。同时，顾益康、袁海平也指出，农业是国民经

---

① 党从速：《从农业安全视角探索支农模式的创新思路》，《中国财政》，2014 年第 1 期。

济增长和其他产业发展的基础，农业的发展水平制约着工业乃至整个国民经济发展的速度和规模。[①]

第二，农业是人类生存与社会发展的保障。国家统计局统计科学研究所指出，从理论上讲，农业是国民经济的基础，农业安全对整个社会都具有十分重要的意义，在一定意义上可以认为农业安全是国民经济安全的前提。农业为我们提供赖以生存的食品；农业还为其他产业提供原材料的支持，如果没有农业，其他产业不具有可持续发展的基础；农业一方面为农民创收提供条件，另一方面农村市场本身也是工业发展不可缺少的条件。从我国农业的现实情况来看，我国作为一个人口大国，对于农业的要求相比其他国家更多，所以，农业安全问题所带来的风险就更大，我们也就更应当关注农业安全；农业安全的好坏，更直接关系到农村的安全以及农村人口的生存状况；此外，农业还关系到中国经济发展的可持续性。

第三，农业的多功能性。肖凤琴认为，由于新时代农业的多样化发展，除了生产食物、纤维等之外，农业还有其他产出效应，如美化环境、保持水土及生态平衡、提供野生动植物栖息地、维护生物多样性、保护文化遗产、促进农村社区发展、保障食物安全等。[②]程同顺、赫永超在研究中指出，从一个更加现代、更加全面的角度来看，农业具有环境与生态价值、保存和延续文化多样性的功能，有着十分重要的政治意义和战略价值。[③]

农业安全在国家安全当中的重要地位主要从以下三个方面进行阐述。

第一，国家安全的含义。周玉梅将国家安全分为军事安全、经

---

① 顾益康，袁海平：《中国农业安全问题思考》，《农业经济问题》，2010年第4期。

② 肖凤琴：《中国农业安全问题研究》，首都师范大学硕士学位论文，2005年。

③ 程同顺，赫永超：《当前中国农业安全隐患及其战略选择》，《中共中央党校学报》，2014年第3期。

济安全和资源安全。[①]杜萌、张媛将国家安全分为对内和对外两个方面，认为国家安全对内是指国家的政治、经济、文化、环境等方面保持良性发展；对外是指国家主权不受侵犯，国家利益不受威胁。[②]

第二，农业安全与国家战略安全。张岩松指出，农业的安全不仅仅是农业发展的自身问题，而且是经济社会可持续发展面临的重要问题，也是国家战略安全的重要组成部分。所以，对农业安全问题要从整体上来看，不能单独去看农产品的数量安全、质量安全，要把农业安全放在整个国家的战略安全角度去考虑，并制定政策，确保我国的农业安全。[③]

第三，农业安全与国家经济安全。朱晓峰认为，我国农业在国民经济中的基础地位，决定了农业安全对于国家经济安全具有重要意义，作为国民经济的基础性产业，农业关系到 21 世纪我国改革开放和现代化建设的全局。[④]肖凤琴指出，产业安全是国家经济安全的根基，农业在我国国民经济中的特殊基础性地位和农业安全的主要特征，决定了农业安全必然在我国国家经济安全体系中处于基础性地位，农业不安全必将危及国家经济安全，实现国家经济安全必须确保农业安全。[⑤]崔卫杰在研究中表明，农业作为国民经济的基础性产业，农业安全事关国家安全，应高度重视并形成有效应对机制，为加快实现农业现代化提供保障。[⑥]

（三）我国农业安全面临的挑战

如上文提到的，尽管近年来我国农业的产业发展总体上处于安全状态，但是我国的农业安全也不可避免地面临诸多问题。通过对相关研究成果的整理和分析，本书将学者们对我国农业安全面临问

---

① 周玉梅：《论农业安全与可持续发展》，《经济纵横》，2005 年第 2 期。
② 杜萌，张媛：《浅析维护我国的国家安全问题》，《法制与社会》，2012 年第 4 期。
③ 张岩松：《从整体看待农业安全问题》，《小康财智》，2012 年第 6 期。
④ 朱晓峰：《论我国的农业安全》，《经济学家》，2002 年第 1 期。
⑤ 肖凤琴：《中国农业安全问题研究》，首都师范大学硕士学位论文，2005 年。
⑥ 崔卫杰：《开放形势下的中国农业产业安全》，《国际经济合作》，2015 年第 1 期。

题的观点分为内忧与外患两个方面。

1. 内忧：我国农业安全的内部问题

朱晓峰认为21世纪我国农业安全的内忧主要有以下三个方面：第一，农业生态环境进一步恶化；第二，粮食生产基本生产要素的供给已逼近危及粮食安全的警戒线；第三，我国农业生产体系不适应21世纪农产品质量安全的增长需求。[①]

徐洁香、邢孝兵在研究中表明，加入世界贸易组织（World Trade Organization，WTO。本书以下简称 WTO）的过渡期结束后，我国的农业安全受到较大的影响。首先，是对粮食安全的影响，我国粮油产品总体上不具有竞争优势，加入 WTO 后在国际市场的冲击下农业生产将相对萎缩，不利于保障粮食安全。其次，是对农民收入的影响，在农业结构调整过程中，主产区的粮食产量会趋于下降，农民纯收入也将趋于减少。[②]

周玉梅从可持续发展的角度指出我国农业安全面临的资源短缺和环境污染问题：第一，资源约束。我国耕地和水资源不足的刚性约束，足以构成影响我国农业安全和可持续发展的关键性因素。第二，农业污染。我国在农业生产中所施用的剧毒农药会严重影响农产品质量。第三，乡镇企业的环境污染。由于乡镇企业设备陈旧，单位产量中能源、原材料等资源消耗大，造成了严重污染。第四，环境污染的异地转移。我国进口的有色金属废渣等含有大量的有毒物质，对农村的生态环境造成了严重污染。[③]

顾益康、袁海平认为目前我国农业安全面临以下十大危机和挑战：第一，农产品主权威胁逼近；第二，农业耕地资源锐减；第三，农业水资源严重短缺；第四，农业生态环境恶化；第五，农业生物种源失控；第六，农业气象灾害频发；第七，农业技术风险增大；

① 朱晓峰：《论我国的农业安全》，《经济学家》，2002 年第 1 期。
② 徐洁香，邢孝兵：《当前我国农业产业安全问题探析》，《商业研究》，2005 年第 17 期。
③ 周玉梅：《论农业安全与可持续发展》，《经济纵横》，2005 年第 2 期。

第八，农业经营主体弱化；第九，农业投入及报酬递减；第十，农业地位边缘化警示。[①]

程同顺、赫永超将当前我国农业安全面临的风险分为四个方面：第一，农业缺乏足够的吸引力。由于中国农民难以通过市场来充分实现自身经济利益的最大化，农业对于农民的吸引力不断衰减。第二，粮食安全存在风险。中国人口多，对粮食的需求量大，再加上"民以食为天"的传统观念，粮食短缺的后果可能更加严重。第三，种子安全潜藏危机。粮食安全和种子安全关乎国家安全，而目前我国农产品种子的专利权多由少数西方国家所垄断。第四，非法转基因农作物存在失控的危险。由于利益的驱动和监管的困难，目前我国境内非法进口和种植转基因农作物的现象时有发生，这种情况如再不加以限制，有失控的可能。[②]

2. 外患：我国农业安全的外部风险

我国的农业安全不仅面临着诸多内部问题，还存在着一定的外部风险。A. J. 雷纳与 D. 科尔曼在其专著中指出，中国的农产品对外贸易在 20 世纪 80 年代经历了相当多的变革，这种变革部分地反映了国内政策的结果，部分地归因于中国外贸政策改革。然而，这些改革并没有充分地降低贸易壁垒从而在农业生产上产生重大的结构性变革，中央政府仍继续垄断着主要农产品的对外贸易，因此，国内农业发展仍然在相当程度上与国际市场形势相背离。[③]

刘乐山认为，加入 WTO 之后，我国的农业安全面临的外部风险主要体现在两个方面：第一，大幅度降低关税和低关税配额对中国主要农产品的生产和销售造成了一定的冲击，主要农产品的进口

---

① 顾益康，袁海平：《中国农业安全问题思考》，《农业经济问题》，2010 年第 4 期。

② 程同顺，赫永超：《当前中国农业安全隐患及其战略选择》，《中共中央党校学报》，2014 年第 3 期。

③ A. J. 雷纳，D. 科尔曼：《农业经济学前沿问题》，唐忠，等译，中国税务出版社 2000 年版，第 180 页。

引起的国内供需矛盾加剧使农业安全受到一定影响；第二，取消农产品出口补贴和逐步减少对国内的农业支持对我国农业的支持和保护不利，农业作为弱质性产业，如果没有必要的支持和保护，农业安全将会受到威胁。[①]

曹秋菊在研究中指出开放贸易对我国的农业安全造成了不利影响。首先，贸易开放下市场竞争环境的变化影响着农业安全。随着我国市场开放程度的不断提高，国外农产品企业很容易凭借其竞争优势，通过国际贸易使大量廉价的农产品占领我国国内市场。其次，我国农产品的国际竞争力较弱影响着农业安全。在 WTO 框架内，主要进口国要实施农业高额补贴和高关税措施，同时技术贸易壁垒也越来越成为我国农产品出口的障碍。最后，农产品贸易条件恶化也在影响着我国的农业安全。我国的农产品贸易额逐年提高，但价格贸易条件却呈现逐年下降趋势，在国际交换中获取的相对利益较少，影响着我国农业的生存和发展。[②]

董运来、谢作诗、刘志雄从跨国资本流入以及国际贸易环境两个方面分析了我国农业安全面临的外部挑战。第一，跨国资本流入对我国农业安全的威胁。WTO 自由贸易规则使得跨国垄断资本可以自由地进入中国粮食加工、流通领域而不会受到任何限制，这就导致我国的玉米、小麦等粮食生产安全遭到威胁。第二，农产品国际贸易环境不容乐观。首先，大量农产品进口使国际农产品供需的剧烈波动快速传导到国内市场，进一步加剧了国内农产品供需波动和市场风险；其次，一些产粮大国为了保障本国的农业安全，先后实施了多种限制粮食出口的政策，加剧了国际市场的波动，同时增

---

① 刘乐山：《中国"入世"后的农业安全问题及其对策》，《喀什师范学院学报》，2002年第1期。

② 曹秋菊：《开放贸易下中国农业安全问题研究》，《农业现代化研究》，2010年第3期。

加了包括中国在内的一些国家的农产品进口成本。[①]

此外，学者们还考察了我国加入 WTO 之后的国际农业市场领域，以此来阐释影响我国农业安全的外部因素。关于国际自由贸易的问题，彼得·萨瑟兰在其专著中指出，各国的专家、学者集中地考察了国际上不平等现象的一般趋势并运用了多种手法予以分析，同时也考察了贸易与人均收入汇集点之间的直接联系，关于前者，专家们通过多种方法研究得出的近期研究成果表明：国际上的不平等已经在减少，而不是在发展。[②]尽管如此，不少国内学者依然认为，与国际上的贸易自由化水平相比，我国的差距仍然较大。朱晓峰强调，贸易自由化、国际资本进入、农业技术上较大的国际差距、在世界市场不利的竞争地位以及低水平的农业保护等因素使我国的农业产业在WTO框架下一段时间内将面临依赖性发展和边缘化的风险。[③]马建平、孟燕红将影响我国农业安全的外部因素概括为我国农产品出口面临的技术壁垒、西方高额农业支持和补贴、部分高关税对市场的长期扭曲以及反倾销、反补贴、特保措施等。[④]

（四）我国农业安全的战略选择

1. 树立正确的农业安全观

正确的农业安全观念在农业安全治理过程中的作用至关重要，因此，我们必须加强宣传教育工作，着重培养公众的环境伦理意识，通过新闻媒体的大力宣传，将农业安全观念根植于社会公众的内心。在此基础上，我们还应当置身于全球化的大背景下，积极培养农业安全观念，正如崔卫杰认为的那样，树立正确的农业安全观就是要

---

① 董运来，谢作诗，刘志雄：《开放条件下中国农业安全面临的机遇与挑战》，《亚太经济》，2012 年第 5 期。

② 彼得·萨瑟兰：《WTO 的未来——阐释新千年中的体制性挑战》，刘敬东，等译，中国财政经济出版社 2005 年版，第 7 页。

③ 朱晓峰：《论我国的农业安全》，《经济学家》，2002 年第 1 期。

④ 马建平，孟燕红：《论我国入世过渡期结束后的农业安全与发展》，《首都经济贸易大学学报》，2006 年第 2 期。

正确认识经济全球化的发展趋势，要洞察和明确构建开放型经济体制的要求，将农业安全与改革开放有机统一起来，不能把农业安全问题与改革开放相对立，不能因为在改革开放过程中出现影响农业安全的问题就故步自封，全盘否定。新阶段要有新的农业安全观，农民问题的实质是农民的权益问题，党和政府必须把实现好、维护好、发展好广大农民群众的根本利益当作践行习近平新时代中国特色社会主义思想的重要内容之一，新时期应以人为本，积极解决农民问题。程同顺、赫永超强调，在思想认识上我们应从战略高度重视农业，不仅仅是从农业产业的角度来重视，而且应当把农业提升到国家安全的战略高度来重视。[①]

2. 加强农业发展的可持续性

第一，提高粮食生产能力。有学者认为，农业安全依托于粮食生产能力的提高，并在此基础上指出科学技术在农业安全当中的重要意义，从而认为在建设具有中国特色社会主义农业安全体制过程中，建立和健全农业科技安全、储备农业科学技术是解决农业安全的必备要素。也有学者认为，下大力度切实提高粮食生产能力，是确保我国农业安全最根本的措施，所以，我们必须采取多种措施、通过多种形式加强对粮食生产领域的投入，加强和完善粮食补贴制度，强化基础设施建设，加强对农业从业人员的培训，切实提高农村人口的素质，提升农业从业人员的生产生活水平，提高粮食生产的能力和水平，尤其是主要粮食产地的综合生产能力，确保农业生产的基础性地位不动摇。樊胜根和乔安娜·泽斯卡指出，我国可以利用相对于土地来说较为庞大的农村劳动力，以及因此获得的在劳动密集型农产品方面的比较优势，出口更多的劳动密集型农产品如水果、蔬菜、水产品等，同时进口更多的土地和水资源密集型农产

---

① 程同顺，赫永超：《当前中国农业安全隐患及其战略选择》，《中共中央党校学报》，2014年第 3 期。

品，如谷物和植物油等。[1]彭腾在其研究中亦表明，为实现我国的粮食安全，必须增加粮食产量。[2]

第二，调整农业产业结构。有学者着重强调了农业产业化经营的重要意义，认为产业化经营有利于农业产业的商品化、专业化，因此，我们要大力推行农业产业化经营，以打造农村经济新引擎，切实提高农产品的内涵价值和附加价值。金赛美、曹秋菊也认为，应推行农业产业化经营模式，将提升农产品品质等级及农产品深加工水平作为重点，调整、优化农产品的生产环节，充分利用各种有效因素，形成农业的产业化经营。马利军认为未来的一段时期内，中国应当充分利用经济全球化以及产业政策调整带来的全部利好，在保证粮食总量安全、粮食自给率达标的基础上，推进农业产业结构的调整，着力打造精品农业，重点优化农产品的区域布局，不断提高农业的整体发展水平和农业的经济效益。

第三，提高农产品质量安全，改善农业生态环境。有观点认为，我们必须加强对水土资源的保护，尤其是对耕地资源的保护，采取有效措施，加大对农业生态资源保护的投入，有效改善农业生态资源。赵其国指出，城镇污水是造成农业环境问题的重要污染源，应加快城镇污水处理，从源头上降低农业环境污染的危险性。[3]马建平、孟燕红指出，农产品质量安全体系建设与我国农产品品质的提高具有十分密切的关系，且该体系的建设是一项系统工程，应以建立健全统一权威的农业标准体系为基础，以健全农产品质量安全管理体系为保障，采取有效措施，不断完善农产品质量安全体系。也有观点强调我国应高度重视农产品质量的提高，稳步推行农业标准

---

① Shenggen Fan and Joanna Brzeska. "Feeding more people on an increasingly fragile planet: China's food and nutrition security in a national and global context", Journal of Integrative Agriculture, 2014（6）.

② 彭腾：《习近平大农业安全思想探析》，《湖南财政经济学院学报》，2015 年第 1 期。

③ 赵其国：《现代生态农业与农业安全》，《生态环境》，2003 年第 3 期。

化生产，着力加强出口示范基地的建设，建立健全出口农产品质量的追溯体系，提高农产品质量的安全水平，从而有效应对贸易壁垒。邱国玉等人亦在研究中表明，一些生态方法，如"退耕还林还草"、牧场计划等，以及其他一些调整经济发展的战略都可以有效缓解水资源短缺状况，并能够切实增强中国的粮食安全。[①]

3. 加强宏观调控与对我国农业安全的保护和支持力度

农业是国民经济的基础，因此，农业在经济体系中具有举足轻重的作用，对其他产业的影响十分显著，同时，其他产业的政策也会反过来影响农业的安全。因此，农业的产业政策必须考虑与其他非农产业政策的协调性和一致性，唯有如此才能真正实现各个行业的平等格局。

第一，加强农业安全的法制建设。有观点强调，市场经济是法制经济，因此，农业要参与国际竞争就应借助相关法律和法规。一方面用国际法律和法规对跨国集团的经济行为进行约束，另一方面从中国实际情况出发早日制定自己的法律法规，以维护正常的农业市场秩序。有观点表明，对于农业产业安全问题，尤其是非传统安全问题，我国应借鉴美国、欧盟成员国等相关发达国家在这些领域的法制经验，从国家立法的角度，进一步完善我国农业产业安全的法律保障。

第二，利用 WTO 规则对农业产业进行合法补贴。刘乐山认为，我国应利用 WTO 的"绿箱"和"黄箱"政策，改变支持和保护农产品的方式。[②]朱晓峰强调应充分运用不受 WTO 规则限制的"绿箱"政策，加强对我国相对落后的农业产业和欠发达地区农村的支持，重点增加对农业科学技术的研究和推广工作，以及对农民的素质教

---

① Qiu Guo-yu，Yin Jin and Shu Geng."Impact of climate and land-use changes on water security for agriculture in northern China"，Journal of Integrative Agriculture，2012（1）.

② 刘乐山：《中国"入世"后的农业安全问题及其对策》，《喀什师范学院学报》，2002年第1期。

育和技术培训的投入。[①]马建平、孟燕红亦表明，我国应充分运用WTO 规则中的许可补贴，提高农业综合支持水平，扶持我国农业产业发展，加大"绿箱"支出、用足"黄箱"政策、启用"蓝箱"政策。[②]

第三，深化农业管理体制改革。袁娟文和安科·尼尔霍夫在文中指出，1990 年以后我国经历了两个粮食产量下降期。第一个时期是在 20 世纪 90 年代初，谁来养活中国人口的问题曾引起了全球的关注；第二个时期是在 21 世纪初，粮食产量下降引起了粮食价格持续上涨，对低收入群体产生了相对消极的影响。作为对这些问题的反思，农业技术推广体系和农业体制改革被认为是今后应优先考虑的重要因素。虽然当前学界对于农业战略定位、制度安排和激励政策等尚未达成明确的共识，但是学者们都意识到，为了满足农民对农业推广的需求，自上而下的农业体制改革是十分必要的。[③]曹秋菊认为，政府要运用管理哲学的思想，花大力气建立现代化农业管理体制，建立一个适应市场竞争需要的、科学的、系统的、高效的农业管理机构和一支精干、创新意识和创新能力强的管理队伍。[④]叶平提出，要在坚持家庭承包经营的基础上，采取发展农户之间自愿联合的专业合作社和专业协会的方式，做到分户生产、合作服务，联合起来与市场接轨，形成一个完整的农业经营体制。[⑤]崔卫杰建议加强农业产业安全审查和监管工作，一是建立基于农业产业安全的信息统计与预警制度；二是加强对国际农产品市场的监测、审判

---

① 朱晓峰：《论我国的农业安全》，《经济学家》，2002 年第 1 期。

② 马建平，孟燕红：《论我国入世过渡期结束后的农业安全与发展》，《首都经济贸易大学学报》，2006 年第 2 期。

③ Yuan Juanwen and Anke Niehof. "Agricultural technology extension and adoption in China: a case from Kaizuo Township, Guizhou Province", The China Quarterly, 2011（6）.

④ 曹秋菊：《开放贸易下中国农业安全问题研究》，《农业现代化研究》，2010 年第 3 期。

⑤ 叶平：《提高我国农产品国际竞争力的对策》，《中小企业管理与科技》，2010 年第 9 期。

和预警工作，做好预防工作；三是加强重点领域的管制和审查工作。[1]

4. 提升我国农业的国际竞争力

第一，加大科技投入，提高农业自主创新能力。徐洁香、邢孝兵认为，从长期来看，农业科研和农村教育的发展是确保我国粮食安全和增加农民收入的最有力保障，因此，应加大农业科研和农村教育投入。[2]周玉梅建议加强对高新技术如转基因技术、信息技术对农业生态系统影响的研究，形成有利于我国农业可持续发展的技术支撑体系，缩小我国与发达国家在农业科技上的差距，实现我国农业技术的跨越发展。[3]倪洪兴强调要通过深化体制机制改革、大力增加投入不断提高我国农业科技自主创新能力，降低农业生产成本，提高农业资源利用效率，从根本上提高我国农业综合生产能力。[4]叶平在其研究中也表明了类似的观点，认为无论是土地生产率的提高，还是劳动生产率的提高，都是以科技进步为原动力的，要提高我国农产品的质量竞争力，就要以科技发展作为支撑。[5]同时，A. J. 雷纳和 D. 科尔曼在研究中着重强调了农业科研的可持续性，认为农业科研依托于较为广泛的社会政治背景，应将较多的注意力置于农业所面临的制度、规则和政策环境等问题上，因此，从纯粹技术角度来看，农业技术和管理措施对农业的影响可能是有效的和持久的，但是两者也必须与社会体系相协调，并应用到长期的农业实践中去，因此，农业的可持续性发展必然要求科研投资观念和实践的双重转变。[6]

第二，控制农业的对外依存度。薛盟认为，从目前情况来看，

① 崔卫杰：《开放形势下的中国农业产业安全》，《国际经济合作》，2015 年第 1 期。
② 徐洁香，邢孝兵：《当前我国农业产业安全问题探析》，《商业研究》，2005 年第 17 期。
③ 周玉梅：《论农业安全与可持续发展》，《经济纵横》，2005 年第 2 期。
④ 倪洪兴：《开放条件下我国农业产业安全问题》，《农业经济问题》，2010 年第 8 期。
⑤ 叶平：《提高我国农产品国际竞争力的对策》，《中小企业管理与科技》，2010 年第 9 期。
⑥ A. J. 雷纳，D. 科尔曼：《农业经济学前沿问题》，唐忠，等译，中国税务出版社 2000 年版，第 245 页。

我国出口的绝大多数农产品主要是依靠价格竞争力的优势，但是过低的价格可能会触及 WTO 特殊的保障机制，因此，我国要大力加强农产品的非价格竞争能力。[1]程同顺、赫永超强调了对我国农产品进出口的监管和对外资准入进行控制的重要性，指出今后我国应该强化对农产品进出口的管理，加强对农产品市场的监管，建立健全统筹管理农业对外开放的体制机制。[2]樊胜根和乔安娜·泽斯卡指出，在高粮价时代，政府必须抵制那些扭曲和不稳定的贸易政策的诱惑，因为这些政策会导致对粮食出口国的更为严格的市场控制，同时也会引发粮食进口国的恐慌购买，从而进一步加剧粮食价格上涨和粮食安全问题。[3]崔卫杰针对粮、棉、油、糖等重要农产品的国内国外价差问题进行了探讨，认为除了正常的贸易救济措施以外，我国应加快研究并制定切实可行的应对措施，变被动为主动，确保我国的粮食安全。[4]

　　第三，实施品牌战略，发展优势农业。朱宗军认为，一国农业的竞争力往往最终通过大型农业企业体现出来，我国应切实改变当前农业的投融资体制，解决农业融资难问题，降低企业的融资成本，通过市场竞争和多种形式的融资组建若干个具有竞争力和带动能力的跨地区、跨行业、跨所有制乃至跨国经营的大型农业产业化企业，从而解决农业企业规模过小、产品质量参差不齐、竞争力不强的难题。[5]叶平在其研究中表明，农产品的竞争已经不单单是质量竞争，

---

[1] 薛盟：《外商直接投资对中国农业安全影响的分析》，辽宁大学硕士学位论文，2013年。

[2] 程同顺，赫永超：《当前中国农业安全隐患及其战略选择》，《中共中央党校学报》，2014年第 3 期。

[3] Shenggen Fan and Joanna Brzeska. "Feeding more people on an increasingly fragile planet: China's food and nutrition security in a national and global context", Journal of Integrative Agriculture，2014（6）.

[4] 崔卫杰：《开放形势下的中国农业产业安全》，《国际经济合作》，2015 年第 1 期。

[5] 朱宗军：《中国农业安全度评估及对策研究》，辽宁师范大学硕士学位论文，2010 年。

品牌竞争也加入了农产品竞争的行列，实施品牌战略是提高国内农产品竞争力的必然选择，因此，我国农业产业应当实施品牌战略，大力加强农产品营销工作。[①]金赛美、曹秋菊着重强调了发挥竞争优势的重要意义，认为比较优势是发展我国农业的基本立足点，但竞争优势才是农业获得利润的真正源泉，因此，要提高我国农业在国际上的竞争力，就必须立足比较优势，充分发展优势农业，争创竞争优势。[②]

上述研究成果对于我们增强对农业安全的重要性、对我国农业安全现状的认识以及提高我国农业安全系数具有积极意义，对今后的相关研究也有很大的借鉴作用。但是，总体上看，学界对我国农业安全的研究仍相对较为薄弱，研究的深度和广度均有待提高，并且多是从农业的产业功能和定位、农业的可持续发展、农业现代化和农业技术创新等角度展开研究，且以定性研究为主、实证研究为辅，从国家治理现代化视角展开的农业安全研究更是少之又少。同时，学界对农业安全概念还没有一个较为统一的界定，研究者在对农业安全内容的划分上也存在不同意见，因此，针对当前我国农业安全存在的问题及原因分析方面得出的对策和结论也不尽相同。

第三节　主要概念

一、粮食安全

联合国粮食及农业组织（以下简称"联合国粮农组织"）的粮食概念是指谷物，主要有小麦、粗粮、稻谷，其中，粗粮包括玉米、

① 叶平：《提高我国农产品国际竞争力的对策》，《中小企业管理与科技》，2010 年第 9 期。
② 金赛美，曹秋菊：《开放经济下我国农业安全度测算与对策研究》，《农业现代化研究》，2011 年第 3 期。

大麦、高粱等。[①]粮食安全（Food Security）概念的提出源于 20 世纪 70 年代初期爆发的世界范围的粮食危机。1974 年 11 月，世界粮食大会上通过的《世界消灭饥饿和营养不良宣言》（以下简称《宣言》）中指出"每个男子、妇女和儿童都有免于饥饿和营养不良的不可剥夺的权利"。同时，联合国粮农组织理事会也通过了《世界粮食安全国际约定》（以下简称《约定》），要求有关国家"保证世界上随时供应足够的基本食品……以免严重的粮食短缺，保证稳定地扩大粮食生产以及减少产量和价格的波动"。联合国粮农组织根据《宣言》和《约定》的精神，首次提出了"粮食安全"的概念，即"保证任何人在任何时候都能得到为了生存和健康所需要的足够食品"[②]。1983 年 4 月，联合国粮农组织对"粮食安全"的概念进行了第二次界定：确保所有的人在任何时候，既能买得到又能买得起他们所需要的基本食物。1996 年 11 月，第二次世界粮食首脑会议对粮食安全作出第三次表述：让所有的人在任何时候都能享有充足的粮食，过上健康、富有朝气的生活。[③]这一次对"粮食安全"的界定可以从三个层面来理解：第一，数量上的安全，体现在"所有人"和"充足"上，即有足够的粮食供给，人们对粮食的需求能够得到满足；第二，质量上的安全，体现在"健康"上，即人们获取的粮食不会危害到身体健康，在质量上有保证；第三，流通上的安全，体现在"任何时候"上，即有稳定、便捷的粮食供应渠道。对粮食安全的第三次界定突出了对粮食质量的要求，更加体现了以人为本的宗旨。其要求提高粮食的质量，确保消费者的身体健康，而不是只重视数量。从上述对粮食安全的界定可以看出，粮食安全是一个动态的、发展

---

① 张锦华，徐庆编：《中国的粮食安全——以上海为视角》，上海财经大学出版社 2011 年版，第 1 页。

② 聂凤英：《粮食安全与食品安全研究》，农业科技出版社 2006 年版，第 3 页。

③ 张锦华，徐庆编：《中国的粮食安全——以上海为视角》，上海财经大学出版社 2011 年版，第 2 页。

的概念，其内涵和外延随着时代和社会经济的发展变化也在不断地丰富和扩展。同时，粮食安全还是一个具体的概念，由于不同国家的国情和粮情各不相同，因此粮食安全的概念和标准也有一定的差异和侧重。比如，很多发展中国家仍然没有完全解决温饱问题，粮食安全的标准自然相对低一些，更加强调粮食数量；而对发达国家来说，温饱已不是问题，因此粮食安全的标准必然较高，更注重粮食质量。

二、种子安全

种业作为农业产业链中的源头产业，是农业生产中的基础性产业，是确保国家粮食安全、实现农业可持续发展的关键性产业。因此，种子安全是农业安全问题的一个重要组成部分。在农业生态与社会经济紧密融合的国际化大背景下，种业具有农业生态和社会经济两种属性，在非传统安全观中，这两个属性是种业安全的重要组成部分。本研究根据我国种子产业发展的实际情况，结合非传统安全观与传统上对于种业安全的基本认识，从数量安全、价格安全、质量安全、资源安全等方面对种子安全的概念进行剖析和界定。

第一，供种数量安全方面。供种数量安全旨在保障农民有种可用，满足农民对种子数量的需求。只有实现供种数量安全，农业种子其他方面的安全才能实现，农业种子综合安全也才能得到保障。所以，保障粮食等主要农作物种子数量在市场供给层面的稳定及增长，确保农作物种子在农业生产中"有种可用"，是种子安全问题的重要组成部分。随着社会经济市场化的日益深化，种业市场供给主体异常活跃，从目前来看，农作物在供种种类和数量上基本可以实现稳定供给，在某些农作物的供种数量上甚至长期存在供大于求的局面。但从整个供种链的全过程来考察，供种数量安全方面仍存在诸多的不可忽视的安全隐患。首先，在供种源上，种子的供给受天气、地域等自然地理条件影响比较大，不同的年份和不同的地区，在供种数量上各有不同；其次，在种子的安全储备层面，种子的安全储备设施以及安全储备管理也同样是确保种子供给安全的重要组成部分。保障种子的生产能力是确保农业种子供种数量安全的核心和关键要素，政府要充分发挥宏观调控职能，确保种子生产基地的稳定和可持续发展，激励、发挥种子生产企业和制种农户的生产积极性和创造性，使国家的分级种子储备体系得到进一步完善，种子储备运行机制也得到进一步健全，最终保证市场上的农业种子供种数量上的安全。

第二，市场价格安全方面。市场价格安全旨在保证农民能够用得起种子。种子的价格是农业生产成本的重要组成部分，是影响农业生产收益的重要因素。种子价格的高低直接影响着农户进行农业生产的收益及积极性。因此，确保种子市场价格稳定，是稳定农业生产，确保粮食安全的重要保障。市场价格是供给结构的客观反映，供给结构包括市场供给的数量和主体分布等。供给数量受制于种业生产力发展水平，是气候、区域、运输、储存等多方面因素综合作用的结果。市场主体分布是影响市场价格的重要因素，其侧重于研究市场供给主体的结构对市场价格的影响，是供给主体的数量、市场地位等多方面因素综合作用的结果。就当前我国种业市场价格的形势而言，市场价格安全层面存在的隐患主要来自以下两个方面：其一，国外种业凭借先进的高新技术和推广理念，已在种业供给市场形成垄断优势，部分外资种子以其垄断技术优势寻求高额利润，导致种子市场价格居高不下；其二，种业价格的立法体系不完善，市场监管制度不健全，也是种子市场价格不稳定的重要因素。种子市场价格直接影响着农业生产的积极性，只有有了稳定的生产，才能有稳定的市场供给和农业生产的可持续发展。因此，农业种子价格安全是一个不容忽视的重要问题。

第三，质量技术安全方面。质量技术安全旨在保障农民用种必优、用种必良。种子在质量技术安全层面的要求，直接决定着农产品供给的数量与质量，是种子安全的一个重要组成部分。质量技术安全方面在内容上是指农业种子生产、加工、贮藏、包装等种子的供给，要确保各项指标安全可靠，能够满足农业生产在农产品数量和质量上的基本要求。目前的隐患主要存在两个方面：其一，我国种子质量技术发展层面与国际水平仍有较大差距，外资种子市场占有率较高，质量和技术安全的保障在较大程度上取决于外资种子的供给；其二，种子生产以及供给市场的监管，仍亟须进一步加强。要解决这些问题，其基本落脚点包括两个方面的内容：其一，种业要强化标准化意识，提高质量管理水平，实现对农业种子生产、经营活动全过程质量安全的监督；其二，种业要强化创新意识，提高质量技术水平，努力使我国农业种子综合质量技术标准达到国际先进水平。

第四，种子资源安全方面。种子资源安全旨在保障农民用种的可持续性和多样性。种子资源是确保国家安全的重要战略资源之一。只有确保上游农业种子资源的安全，才能稳固农业种子的整体安全。由于我国地域辽阔，区域地质与气候特点突出，决定了我国种子资源的丰富性与多样性。然而，这方面的优势正受到多方面的威胁：一是农业生产的趋利性对生态多样性的侵蚀。农业生产的趋利性决定了其只会选择收益比较高的农作物进行生产，而规模化的生产会不断侵蚀物种的生存空间。二是产业经济发展的同时，忽略了对生产环境的保护，致使部分物种失去了生存的环境。三是国外种业通过多种手段占有和控制我国的优质种业资源，最重要的手段表现为通过共建、参股或者赞助实验室及研发中心的方式进入我国种质资源等农业生物研究领域。四是缺乏对种业资源的保护和利用意识，一方面缺乏安全防范措施，使外资能够轻而易举地获取他们想要的我国的任何种质资源；另一方面我国在收集保护濒危物种、建立原生态自然保护区以及对种质资源的研发利用方面发展严重滞后。

三、农产品安全

农产品安全是指农产品在生产、储存、运输、加工和销售等各环节中各种有毒、有害物质得到了有效控制，符合安全标准，对消费者及后代并对周围环境没有造成直接或潜在的危害和损失。[1]食品安全一方面指的是一个国家或社会的食品保障，即是否具有足够的食物供应，能否解决民众温饱问题；另一方面是指食品中有毒、有害物质对人体健康产生影响的公共卫生问题。[2]农业生产者在农药施用过程中的行为偏差和操作不当是引发农产品安全风险的最直接原因。食用农产品安全与食品安全属于包含关系，即食品安全包含食用农产品安全。食用农产品安全也包含两个层面的内容，第一层是食用农产品数量上可以满足公众的需要；第二层是指食用农产品对公众无害，能满足公众对食品安全的需要。

在第二层含义上，"食品安全"基本等同于我国的常用名词"食品卫生"。1984 年，世界卫生组织在《食品安全在卫生和发展中的作用》的文件中，就将"食品安全"作为"食品卫生"的同义词，将其定义为"生产、加工、储存、分配和制作食品过程中确保食品安全有益于健康并且适合人消费的种种必要条件和措施"。1996 年，世界卫生组织在其《加强国家级食品安全计划指南》中对食品安全的定义为：对食品按其原定用途进行制作和（或）食用时不会使消费者健康受到损害的一种担保。而这种"担保"可以从两个方面来理解：一是指能够确保食品在生产、加工、流通、分发、销售直至最终到达消费者手中的整个过程，没有受到限定剂量之外的有毒、有害物质的污染或者侵入；二是指在整个过程中如果存在对营养成分的损害、破坏或引起各成分间比例有所变化的话，这些变化也要

---

① 李政：《农超对接中农产品安全问题研究》，《甘肃社会科学》，2013 年第 2 期。

② 张建新，沈浩明主编：《食品安全概论》，郑州大学出版社 2011 年版，第 11 页。

保证在可接受的幅度范围内，否则就可能导致消费者在按照正常条件进食后产生急性或慢性的危害。欧盟《通用食品法》对食品安全明确提出了两个要求：其一，食品不应危害人类健康；其二，食品应适宜人类消费。我国颁布的《中华人民共和国食品安全法》在第十章附则中阐述了食品安全的定义：“食品安全指的是食品无毒、无害，符合应当有的营养要求，对人体健康不造成任何急性、亚急性或者慢性危害。”

该小节所探讨的食用农产品安全研究领域不包括：一是粮食安全，即研究除了粮食之外的可食用的农产品；二是农产品当中非食用部分，即与食用无关的其他农产品；三是食品当中非农产品的部分，比如工业合成的食品等，这些食品安全与农业安全没有必然联系，因此排除在食用农产品安全研究领域之外。

四、农业生态安全

生态安全通常有广义和狭义之分。从广义上看，生态安全指的是人的生命健康、基本权利、正常生活、生存资源、生活保障来源、社会秩序等方面不受威胁、幸福安乐的状态。这种广义的生态安全是一种复合型的人工生态安全系统，包括自然生态安全、经济生态安全和社会生态安全。从狭义上看，生态安全反映的是生态系统的整体水平及其完整性，是一种自然和半自然生态系统的安全。农业生态系统是直接服务于人类生存和生活的一种人工-自然复合型生态系统，指的是农业自然资源和生态环境处于一种健康、平衡、不受威胁的状态。在该状态下，农业生态系统能够保持持续生产力，不对环境造成破坏和污染，并能生产出安全的农产品。[①]

农业生态安全是农业可持续发展的基础，要实现农业的可持续健康发展就必须确保农业生态安全。农业生态安全受地域、季节和

---

① 杨洪强：《无公害农业》，气象出版社2009年版，第280页。

环境的约束及限制很强，也很容易受到自然条件、外部气候、人类生产生活、社会经济状况以及科学技术等的作用和影响。比如，洪涝干旱、海啸台风等自然灾害性天气，光热条件、水土资源、地形地貌等农业生产条件，化肥、农药、农业机械等农业生产技术，需求、价格等市场经济条件等都会对农业生态安全产生相当大的影响。农业生态安全不仅包括数量上的安全，也包括质量上的安全。从内容上来看，农业生态安全包括农业生产环境安全、农业资源安全、农业生物安全以及农产品安全四个方面。在这其中，农业环境安全、农业资源安全和农业生物安全是前提，是实现农产品安全进而实现整个农业生态安全的基础和保障，农产品安全则是根本，是保障人类生命健康安全最基本的要求，也是农业生态安全的一个重要诉求。

上述粮食安全、种子安全、食用农产品安全与农业生态安全可以说是农业安全四个方面的内容，四者的关系主要表现为以下四个方面。

第一，粮食安全是农业安全的核心。粮食安全影响巨大，中国粮食安全也会对世界粮食安全乃至国际政治经济关系产生极大影响。[①]粮食作为确保人类得以生存、社会得以延续的基础要素，在人类历史发展过程中发挥着至关重要的作用，因此，粮食安全在整个农业安全领域中自然也就处于核心地位。粮食安全关系着国计民生，近几年国际粮食价格水涨船高，这一情况对发展中国家尤其是中低收入国家的粮食安全提出了重大挑战。粮食安全一方面可由粮食价格的不稳定进而影响一国的消费者物价指数水平，另一方面可由粮食数量的短缺与质量的不足导致民众长时间饥饿与营养不良进而影响国家稳定，中国兼具农业大国与人口大国的双重特性，对于粮食安全的关注更是一刻不能放松。

---

① 张元红，刘长全，国鲁来：《中国粮食安全状况评价与战略思考》，《中国农村观察》，2015年第1期。

　　第二，种子安全是内在前提。种子安全在农业安全中具有特殊的地位。农作物种业是农业产业链中的源头，是保障农业安全的内在前提，是国家战略性、基础性核心产业，是促进农业长期稳定发展、保障国家粮食安全的根本。目前，我国农业种子安全受制于人，而农产品种子的专利权也多由少数西方国家的一些企业所垄断。[①]

　　第三，农产品安全是农业安全的重要保证。国家治理现代化的一个重要标准，就是要坚持以人为本。我们加快推进经济和社会发展，从根本上讲还是为了提高人民群众的生活水平和质量。而对农产品安全的关注，就是为了把经济和社会发展的成果具体落实到人民群众的生命健康安全上，实现人民生活的稳定安乐。否则，人民群众的食品安全没有保障，经济和社会也就失去了发展的目的和意义，农业安全也就无从谈起。

　　第四，农业生态安全是外在基础。生态安全以人类和生物的生存、生活与可持续发展为核心，[②]是农业安全的外在基础。纵观全球各国，农业发展水平参差不齐，欧美等农业发达国家与尚不能解决人民温饱问题的发展中国家对农业的需求差异巨大。自新中国成立至今，经过几代人的不懈奋斗，我国农业产业的发展总体上处于安全状态，农产品供应基本能做到自给自足。为了实现在新中国成立100年时，建成富强、民主、文明、和谐、美丽的社会主义现代化国家，农业作为国民经济的基础性产业，关系到21世纪我国改革开放和现代化建设的全局。这对农业的发展水平也提出了更高层次的要求，要求农业的价值不仅仅体现在供给食物、提供饲料与纤维的方面，还应扩展至美化环境、保持生态平衡、提供野生动植物栖息地、维护生物多样性等涵养生态的更高层次上。

---

　　① 程同顺，赫永超：《当前中国农业安全隐患及其战略选择》，《中共中央党校学报》，2014年第6期。

　　② 章家恩，骆世明：《生态安全是以人类和生物的生存、生活与可持续发展为核心》，《生态学杂志》，2004年第23卷第6期。

第四节　理论基础与研究思路

一、理论基础：中国语境下的国家治理理论

（一）中国国家治理理论兴起的社会背景分析

第一，市场化改革的进一步深化。区别于计划经济体制时期国家对公民社会的全方位管理，国家掌控社会经济生活的全过程，个人的生老病死、衣食住行全由国家包办，企业的生产、分配、交换、消费全由政府按计划调节和安排，市场化改革的核心则是强化市场在资源配置中的主体地位，强化市场机制对资源配置的优化作用。但为了克服市场调节的无序性及盲目性，就必须强化政府的宏观治理职能。为了保障经济社会生活持续健康发展，计划经济体制向市场化经济体制转变的过程，就是政府职能逐渐转变的过程，计划经济体制下，政府的治理是一种全方位的、单向性的控制管理职能，而市场经济体制下的职能则是一种在保障市场主体自主性选择、优化资源配置下的强化服务与调控的治理职能。市场化逐步深化的过程，就是政府治理手段与能力不断强化的过程。习近平总书记多次指出，历史的实践证明，市场是优化资源配置最有效的手段。我国市场化改革的进程就是不断厘清政府和市场职能的过程，处理好政府和市场之间的问题是我国市场化改革的核心问题，即在坚持让市场在资源配置过程中起决定性作用的同时，更好地发挥政府的作用。市场化改革的不断深化，是以政府的治理手段和能力的不断完善为前提的，同样，市场化改革的进一步深化，也会进一步要求强化国家的治理能力。因此，中国国家治理理论的兴起与我国的市场经济体制建设密不可分，就某种层面而言，它是社会主义市场经济发展的必然要求，也是社会主义市场经济建设历史实践的理论支撑。

　　第二，中国公民社会兴起。随着市场经济体制的逐步深化，我国公民社会的结构也发生了重大变化。市场化的经济体制，在强化社会公民参与经济生活的自主性和主动性的同时，也推进了公民利益诉求的多元化以及公民权利意识的强化。随着市场化改革的逐步深化，公民参与经济社会生活以及实现利益诉求的手段、方式也逐渐多元化，各种行业、社区、团体组织迅速发展起来，并逐渐成为政治生活中不可或缺的一个部分。利益诉求与实现利益诉求手段的多元化，必然要求政府的职能和治理方式有所变化。首先，在治理核心上，计划经济体制强调以国家为本的政府治理，而市场经济体制则强调以民为本的政府治理，治理核心的变化，推进了治理理论的兴起。计划经济体制下，经济社会的发展依赖于国家计划政策的设计，政策性、指令性的计划是国家治理的核心内容；而市场经济体制下，经济社会的发展则依赖于公民社会的兴起，强调公民参与经济生活的自主性和主动性，国家治理的核心是规范公民参与经济生活的方式。其次，在治理的手段和方式上，计划经济体制下，治理的方式和手段往往是单向性的、自上而下的行政计划和指令，国家利益居于核心地位，而市场经济体制下，国家治理的手段主要是规范市场秩序，制定规章制度，公民具有较大的自主性。国家治理能够在保障国家利益的前提下，为公民自我利益的实现提供自主性抉择，在维护国家利益的同时，最大限度地保障公民的利益诉求。最后，在治理理念下，公民社会的兴起也改变了国家治理的理念以及公民参与国家治理的形式。区别于计划经济体制下高度中央集权的政治经济体制，市场经济体制下，由于利益诉求的多样化，国家治理则更强调民主性和透明性。在民主性层面，一方面在参与国家治理的方式上，要求政府的治理要反映公民的自我利益；另一方面在利益诉求的实现层面，也逐渐以行业、团体组织的形式表现出来。在透明性层面，由于公民社会的兴起，公民的独立性必然进一步强化公民的自我利益意识，遂要求政府治理公开化，提高透明度，避免权利滥用和权力寻租现象的发生。理论的兴起源于实践的现实需求，实践的现实需求又必然推进理论的兴起，市场经济体制不断完善的过程就是公民社会结构不断深化的过程，公民社会结构的变化则必然要求国家治理理论上的深刻变革，所有这些都要求政府治理模式进行转型。

第三，中国社会转型的要求。20世纪90年代，"社会转型"这一概念传入我国学术界，并一度成为社会主流话语。"社会转型"这一概念究竟是什么？仁者见仁，智者见智。尽管学术界并未能给出一个确切的概念，但是对其基本含义已达成了几点共识，即指从传统到现代、从农业到工业、从乡村到城镇、从封闭到开放的转型。[①]由马克思辩证唯物主义可知，新事物在产生之初总是不完善的、弱小的，总是存在需要不断完善的地方，因而，社会转型过程中不可避免地暴露出诸多问题和缺陷。综而观之，这些缺陷主要有以下几个方面：第一，渐进性转型所造成的缺陷。在我国改革开放的进程中，并没有采取激进、疾风暴雨般的改革手段来摧毁社会主义结构，进而达到建立市场经济的目标，而是从我国的具体国情出发，通过采取渐进式的改革手段，建立了社会主义市场经济体制。在此基础之上，我们进一步推进和巩固了政治体制改革，以实现更高程度的人民当家作主。但是，这种渐进性改革并非完美无缺，也有自身的局限性和缺陷。主要表现在计划经济向市场经济过渡的过程中，除了体制之间的分殊与差距之外，还有人为的因素和影响，这不仅造成了制度转换的成本过高，而且还带来了诸多社会问题，如收入两极分化、教育不平衡、就业难、道德观念滑坡等，严重影响了社会的发展。第二，由于社会转型中对"稳定"的过于重视，使得政治体制改革的步伐较慢，与经济体制改革不相适应，在"经济生活"

[①] 郑杭生：《转型中的中国社会和中国社会的转型》，首都师范大学出版社1996年版，第1页。

中公务人员参加的现象屡屡发生，"人治"的现象在社会和政治生活中也屡见不鲜。第三，市场经济体制下的公民个人因其逐利性，渴求占有资源，然而，市场经济不变的法则是对利益的追求，但也非常重视契约精神和权利意识。它要求公民个人用契约和权利意识来指导个人的行为，唯有如此，这样获得的财产才是合理合法的，平等、自愿、等价、公平等也才能在市场交换过程中得以实现。由此，我们发现，平等、自愿、协商也是国家治理理论不可或缺的关键要素。

（二）中国语境下的治理理论的应用性分析

中国语境下的治理理论运用体现了价值理性和工具理性的统一。[①]目前，笔者通过整理和分析国内外学者对"治理"内涵的解读，发现存在一定的问题，即普通解读宽泛、概念模糊、实际操作困难。因为，"治理无所不在""治理包治百病"已成为约定俗成的一种有关"治理"的理解，这在新公共管理理论、全球公民社会理论、公共选择理论、新制度主义理论中都不同程度地存在着。但"治理"到底是从工具维度界定，还是应该从价值维度进行界定？对这一问题，不同的学者有不同的看法。国外学者多侧重于从工具维度进行界定。如罗茨认为，治理指的是一种新的管理过程，或者是一种新的管理社会的方式。显然，他所说的治理是一种管理社会的工具。

而且，中国"市场经济+公有制为主体+社会主义制度"的发展道路在世界上所有国家当中是独一无二的，因此，探寻发展的实践之路也只能是"摸着石头过河"。对其中出现的矛盾和问题，我们应积极、理性地看待。社会不公正问题是国家处于转型期的必然表现，而且有急剧蔓延的趋势。人口流动加快是中国转型的一个突出表

---

① 吴家庆，王毅：《中国与西方治理理论之比较》，《湖南师范大学社会科学学报》，2007年第2期。

现，并逐渐改变了中国传统的城乡二元结构。还处于摸索实验阶段的中国社会保障体系建设工程，目前只是小范围地展开，并未全面普及开来。中国户籍制度改革还没有得到实质性的推进，政府仍未对"进城务工人员"阶层提供应有的权利保障，因而限制了其发展空间。当前，我国在"下岗工人"再就业问题上并未出台相关的政策保障，致使一部分老弱病残者出现"无人问津"的现象。改革过程中的区域发展不平衡、不协调问题，不但使各利益主体之间的矛盾与冲突日益激化，而且也造成了社会发展的不平衡、不协调和不充分。这一系列问题，都是国家转型期的一些必然表现，我们应以积极的态度理性地看待。

二、研究思路

本书从国家治理现代化视角出发来探讨当今的热点问题：农业安全战略研究。本书立足于现代农业发展的现状，从国家治理现代化以及所包含的责任、民主、法治、稳定、和谐等价值内涵视角，将国家治理现代化和农业现代化两个进程结合起来，来分析农业安全在国家治理现代化中的地位和所起的作用，分析当前农业安全所面临的问题，最终从综合的、整体的视角出发来探索国家治理现代化进程中农业安全问题的解决思路和发展战略等，并给出了相应的结论和政策建议。

三、研究方法

（一）文献研究法

根据本书的研究对象和研究目的，笔者翻阅了大量与农业安全和国家治理现代化相关的文献和资料，掌握了学界的研究动态和最新成果，进一步了解了相关知识，为本书写作奠定了扎实的理论基础。

（二）归纳法

本书主要对我国农业安全战略进行了理论归纳，最终从多个层面对我国农业安全战略的具体实施提出了可行性建议。

（三）定性分析法

本书通过文献资料的收集及整理，探讨研究了国家治理现代化的发展趋势、规律及其主要内容，并进一步研究了农业发展的经济、社会背景，将工业化、城市化和农业现代化作为整体来探讨农业安全问题，旨在探究粮食安全与社会发展现状之间的复杂关系，从而为中国当今农业发展尤其是安全发展指明方向。本研究还借助了微观例证分析，以尝试做到理论与实践相结合。

第五节　本书创新与不足

一、创新之处

（一）研究视角的创新

从研究视角来看，本书以当前我国迅速发展的现代农业为立足点，从国家治理现代化的理论视角，对中国国家农业安全战略进行了系统的、全面的研究。研究中，笔者将国家治理现代化理论中内含的责任、民主、法治、稳定、和谐的价值标准与农业安全中的粮食安全、种子安全、食品安全及农业生态安全有机结合起来，同时立足于中国农业发展的现状，从农业发展政策层面和战略高度探索农业安全的推进思路与解决路径，为今后中国农业安全的战略发展提出了具有现实针对性和可操作性的选择和策略，这一点不同于学界那些着眼于借鉴国外发达国家经验的国家农业安全战略相关研究。

（二）研究内容的创新

从研究内容来看，本研究努力从国家治理现代化和现代农业两个进程出发，既对两者的相互关系作出分析，又结合中国农业生产当前的形势和具体情况，对中国农业安全战略进行了构建，同时，指出了依靠现代农业实施中国国家农业安全发展战略的具体的模式和路径。

（三）研究方法的创新

本研究采用了跨学科的研究方法，以政治学的基本理论为基础和依据，同时借鉴了社会学和公共管理学科的相关方法和成果，对国家治理现代化和农业安全问题进行了系统研究。

二、不足之处

第一，理论研究深度有待提高，结构完整性有待完善。本研究虽然涉及了国家治理现代化和农业安全多个方面，有了一定的研究广度，但是很多问题并没有深入研究，理论深度仍有待提高。同时，在整体的框架设计上，本书采用了比较稳妥和保守的方式，框架的完整性和逻辑性有待于完善。

第二，研究视野有待拓展。国家农业安全战略是个全局性和宏观性的问题，由于主客观原因，本研究仍有一些问题尚未涉及，在很多方面考虑尚不周全。

第一章　国家治理现代化与农业安全

关于"治理"理论，有学者的总结较具代表性："治理是统治的一种新过程、有序规则的一种新条件、管理社会的一种新方法。"汉语语境中的"治理"，一般而言是指"国家统治和管理""处理公共问题"。①由此可见，治理理念在中国得到了延伸，已将政府纳入治理主体当中了，正如俞可平所说，"中国改革并非许多西方学者理解的那样，这种改革不会发生基本政治框架的变动，而是以政府治理或政府管理体制作为重点内容的改革"②。在治理的对象层面，治理是治理主体对于政治、经济、社会、文化等各领域的管理和服务，我国的国家治理，更加侧重于国家在治理过程当中所发挥的重要作用，旨在打造服务型政府，"服务型政府是在公民本位、社会本位理念指导下，在社会民主秩序框架下，通过法定的程序，按照公民意志而组建起来的，以公共服务为宗旨且承担服务责任的政府"③。现代化是中国百年来的发展目标，也是学术界讨论最多的发展主题。张培刚教授将现代化定义为："全社会范围内，一系列现代要素，以及其组合方式连续发生的，由低级到高级的突破性变化或变革的过程。"④党的十八届三中全会指出"全面深化改革总目标是完善和发展中国特色社会主义制度，推进国家治理体系和治理能力现代化"。

① 彭莹莹，燕继荣：《从治理到国家治理：治理研究的中国化》，《治理研究》，2018 年第 2 期。

② 俞可平：《中国治理变迁 30 年（1978—2008）》，《吉林大学社会科学学报》，2008 年第 6 期。

③ 刘熙瑞，井敏：《服务型政府三种观点的澄清》，《人民论坛》，2006 年第 5 期。

④ 张培刚：《发展经济学通论》，湖南出版社 1991 年版，第 190 页。

农业是一种古老的产业，农业安全是全世界范围内千百年来的共同追求。我国是农业大国，农业是国民经济的第一产业，其兴衰成败关系重大，决定了农业安全问题是国家治理的重要问题。国家治理现代化是目前我国政治、经济、社会最主要的背景，农业安全问题的解决与国家治理现代化关系密切。国家治理现代化是通过提高治理能力、完善治理体系而提高治理效能的，最终的结果就是要全面推进经济社会的发展，包括国民经济的发展、民主政治的发展、社会文化的发展等。从农业安全的角度出发，国家治理现代化就是要确保粮食安全、农产品的安全、种子的安全和农业生态的安全；反方向看，缺乏农业安全保障的国家治理根本算不上国家治理现代化。同时，从国家治理现代化的评估标准来看，农业安全政策、法律、制度、体系本身也是国家治理体系的组成部分，其所体现的价值目标和理念也是国家治理体系和国家治理能力的体现，从这个角度来看，农业安全问题关乎国家治理现代化的整体推进。概言之，国家治理现代化与农业安全息息相关，其为农业安全提供全面保障，为农业安全提供方式、方法、手段、法律、制度、体系和相关的组织能力，农业安全政策的制定、实施体现了国家治理现代化的价值标准，通过国家治理现代化的理念和制度加快农业安全问题的解决是当前背景下的必然要求。

第一节　国家治理现代化内容及其价值目标

党的十八届三中全会通过的《中共中央关于全面深化改革若干重大问题的决定》提出了"推进国家治理体系和治理能力现代化"的战略目标。党的十八届四中全会通过的《中共中央关于全面推进依法治国若干重大问题的决定》，明确提出依法治国是坚持和发展中国特色社会主义的本质要求和重要保障，是实现国家治理体系和治理能力现代化的必然要求。

国家治理现代化是当前中国最大的社会背景，涉及社会生活的方方面面，是认识和解决当前社会问题不可忽视的重要因素。国家治理现代化是指国家、社会、企事业单位、人民团体治理国家的一切因素要实现科学化、制度化、法治化。国家治理现代化包括国家治理体系的现代化和国家治理能力的现代化，也包括责任、法治、民主、和谐等诸多价值内涵。

一、国家治理现代化的基本内容

国家治理现代化的概念有着宽泛的含义和特点，是人类社会探索自我管理过程中的智慧总结。中国共产党在探索国家建设的过程中也在不断探索治理方略，国家治理的内涵和外延是中国共产党对中国自身发展路径、发展经验、发展方式的科学总结。国家治理现代化的提出，其目的在于如何充分发挥党和国家在公共管理当中的作用，如何提高公共事务管理的水平。那么，什么是国家治理体系和治理能力的现代化呢？

（一）国家治理的概念

治理是针对公共事务和社会问题而采取行动的过程。参与治理的主体既包括政府等公共部门，也包括公民、非政府组织等在内的多元主体和私人部门，这些参与者针对要解决的问题，通过正式和非正式的规则和制度，实现多元主体的交流和互动。具体来讲，国家治理指的是主权国家的执政者及其国家机关为了实现社会发展目标，通过一定的体制设置和制度安排，协同经济组织、政治组织、社会团体和公民一起，共同管理社会公共事务、推动经济和社会其他领域发展的过程。①国家治理强调治理主体的多元性，政府、执政者是治理的主体，人民同样也是，此外还包括一些非政府组织、

---

① 郭小聪：《财政改革——国家治理转型的重点》，《人民论坛》，2010年第2期。

私营经济组织等都是参与治理的主体。由此,国家治理消化吸收民主和协作的内核,将以往参与社会管理的单一主体变为多元主体。这种变化并没有影响或削弱国家的控制能力,相反大大提高了国家在治理过程中的地位,提升了国家治理能力水平。公民参与是现代化国家治理的内在要求,而恰恰通过扩大公民参与国家和社会事务管理的范围,国家治理的效能得到了根本保障和有效提高。

1. 国家治理体系现代化

国家治理体系是在党的领导下管理国家的制度体系,包括经济、政治、文化、社会、生态文明和党的建设等各领域体制机制、法律法规安排,也就是一整套紧密相连、相互协调的国家制度。①国家治理体系的有效性在很大程度上取决于该体系的科学性与合理性。在国家治理体系建构和不断完善的过程中,探索的重点在于如何使国家治理机器在这一体系中运行得更加科学、合理。体系是一个由若干相互关联和影响的个体组成的系统,是一个有着特定功能的有机整体。延伸至对国家治理体系的解释,其实质就是宪法法律系统、思想文化系统与政治权力系统、市场经济系统、社会组织系统之间的交互作用和影响,从而形成一个联系紧密、相互渗透的有机整体。宪法法律系统视角下的治理是指按照各种法律规定进行治理,使治理对象的行为和状态符合法律的规定,同时也包括自身的治理行为,即是实现法治;思想文化系统的治理则更进一步,以内在意识和精神作为治理的对象,涉及思想领域、道德领域,即实行德治。宪法法律的依法治理和思想文化的德治治理,既包含各自的一套运行规则,又包含与政治、经济、文化治理交互后的国家治理状态。

2. 国家治理能力现代化

什么是国家治理现代化?国家治理现代化包括国家治理体系现

---

① 习近平:《切实把思想统一到党的十八届三中全会精神上来》,《人民日报》,2014年1月1日。

代化和国家治理能力现代化，它是一系列制度科学安排和一系列制度的有效执行相互交织而形成的过程与结果。国家治理现代化是一个体系化的结构，表现为宏大的治理体系和治理能力系统。习近平总书记指出，"国家治理体系是在党领导下管理国家的制度体系，包括经济、政治、文化、社会、生态文明和党的建设等"，特别强调了治理的制度问题。他认为，国家治理体系，实质上就是"各领域体制机制、法律法规安排，也就是一整套紧密相连、相互协调的国家制度"①，"为党和国家事业发展、为人民幸福安康、为社会和谐稳定、为国家长治久安提供一整套更完备、更稳定、更管用的制度体系。这项工程极为宏大，必须是全面的系统的改革和改进，是各领域改革和改进的联动和集成，在国家治理体系和治理能力现代化上形成总体效应、取得总体效果"②。为此，习近平总书记提出要在2020年时"构建系统完备、科学规范、运行有效的制度体系，使各方面制度更加成熟更加定型"③。关于国家治理能力，习近平指出，"国家治理能力则是运用国家制度管理社会各方面事务的能力，包括改革发展稳定、内政外交国防、治党治国治军等各个方面"④。由此，在国家治理能力系统中，我们首先强调的是运用国家制度管理社会各方面事务的能力，这就是依靠法律制度和规章制度进行依法治国的能力，这是最重要的一个能力，也可以说是各级组织和领导干部的总能力，是一个集成化、综合化、抽象化的结果。

综上可知，国家治理体系和治理能力一个复杂的综合体系，包

①　习近平：《切实把思想统一到十八届三中全会精神上来》，《人民日报》，2014 年 1 月 1日。

②　习近平：《完善和发展中国特色社会主义制度，推进国家治理体系和治理能力现代化》，《人民日报》，2014 年 2 月 18 日。

③　习近平：《关于〈中共中央关于全面深化改革若干重大问题的决定〉的说明》，《人民日报》，2013 年 11 月 16 日。

④　习近平：《切实把思想统一到十八届三中全会精神上来》，《人民日报》，2014 年 1 月 1日。

括政治、经济、文化、社会、生态文明等诸多方面，而制度一定是居于国家治理体系中心位置的重要内容，而国家治理能力就是运用制度管理社会方方面面事务的能力。国家治理现代化尽管涉及公平化、民主化、科学化、高效化和法治化等多项指标，但是制度建设和法治化毫无疑问是国家治理现代化的重要内容和核心指标。在实现国家治理现代化的进程中，法治化在很大程度上是公平化、民主化、科学化和高效化的前提和基础、支撑和保障。

在现代化国家治理框架中，执政党和政府发挥着主导性作用。十八届三中全会提出实现国家治理体系和治理能力的现代化，十八届五中全会又明确要求，"十三五"期间要使"各方面制度更加成熟定型，国家治理体系和治理能力现代化取得重大进展"[①]。

从大的方面来看，国家治理能力就是实现国家治理目标的实际能力，[②]具体来讲，国家治理能力是运用国家制度管理社会各方面事务的能力，包括改革发展稳定、内政外交国防、治党治国治军等各个方面的能力。[③]

国家治理能力包括以下三个方面：一是国家机构的履职能力，立足于我国的国情，我们要通过创新、分权、分解来界定不同层级机构的职能。二是人民群众依法管理国家事务、经济社会文化事务和自身事务的能力，包括作为全国人大代表参与管理国家事务，作为地方人大代表参与管理地方事务，作为社区和基层代表如何有效地提供自身组织的服务，等等。三是运用中国特色社会主义制度有效治理国家的能力。社会主义制度国家的基本经济、政治和社会制度为国家治理提供了良好的制度平台，为发挥社会主义优越性提供了可能，但是把现实变为可能就需要充分发挥并提升国家治理能

---

① 《中国共产党十八届中央委员会第五次全体会议公报》。
② 胡鞍钢等：《中国国家治理现代化》，中国人民大学出版社2016年版，第86页。
③ 许耀桐：《中国国家治理体系现代化总论》，国家行政学院出版社2016年版，第9页。

力。①这三种能力中最重要的一项是运用国家制度的能力，没有国家制度，就没有国家治理的基础。一个国家的有效治理不是依靠所谓领导人个人的能力，而是依靠一大批治党、治国、治军等各个方面的领导人才和集体，运用一整套国家制度来共同管理国家各项事务的能力。②

3. 国家治理体系与国家治理能力之间的关系

国家治理体系和国家治理能力是国家治理的两个基本内容，两者是否达到现代化的标准也决定了国家治理现代化能否实现。国家治理体系与国家治理能力彼此相互独立，各有各的特点，不能一概而论。国家治理体系与国家治理能力之间既有区别又有联系，共同构成国家治理现代化的主要内容，两者都受到国家治理基本政治制度的调控和规范，都以国家基本政治制度作为自身的根本遵循，两者都需要国家基本政治制度作为自身发展的向导和指南针。每个国家的政治制度不尽相同，因此，国家治理的价值体系也就千差万别。就我国而言，国家治理体系就必须体现中国特色，体现我国正确的基本价值取向，体现人民当家作主的根本要求。国家治理目标能否实现受到国家治理体系和国家治理能力的制约，从更高层面来说，国家治理目标能否实现取决于国家治理现代化的发展程度，主要表现为：一是国家治理能力和国家治理体系不可能自行任意发展，其发展的方向和水平时刻受到国家政治制度的制约；二是国家治理体系和治理能力也必须遵循现代公共管理的基本规律，以现代公共管理规律的要求作为指引，指导现代化发展方向。

国家治理现代化在某种意义上来说也是国家治理体系和国家治理能力的现代化，在一定程度上可以说国家治理现代化的过程也是治理体系和治理能力现代化的过程，因为国家治理的主要内容就是

---

① 胡鞍钢等：《中国国家治理现代化》，中国人民大学出版社 2016 年版，第 91 页。

② 胡鞍钢等：《中国国家治理现代化》，中国人民大学出版社 2016 年版，第 87 页。

国家治理体系和国家治理能力，前者的现代化之路正是后者的现代化过程，是一体两面的关系。同时，上文已经论证，国家治理体系与国家治理能力之间既有区别又有联系，国家治理体系制约着国家治理能力，一般而言，治理体系的现代化很大程度上可以提高治理能力水平，推动治理能力的现代化；而国家治理能力得到释放，也会使治理体系的效能得到最大化，从而推动社会整体向前发展，也会推动治理体系的完善和发展。当前，深化改革已经进入具体的攻坚阶段，所以，必须要处理好社会主义基本政治制度与社会主义国家治理能力、国家治理体系之间的关系，社会主义基本政治制度是国家总体发展的基础和方向，治理体系和治理能力建设决不能脱离政治制度的框架而自行发展，这是一项基本共识，对此，党的十九大给予了高度重视，并进行了顶层设计，可以说为我国国家治理现代化扫除了障碍，但是我们必须清醒地认识到国家治理现代化任重而道远，前途光明而道路曲折。

（二）国家治理现代化的内涵

当代中国国家治理的核心战略就是在构建、推进现代化的有效资源积累的基础上逐步实现国家治理资源的富足。要使这一战略得以顺利实现，必须坚持党的领导，坚持一张蓝图绘到底，全面发挥中国共产党在中国国家治理现代化过程当中的领导作用，从而构建符合中国国情的现代化国家治理体制。在国家治理体系和国家治理能力的现代化的过程中，各级政府的行为和公共政策的导向会受到国家治理价值体系的巨大影响。我们在推进国家治理现代化过程中，必须始终坚持社会主义核心价值体系与社会主义核心价值观，推广符合民意、符合国情、符合社会主义建设规律的价值观念和体系，确保国家治理体系和国家治理能力现代化始终坚持社会主义的发展方向。从科学发展观的提出，再到近年来对社会治理的关注，其背后都有国家治理价值体系的发展变化和不断演进的影子。改革开放、市场经济体制改革、政治体制改革致使我国的社会结构发生了巨大变化，中国社会开启了向异质性社会演变的进程，市场经济催生了公民意识的觉醒，公民权利的主张与政治、经济、社会发展不相适应，各种利益冲突和社会矛盾层出不穷、复杂多变，这些构成了巨大的社会风险。

国家的管理者须客观评价经济发展成绩，清晰看待繁荣昌盛背后的危机，充分认识社会上仍然存在着大量的与公平正义相悖的社会现象，这些现象是社会和谐的不安定因素，会成为影响经济发展、国家富强、民族自信的毒瘤和绊脚石。为了确保社会的公平正义，将增进人民福祉作为治理国家的根本出发点和落脚点，必须把国家治理现代化提升到国家深化改革总目标的高度。可见，无论是秉承多中心主义将政府、社会、市场等多元主体纳入国家治理的主体范畴，还是为实现政治所要达到的公正和经济所要实现的效率，都必须积极推行国家治理现代化。①国家治理现代化旨在诠释社会公平正义的核心价值理念，并把这种理念传导至社会发展的方方面面，形成以整体发展为目标和价值取向的政治主张。

（三）现代化是国家治理的衡量标准

国家治理体系和国家治理能力现代化的衡量标准归根结底就是两者内容的现代化，也就是要与现代社会发展的要求相互协调、配合和统一，由此可见，国家治理现代化是一个动态、开放和不断发展的过程。为了评判这个动态的过程，需要设定一些标准，目前学术界尚未有统一的标准，仅有现代化本身作为国家治理现代化的标准，被大家广泛认可并分析。国家治理现代化意味着国家治理要符合科学、民主、法治的内在要求，同时也应当符合自身的发展规律，以使其更加制度化、规范化、程序化。

推进国家治理体系现代化，归根结底就是要优化现有的治理结构，使其更加适应现实发展需要，使政府、市场、社会三者既能相

---

① 韩冬雪：《衡量国家治理绩效的根本标准》，《人民论坛》，2014年第4期（上）。

对独立又能相互联系，既能相互制约又能相互支撑，最终形成一种更具活力的、更有弹性的、更加开放的整体。要想实现上述目标，理顺政府、市场、社会的关系并使之相互配合至关重要。首先，需要进一步深化行政体制改革，使政府职能加速由行政主导型向服务主导型转变，优化政府组织结构，明确各级政府、同级政府、政府各部门之间的职责和权限，明晰权力界限，扫除管理和服务盲点，形成整体协作型的治理机制，完善和优化政府治理体系，全面提升治理的效能。其次，需要进一步深化经济体制改革，在改革开放40余年、全球范围内贸易保护主义抬头之际，我们要坚定地处理好政府和市场的关系，在发挥政府资源优势的同时，继续坚持市场在资源配置中的决定性作用。在坚持和完善基本经济制度的前提下，加快建设和发展现代市场体系，转变经济发展方式；加快健全宏观调控体系，推动经济发展在效率与公平间更加均衡；加快创新开放型经济体系，建设创新型国家，实现经济可持续发展。最后，要进一步推动社会治理体制的创新，充分发挥社会自身的力量，使公民社会尽快发展成为政府和市场以外的第三极力量。我们只有不断改进和提升社会治理的方式方法，不断推进新兴社会组织的参与，不断激发各主体参与公共治理的热情，不断强化公私主体之间的互利合作关系，引导公民积极有序参与社会事务的管理，拓宽公民的利益表达和监督渠道，才能促使社会治理水平不断提高。只有政府、市场和社会三者的体制改革同步进行、相互配合，才能最大限度地满足现实发展的需要，达到解放、发展社会生产力和增强社会活力的目标。

推进国家治理能力现代化，必须按照社会主义民主和法治的基本要求，全面贯彻落实十九大有关国家治理现代化的精神，摒弃过往单一主体式、运动式和命令式的管理方式，将民主化、法治化和社会化的精神内涵纳入国家治理的过程当中。实现这一目标，就必须坚持党的全面领导、人民当家作主和依法治国三者的有机统一，坚持推进中国特色社会主义协商民主政治，坚持建设社会主义法治国家、法治政府和法治社会的共同推进，在此基础上，使党的执政能力和领导水平、政府的执行力和公信力、社会的整合力和凝聚力不断得到提升。

二、国家治理现代化的价值目标

从总体上看，国家治理现代化的价值目标包含在中国特色社会主义所追求的价值目标体系中，即我们要始终坚持党的领导、人民当家作主和依法治国的有机统一。[①]进一步看，责任、民主、法治、稳定、和谐构成了国家治理现代化具体的价值目标，这五个方面从国家、社会、个人三个层面规定了国家治理体系和治理能力建设的价值取向。

（一）责任

国家治理现代化的责任主要体现为党的领导。在现代国家治理体系中，治理主体具有多元化的特点，其是由多主体组成的多元共治的治理体系，这种治理体系可以较为简单地概括为政府、市场与社会三个层次，政府层次主要包括执政党及国家各级各类机关，市场层次主要为企业，社会层次主要为公民及非政府组织等。国家治理体系现代化要求明晰多层次间各主体间的关系，使各主体统一在中国特色社会主义所追求的价值目标体系之内，形成规范化的行为规则与程序化的制度准则。在这些治理主体中，中国共产党作为执政党，在引领中国这一人口庞大、社会关系复杂、经济发展不均衡、发展速度日新月异的发展中大国的过程中，是国家治理各主体中最为重要的角色，对推进国家治理现代化进程的影响力是其他治理主体所不能比拟的。因此，尽管治理理论强调"主体多元"，但政府作为重要的治理主体，扮演着"元治理"的重要角色。习近平曾指出，

---

① 袁红：《国家治理体系现代化的价值目标及其衡量标准》，《理论与改革》，2016 年第 5 期。

今天摆在我们面前的一项重大历史任务，就是推动中国特色社会主义制度更加成熟、更加定型，为党和国家事业发展、为人民幸福安康、为社会和谐稳定、为国家长治久安提供一整套更完备、更稳定、更管用的制度体系。[1]因此，中国共产党应总揽全局、协调各方，使国家政权机构、各级国家机关、各民主党派以及市场和社会各司其职，从而形成一个统一、高效的治理体系，在这样一个治理体系中，中国特色社会主义的价值目标才能得到落实。[2]

正因为执政党在国家治理现代化中具有不可替代的作用，提高政府的治理能力就是推进国家治理现代化最直接的行动路径。只有以治理理论作为理论指导，建设服务型执政党，进一步简政放权、提升效率，优化政府机构设置和职能配置，明晰界限，才能集中精力决策大方向、大方针、大战略，绘制大愿景，制定大目标。我们应在坚持、健全、完善、创新人民代表大会制度，经过几十年的实践，要树立起制度自信；尊重宪法，坚持国家一切权力属于人民的宪法理念，全面落实国家监察体制改革，全面从严治党，加强党对反腐败工作的统一领导；坚持、健全、完善民主制度，扩大公民有序参与政治的途径与方式，建立决策咨询制度；发展基层民主，推进基层协商制度化。我们要坚持、健全、完善依法治国、依法执政、依法行政的法治制度，健全宪法实施监督机制和程序，使司法制度更加公正、高效、权威，使中国特色社会主义法律体系更加完善。我们要深入推进政府行政改革，积极实施当前关于政府机构改革的相关决定，促进政府职能与市场规律的有机结合，确保市场的事情政府不插手，政府的事情也不转嫁市场，使政府的经济调节、市场监督、社会治理、环境保护等方面的作用得到充分、有效发挥。

---

① 习近平：《习近平谈治国理政》，外文出版社 2014 年版，第 82 页。

② 袁红：《国家治理体系现代化的价值目标及其衡量标准》，《理论与改革》，2016 年第 5 期。

（二）民主

民主主要体现为人民当家作主。民主是国家治理现代化的第二个价值目标。治理的本质特征之一就在于它是政府与公民对公共生活的合作管理，是政治国家与公民社会关系的一种新颖构建。[①]人民当家作主是社会主义民主政治的本质和核心，人民民主是社会主义的生命，只有实现人民民主才能实现社会主义现代化，才能实现中华民族的伟大复兴。民主是现代国家治理体系的本质特征，是区别于古代、近代国家治理体系的根本所在。所以，政治学家通常也将现代国家治理称为民主治理。[②]

改革开放以来，我国的政治发展已经完成了"政府-市场"的二元治理结构，政府与社会两种力量相互掣肘、此消彼长，政府这只看得见的手与市场这只看不见的手既相互配合又相互制约，经过改革开放近40余年的互补与博弈，已基本形成了中国特色的社会主义市场经济体系。尽管近年来非国营经济体的发展日益增强，但"国进民退"的说法仍不时见诸报端，政府在市场中仍掌握着更多的话语权。要使国家治理适应民主政治的要求，必须在目前的二元治理结构中加入第三方角色，重构国家与社会、政府与市场之间的关系，提升社会这一极的治理质效，构建"政府-市场-社会"的三元互动治理结构。我们要加强制度保障，健全人民当家作主的制度体系，不断完善基层民主制度，真正把民主选举、民主协商、民主决策、民主管理、民主监督还政于民。要落实保障措施，支持和保证人民依法通过各种途径和形式参与管理国家事务，行使国家权力。要最广泛地组织和动员人民群众参与新时代中国特色社会主义的伟大实践，切实保障人民的知情权、参与权、表达权、监督权。要不断丰富民主形式，拓宽民主渠道，保证人民当家作主真正落实到国家政

---

① 范逢春：《国家治理现代化：逻辑意蕴、价值维度与实践向度》，《四川大学学报（哲学社会科学版）》，2014 第 7 期。

② 俞可平：《推进国家治理体系和治理能力现代化》，《前线》，2014 年第 1 期。

治生活和社会生活之中，使人民依法享有广泛的权利和自由。

（三）法治

法治主要体现为依法治国。坚持依法治国是国家治理现代化的又一个价值目标。良法是善治的前提，国家治理现代化要求制度创新要遵循法治原则，即建立符合道德理性和公平正义的现代法治体系。一个国家的宪法和法律是法治程度在形式上的最直接体现，立法、执法与司法的公平公正体现了一个国家在法治的具体执行层面的规范性与合规性。宪法和法律规定了国家范围内任何主体与单位均应遵守的各种规则，立法、执法与司法的公平公正即体现了国家治理在法治层面的完善性，直接反映了国家治理现代化的程度。立法是执法与司法的前提，执法与司法是对治理主体素质与能力的要求。国家既要顺应经济社会发展的客观实际，改革与社会发展相悖的法律、法规，更需要在体制、机制方面不断创新。[①]

遵守法治的原则是国家治理文明程度的最重要体现。中国经历了漫长的封建社会，传统儒家思想对国家的影响根深蒂固，这其中当然也包括一部分优良的传统值得现代社会代代相传，但同时也不可避免地受到一些落后的、不适应现代社会的、影响国家治理现代化进程的思想，比如仍然崇尚人治，制度流于形式，对于一部分"特权"人士游离于法律之外、凌驾于法律之上的现象加以默许，等等，更有甚者还以此作为人生成功的标准，造成众多社会公众的权利无法得到保障的情况在最开始小范围时并未加以惩处，直至造成广泛社会影响时才进行处理，无端消耗了人民群众辛苦创造的社会价值，亦是对政府治理资源的极大浪费。多年来，我国社会严重缺失法治精神，社会公众的法律意识虽然得到了启蒙，但法治精神尚未生根发芽，法律从业人员中也不乏缺少忠于法律、公正执法、维护法律尊严等职业精神之辈，无法抵御权势、金钱和人情的干扰。

---

① 范逢春：《国家治理现代化的价值反思与标准研判》，《东南学术》，2014 年第 11 期。

　　法治原则是国家治理现代化提出的价值诉求，同时也是构建国家治理体系的正当性基础。[①]当前，中国必须以更大的决心与魄力消除人治，还原法治应有的政治秩序，在人民意识层面上，利用好舆论宣传的功能，大力宣传法治意识，积极培育法治精神；从制度层面上，以国家监察委员会的设立为契机，强化各方的相互制约，真正将权力"关在笼子里"。总之，我们要努力构建法治文化，最终以社会主义核心价值观为引领，实现依法治国的中国特色社会主义社会。

（四）稳定

　　稳定主要体现为以人为本。一个社会只有在稳定的前提下才能论及进一步的发展，稳定同样是国家治理现代化的重要价值目标。当今世界各国面临的风险均有所增加，政治风险、军事风险、社会风险、经济风险等错综交织，伴随着经济全球化这一不可逆转的趋势，各国之间你中有我、我中有你，导致中国社会面临着前所未有的挑战，其中风险的多样性、复杂性、严重性与以往已不可同日而语。不少学者用"社会转型"这一概念来描述当前中国社会所处的发展阶段，中国社会正在向现代社会转变，农村人口快速向城镇集聚，农业从业者的结构不再以青壮年劳动力为主，农村留守儿童和留守老人已成为不可忽视的社会问题。传统乡村间宗亲、血缘的连接纽带逐渐被打破，人与人的关系在传统家族关系与现代契约关系中摇摆不定，进入城市的农村人口正处于融不进又回不去的尴尬境地。封闭或半封闭的社会单元因互联网的巨浪被急速打开，暴露在工业化、信息化的现代社会中。社会分工正经历着史无前例的细化，每个身在其中的人只是社会这条生产线上的一颗螺丝钉，程式化、流水线化的程度达到空前的高度。

---

　　① 范逢春：《国家治理现代化：逻辑意蕴、价值维度与实践向度》，《四川大学学报（哲学社会科学版）》，2014 年第 4 期。

应该承认，这种现代化的发展给中国社会提供了无数的机会，中国社会正是在这一过程中只用了 30 多年的时间就成为世界第二大经济体，但同时也应审视这种快速的、持续的、目前仍没有减速迹象的变化给中国社会制造的无数社会风险。亨廷顿认为："现代性产生稳定，而现代化却会引起不稳定。"而且，现实生活中"经济增长不仅会用某一速度改善着人们的物质福利，同时还会以更高的速度增加着人们的社会挫折感"①。

为此，在中国深化改革的关键期，国家治理现代化必须以稳定作为价值目标，贯彻以人为本的科学发展观，要在全面实现小康社会的过程中切实让广大人民群众的生活不断得到改善与提高，凡是涉及人民群众切身利益和实际困难的事情，不论大事小事，都要竭尽全力去办，始终坚持人民利益高于一切的原则，实现人的全面发展。人民的利益得到了保障，社会风险自然而然就会化解，解除了人民的后顾之忧，人民自然而然就会为实现更好的生活而努力奋斗，进而成为国家治理现代化的基本保障。

（五）和谐

和谐主要体现为可持续发展。国家治理现代化所致力的社会治理与社会进步，内含了社会主义核心价值观中和谐发展的要求。和谐涉及了众多社会关系，十九大报告中已经明确指出，我国社会主要矛盾已经转化为人民日益增长的美好生活需要和不平衡不充分的发展之间的矛盾，如果充分实现了和谐，不平衡的矛盾就会迎刃而解。国家治理现代化就是要实现经济发展与环境保护的和谐，实现人在社会生活中的和谐，实现人在自然生态中的和谐，实现个人与他人的和谐，实现个人与自身的和谐。因此，和谐已成为国家治理现代化的价值目标之一。

---

① 塞缪尔·亨廷顿：《变革社会中的政治秩序》，李盛平，等译，华夏出版社 1988 年版，第 41、51 页。

　　社会治理现代化是国家治理现代化的重要组成部分之一，社会是由无数个体组成的，如果个体之间是敌对、猜疑、冲突、排斥的关系，这个社会必然是混乱不堪的。和谐意味着相互理解、相互包容、相互信任、相互帮助，这些都是实现国家治理现代化的必然要求，在人与人、人与社会实现了上述要求后，社会必然是和谐友善的，这样的社会才是可持续发展的，才能契合人民群众日益增长的美好生活的需要。除此之外，人生活在自然环境之中，纵使人对自然环境已经进行了诸多的改造，仍不能改变自然环境对人产生的重要影响，这种影响甚至是决定性的，空气、饮用水、土地、食物，无一不是人在单向向自然环境获取，自然在千百年来允许这种获取，并通过自身的循环使这种获取具有了可持续性。只是当人类进入现代社会后，主观上破坏了这种循环的可持续性，造成了如今各类环境问题频发，国家治理现代化就是要重新纠正这种现象，使得国家的发展与自然环境相适应，协同发展，同步向前，实现可持续发展。

　　社会治理现代化的内涵中包括国家生态治理现代化的部分，宗旨在于建设以和谐为核心理念的生态文明，为贯彻这一理念，就需要建立健全生态文明制度；社会治理现代化与物质文明、精神文明的建设息息相关，和谐亦是物质文明、精神文明的追求，由此，应把和谐理念贯彻到社会主义制度建设的方方面面，与践行社会主义核心价值观统一起来，努力建设美丽中国，实现中华民族的永续发展。我们要追求整个社会的公平正义，要综合运用多种手段健全社会公平保障体系，使全体人民共享改革发展的成果；从健全制度、发展教育、强化道德规范、培育社会组织等方面入手，引导人民互助友爱、诚实守信、融洽相处，形成互相尊重、充满活力的社会主义和谐社会。在生态文明领域，要加大生态治理，实现绿色发展、循环发展和低碳发展。在监管上下大力气，根据相关法律法规严格约束各个社会主体的行为，在各行各业间倡导自觉、规范行为，减少增量污染的破坏；强化污染防治力度，实施重大生态修复工程，逐渐缩小存量污染的影响。总之，我们要积极转变生活方式与消费方式，提高全社会对生态文明建设重要性的认识。

第二节　国家治理现代化与农业安全的关系

一、农业安全是国家治理的目标之一

无论是"统治"意义上的国家治理，还是"服务"意义上的国家治理，都是通过政策、措施、管理等行为实现某种现实意义上的结果，脱离结果的追求而单独谈国家治理是不存在的。农业作为国民经济第一产业，其地位举足轻重，叠加其自身脆弱性的特点，农业安全问题显得尤为重要，是国家治理必须要回答和解决的问题。国家治理现代化是"善的治理"，农业安全是"善的治理"应有之义，农业安全是否实现可以作为国家治理现代化是否达成的衡量标准。

（一）这是由农业的性质和定位决定的

农业是国家经济第一产业，是整个国民经济的基础。农业不仅为人们生产生活资料，也为工业等其他产业提供原材料。农业的发展还可为其他产业提供劳动力，同时也为其他产业提供广阔的市场空间。社会主义初级阶段的大背景下，农业问题必然是最优先要解决的问题。农业问题解决的好与坏在一定程度上决定了国民经济发展的好坏，进而影响社会主义初级阶段目标的实现，因而是十分重要的。

1. 农业的性质和特点

农业是利用动物和植物的生长规律，通过劳动而获取剩余价值的产业。农业属于第一产业，在国民经济中具有十分重要的地位，以农业为研究对象的学科就是农学。农业的劳动对象是有生命的动植物，获得的产品是动植物本身。农业是提供支撑国民经济建设与发展的基础性产业。

第一，农业是以动植物的生命作为生产对象的。农业究其实质来说是人类与自然互动的产业，与其他产业不同，农业是以有生命的动植物作为劳动对象的，是利用了生命规律而获取剩余价值的，这是农业区别于其他产业的主要特点。究其实质，农业是通过附加在动植物上的劳动而获得"报酬"的，而其他产业则不同，其他产业的劳动对象一般不具有生命特点。

第二，农业的脆弱性。农业的脆弱性主要体现在农业生态的脆弱性和农业自身的发展特点上。目前，我国大力倡导农业生态经济，农业生态经济系统包括农业经济系统与农业生态系统两个子系统，[1]其中农业的生态系统是指一个特定环境内的所有生物和环境的统称。[2]农产品是人类赖以生存与发展的物质基础，但农业活动也容易对环境产生损害。[3]农业生产能力的提高往往会导致土壤损失、环境污染和资源消耗的增加，因此也最容易导致农业生态环境的恶化。这就导致了农业经济效益与长远发展出现矛盾，进一步加剧了农业的脆弱性。同时，农业以有生命的动植物作为劳动对象，这一特点也决定了农业的脆弱性，其对自然风险的防范能力相对较弱。因而，国家在产业布局上，应当给农业以足够的重视。

第三，农业具有明显的地域性、季节性和周期性。农业生产的对象是动植物，其对自然条件的要求比较苛刻，比如，热量、光照、水、地形和土壤等自然条件。同时，不同的物种，对于生长发育的要求也不同。再加上世界各地的地理气候条件存在很大差异，因此，农业生产具有明显的地域性。动植物的生长发育具有一定的周期

---

① 朱鹏颐：《农业生态经济发展模式与战术探讨》，《中国软科学》，2015 年第 1 期。

② 徐君，李贵芳，王育红：《生态脆弱性国内外研究综述与展望》，《华东经济管理》，2016年第 4 期。

③ 程翠云，任景明，王如松：《我国农业生态效率的时空差异》，《生态学报》，2014 年第 1 期。

性，也受到气候、温度的影响，因此农业的季节性和周期性特点十分明显。农业的这些特点决定了农业的产业安全性较差，更容易受到外界条件的影响，因此要给予其更多的关注。

2. 农业是国民经济的基础

农业是国民经济的基础产业的这种定位，反映了农业与国民经济其他产业之间的本质联系，也决定着其他产业发展的空间和格局。农业的基础性定位一方面体现了农业安全的重要意义，另一方面也彰显了农业安全问题的解决面临着复杂的政治、经济环境。农业是国民经济的基础产业主要表现在以下几个方面。

第一，农业是人类社会存在的基础。原始人群先是以采集和渔猎来取得维持生存的生活资料，后来逐步开始耕种作物和饲养牲畜，发展为原始的农业。农业遂成为人类历史上一个最古老的物质生产部门，而且在很长的历史时期内是唯一的物质生产部门。

第二，农业是最基本的物质生产部门。农业是国民经济中提供食物等基本生活必需品的主要产业，具有基本性和常规性，是整个国民经济不可或缺的基本生产单位。农业是人们利用动植物的生产机能，通过劳动去强化或控制其生产过程，从而取得物质资料的物质生产部门，具有根本性和前提性。农业主要包括种植业和养殖业两大门类，在特定的条件下也包括狩猎、捕捞、采集等生产活动。任何形式的农业生产都是国民经济的基本前提，与其他产业相比，其具有基础性的特点。

第三，农业是国民经济其他部门的基础。农业是国民经济其他产业独立化的前提和基础，非农产业表现出独立性必须具备一个重要前提，那就是农业从业人员在确保自身需求的基础上，将农产品提供给其他产业的从业人员，确保该产业的发展具有可持续性。正所谓"仓廪实而知礼节"，人们只有满足了生存需要才有可能去追求物质之外的东西，才可能对精神世界进行开掘和探讨，其他产业才有产生、存在和发展的内在需求。可以认为，农业劳动"对于其他一切劳动部门之变为独立劳动部门，从而对于这些部门中创造的剩余价值来说，也是自然基础"①。随着农业劳动生产率的提高，农业剩余劳动和剩余劳动生产物逐渐向其他产业转移，从而促进工业、服务业等其他产业的发展。所以，马克思认为："超过劳动者个人需要的农业劳动生产率，是一切社会的基础。"②

在我国，农业在国民经济发展中的地位十分重要，这主要表现在以下几个方面：第一，农业作为第一产业，为国民经济其他部门提供了最基本的生活资料，是其他产业部门发展的基础和前提。第二，农业为工业的发展提供了必要支出，轻工业的发展尤其离不开农业，其以农业为前提和基础，才能不断创造新价值。第三，农业因生产力水平的提高，剩余劳动即可转向其他产业部门，从这个角度上讲，农业是我国其他产业劳动力的重要来源。第四，农业还是我国其他产业建设资金的重要来源，农业因生产力的提高，自然会创造更多的生产资料，这些生产资料为其他产业发展提供了重要支持。第五，农业为其他产业发展提供了巨大的市场。我国的农业、农村市场广大，为工业等其他产业的发展提供了广阔的空间。

当前，我国仍然处于社会主义初级阶段，而且这种状态将长期存在，这是由我国生产力发展水平决定的。社会主义初级阶段的大背景下，农业问题必将是最先解决的问题。

（二）农业安全是国家治理的诉求

有关农业安全的内容有很多论述，王启云提出，农业安全主要包含粮食安全、食品安全以及生态安全。③刘敬文提出，农业安全包含粮食安全、农业生态安全、农民安全以及农业体制安全。④笔者认为，从范围上讲，农业安全包括粮食安全、种子安全、农产品

---

① 《马克思恩格斯全集》第 26 卷，人民出版社 1972 年版，第 22 页。
② 《马克思恩格斯全集》第 25 卷，人民出版社 1972 年版，第 885 页。
③ 王启云：《保障消费安全需要农业安全》，《消费经济》，2006 年第 5 期。
④ 刘敬文：《影响中国农业安全的因素分析》，《大众商务》，2010 年第 1 期。

安全和生态安全四个主要方面。从层次上讲，农业安全应当包含农业安全制度和农业安全结果两个方面。前者讲的是农业安全涵盖哪些方面内容，后者阐述的是农业安全的过程与结果。因此，从广义上讲，农业安全问题既是农业安全的制度问题，也是农业安全的结果问题。但是，无论是农业安全的制度还是农业安全的结果，究其实质而言，都是国家治理所应当解决的问题。从这个角度上讲，农业安全是国家治理的重要内容，农业安全能否得到最大限度的保证与国家治理体系和国家治理能力息息相关。

1. 农业安全是国家治理的重要内容

通常意义上讲，治理就是统治与管理，是统治者运用手中的权力对政治、经济、文化、社会等方方面面进行的管理，公权力的性质十分明显。西方的"治理"概念则与传统意义上的国家治理不同，更强调私权利的觉醒，强调与政府相对的其他主体参与管理过程，强调治理主体的多元化。近年来，我国提出的国家治理在总结西方定义的基础上，结合传统治理含义，更为强调治理主体的多元化和国家在治理中的主体地位。究其根本，我国的国家治理主体就是在政府主导之下的多元化主体。

第一，政府的主导地位和农业的基础地位决定了农业安全治理是国家治理的重要内容。国家治理要求政府要有所作为，作为国家治理体系核心主体的政府无疑发挥着关键作用。[1]政府在国家治理现代化过程当中发挥着重要作用，国家治理虽然让渡了一些权力给其他治理主体（国家治理，意味着一系列来自政府，但又不仅限于政府的社会公共机构和行为者的治理行为[2]），但是其重要作用无法取代。组织力量、整合资源处理公共事物是现代政府的职能之一，在农业安全问题的处理上也是如此。由上文论述可知，农业安全治

---

[1] 吕同舟：《政府职能转变的理论逻辑与过程逻辑》，《国家行政学院学报》，2017 年第 5 期。

[2] 彭莹莹、燕继荣：《从治理到国家治理：治理研究的中国化》，《治理研究》，2018 年第 2 期。

理的主体呈现了多元化的趋势，其中包括政府、企事业单位、公民等。在众多主体当中，政府最具资源整合的能力和条件来处理农业安全问题。与此同时，农业的基础性地位决定了与之有关的领域都应当受到重视，而且在相关领域内更具代表性的公权力应当介入并发挥主要作用。农业安全问题不仅关系到农业自身的健康发展，更关系到国家的发展与稳定，因此，政府应当更加关注农业安全治理领域，稳步推进农业产业的发展。

第二，农业安全结果是国家治理的诉求之一。国家治理的目的之一是维护政权的稳定。国家治理包括国家治理体系和国家治理能力两个方面的基本内容，国家治理体系与国家治理能力关系密切、彼此联系，前者包含政策、制度、规范、体制、框架等相对静态的要素，后者是前者由应然到实然的过程以及过程的执行程度，两者集中体现了国家的治理制度和这种治理制度的执行状况。国家治理体系是治理主体为管理国家而采用的制度体系，包括经济、政治、文化、社会等紧密联系、相互作用的制度。国家治理能力则是运用国家制度管理社会各方面事务的能力，包括经济发展状况、政治治理状况、文化发展情况等。从国家治理的概念、含义和内容可以看出，农业问题作为主要经济问题是国家治理对象的重要组成部分。从这个角度上讲，国家治理的目的就是要使治理对象得到更好的发展，更能够满足治理者的需求，即通过治理的种种手段和措施，有效解放生产力，使得人们能够利用规律最大限度地与自然和谐共生。就农业的国家治理而言，就是通过国家治理的主体制定相应的制度，并组织力量落实相关制度，从而达到国家和民众对于农业的基本要求。

2. 农业安全制度是国家治理体系的重要组成部分

简单来说，体系是指由若干相关事物或某些意识相互联系的系统而构成的一个具有特定功能的有机整体。关于国家治理体系学界给出了不同的定义，其中最具代表性的是清华大学教授胡鞍钢提出的：“国家治理体系是国家实施国家治理目标的基本制度体系。”①，确切地说，国家治理体系是责任主体管理和服务人民群众的制度体系，包括经济、政治、文化、社会、生态文明和党的建设等各领域体制机制、法律法规安排，也就是一整套紧密相连、相互协调的国家制度。这些国家制度相互协调，形成一个整体，从而推进国家治理能力的实现，进而实现国家治理的总体目标。农业安全是国家治理所追求的结果，是责任主体通过各项规章制度整合资源而形成的治理结果。可以说，农业安全是责任主体所追求的治理结果之一，是国家治理现代化的应然结果。农业安全制度是国家治理体系的重要组成部分，主要体现在以下几个方面：

第一，农业安全制度是国家治理体系当中的重要一环。关于国家治理体系的简单定义就是，“国家治理体系就是有效治理国家的制度体系”②。国家治理体系涵盖了政治、经济、社会、公民、团体、政府等各个领域，是一个极为庞大和复杂的有机整体。国家治理体系的各种构成要素之间存在着密切联系，某个变量的变化，都影响着国家治理现代化的全局。国家治理现代化是我国发展到当前阶段的产物，是一切行为、措施、制度、方略的背景。我国追求农业安全的特定目标以及推进该目标的实现，无不是以国家治理现代化作为背景的。我国的农业安全制度本身也是国家治理体系的重要组成部分，这不仅仅是国家治理的内在追求，而且是实现农业安全确保国家治理目标达成的必然要求。构建农业安全制度既不能抛开时代背景自谋出路，也不能舍弃自己的诉求，而应在国家治理体系现代化发展进程中寻求实现目标的方法和策略。

第二，农业安全制度蕴含的价值观念与国家治理现代化一脉相承。农业安全制度与国家治理体系有着十分密切的关系，前者是后

---

① 胡鞍钢：《中国国家治理现代化的特征与方向》，《国家行政学院学报》，2014年第3期。

② 覃庆厚：《国家治理体系现代化与国家政治安全的内在逻辑辨析》，《湖南工业职业技术学院学报》，2017年第4期。

者的重要组成部分，因此，前者目标的达成与后者目标的实现一脉相承。农业安全制度的制定关系到国家治理体系现代化的顺利实现。以法治为例，国家治理体系现代化是以法治为价值取向的，换言之，如果国家治理体系偏离了法治的价值观念是不能以"国家治理体系现代化"自居的，那么，作为治理体系组成部分的农业安全制度必然要坚持法治的价值，要加强立法，做到有法可依，尤其是治理主体（政府）的权力必须要放进制度的笼子里。推而广之，民主、稳定、和谐等国家治理体系现代化的价值观念必然要在农业安全制度当中有所体现。这种诉求，一方面是国家治理现代化价值内涵本身对于农业安全治理的要求，借此指导农业安全政策的制定与策略的选择；另一方面，农业安全制度的制定和落实是否遵循民主、法治等现代化的价值观念，也影响了国家治理现代化的程度。

第三，农业安全是国家治理体系现代化的应有之义。农业作为第一产业是国民经济的基础，在国民经济中发挥着举足轻重的重要作用，是经济生活当中不可或缺的重要组成部分；农民作为一种特殊职业，在我国当前人口中占据着很大比重，是国家治理现代化不可忽视的重要力量。离开农业的国家治理与离开农民的国家治理同样是不完整的，也是不可能实现的。农业安全不仅仅是经济层面的安全，也是政治层面和社会层面的安全。离开了农业安全，我们经济安全就是无源之水、无本之木，这是由农业的地位决定的。离开农业安全，农民、农村问题就不能得到解决，社会的和谐稳定就会受到挑战，民主和法治的精髓也得不到实现，那么，以此为价值追求的国家治理现代化就无法得到实现。

总之，国家治理体系现代化首要的就是构成现代化体系的要素现代化，作为国家治理体系重要内容的农业安全制度就必须以现代化的价值和规则作为指导和追求，先要确保自身的科学性和有效性，然后才能体现农业安全的诉求，更能推动农业安全结果的出现，即通过国家治理体系现代化来确保农业的安全。农业的基础性地位决定了农业必须要作为国家治理的重点工作，只有把农业治理好，把农村帮扶好，把农民安顿好，才能实现整个社会的民主、法治、稳定、和谐，才是真正的国家治理现代化。因此，从这个角度上讲，农业安全是国家治理体系现代化的应有之义。

（三）农业安全是国家治理现代化的衡量标准之一

由传统国家走向现代国家，是人类政治文明发展的必然选择。[①]国家作为历史的产物，其现代化发展方向是人类文明发展的必然选择，更是人类自我管理的目标追求。当前世界，国家治理能力的弱化已然成为许多严重社会问题的根源，"国家失败"或"政府失灵"不仅是一些发达国家不断重演的政治状况，而且是亚、非等一些发展中国家普遍存在的政治困境。[②]国家治理能力的提升是解决包括农业安全在内的社会、政治、经济、文化诸多问题的前提，反之，国民经济即社会发展诸多问题是否得到妥善解决也是国家治理现代化是否实现的衡量标准之一。农业安全制度本身是国家治理体系的重要组成部分，农业政策体现的"善治"观念是后者的内在要求，也是农业安全结果的有效保障。

1. 国家治理现代化目标的双重维度

国家治理现代化由两个方面构成，即国家治理和现代化，前者是责任主体统治和管理（也可以说服务）国家的一系列举措；后者则是对于国家治理的评价，是价值判断上的内容，是具有判断标准和价值的，也就是说借此衡量哪些国家治理的举措、结果、价值、行为等是符合"现代化"要求的，哪些是不符合"现代化"的相关要求的。

第一，国家治理现代化体现在行动上。国家治理就是不同的主

---

① 吴汉东：《国家治理能力现代化与法治化问题研究》，《法学评论》，2015 年第 5 期。

② 魏治勋：《"善治"视野中的国家治理能力及其现代化》，《法学论坛》，2014 年第 3 期。

体、不同的要素和不同的方式以合理结构共同发挥作用的过程。[①]由此可见，国家治理现代化体现出过程的特点。国家治理现代化包含静态和动态两个层面，前者主要包括国家治理体系等制度安排，以及某种行为目标，这些安排和行为目标本身即体现现代化的价值；后者是制定这些制度、体系、安排，以及组织力量、资源具体落实相关制度和安排的过程。以农业安全为例，农业安全包括农业安全制度制定、农业安全目标的设定、农业安全制度和目标的落实，这些要素都是国家治理现代化的具体表现形式。农业安全政策的制定和落实是具体的国家治理制度和体系的现实化，是第一维度的国家治理现代化，因此，可以说农业安全的实现过程所体现出来的价值观念是国家治理现代化的衡量标准。

第二，国家治理现代化体现在结果上。国家治理现代化的评价标准具有双重维度，其一是评判国家治理是否符合现代化的要求，即哪些是现代化的，哪些不是现代化的，这是对国家治理行为的第一维度的评价；其二是以现代化的国家治理所产生的结果作为标准反过来衡量国家治理是不是科学的，是不是现代化的，即评判现代化的国家治理行为应当产生哪些结果，更多的是从生产力和生产关系的角度来评价国家治理的现代化水平。在一定程度上，我们可以认为国家治理的结果是评价国家治理现代化第一维度标准的尺度，也就是说，符合生产力发展方向、解放和推动生产力发展的国家治理行为才是终极意义上的国家治理现代化，否则就不能认为是真正的国家治理现代化。

2. 农业安全是国家治理现代化的价值体现

由上述可知，国家治理体系作为生产关系，其存在和发展的基础就是生产力，所谓"黑猫白猫，抓住耗子才是好猫"，即有利于解

---

① 李尧远，张嘉雯，任宗哲：《国家治理现代化：共识、分歧与误区》，《宁夏社会科学》，2018 年第 3 期。

决当前国家、社会存在的问题，并为今后发展指明方向的体系就是好的体系。反之，则不然。由此可以得出，有效推进国家政治、经济、社会向前发展是衡量国家治理现代化的根本标准。从这个意义上讲，农业安全能否实现，农业安全问题能否得到妥善解决，是衡量国家治理体系和国家治理能力现代化的根本标准之一。换言之，现代化的国家治理体系和国家治理能力必须要保证粮食安全、种子安全、食品安全和生态安全。

第一，农业安全结果是农业安全制度的衡量标准，也是国家治理现代化的衡量标准。在国家治理现代化的大背景下，农业安全制度的建设也应当体现国家治理现代化的价值追求，脱离开这个大背景单纯地追求农业安全是无法想象的，也是不可能的。农业安全制度更要坚持对民主的追求，在坚持国家作为责任主体的同时追求责任主体的多元化；充分利用法治的理念和制度安全确保农业安全制度的科学性、有效性和可行性，在农业安全制度的制定当中必然要坚持法治的理念；处理好农村和农民问题，确保农业从业人员的素质和数量，进而追求社会的稳定；更好地处理好人与自然的和谐关系，实现农业法治的可持续性。衡量农业安全制度科学与否的根本标准在于其是否解放了生产力，是否解决了农业安全领域当中的突出问题。简而言之，即是否实现了粮食的可控性、自给性，是否满足了广大人民群众的生活需要，风险防控能力是否得到提高；食品安全的问题是否得到有效解决；种子安全问题是不是得到有效解决，是否实现了自主可控的衡量标准；人与自然是否实现了和谐共生；等等。

第二，农业安全制度是国家治理体系的重要关注点。国家治理体系应当包括治理国家所需要的物质基础、制度保障和观念导向。[①] 可以说，国家治理体系涵盖的范围很广，涉及社会生活的方方面面，

---

① 欧阳康：《推进国家治理体系和治理能力现代化》，《华中科技大学学报》，2015 年第 1 期。

农业安全制度是其重要的关注点。农业安全制度是农业安全的制度保障，是追求农业安全结果的路径、规划和守则，在实现农业安全结果过程中有着十分重要的作用。农业安全制度是联结国家治理现代化和农业安全结果的纽带，农业安全制度的科学与否既体现了国家治理现代化的价值目标，又保证了农业安全结果的实现，因此可以说，农业安全制度是国家治理体系的重点内容之一。

综上，农业安全的结果以及农业安全的实现过程既是国家治理现代化的具体表现形式，也是国家治理现代化的衡量标准。

二、农业安全的实现过程体现了国家治理现代化的价值目标

国家治理现代化是当前我国政治经济社会所面临的最大背景，一切社会活动均直接或间接与之发生交互关系。农业安全当然无法撇开国家治理现代化而独立发展，而应体现国家治理现代化的基本价值观念。农业安全对其理念的实然化过程也是国家治理现代化价值的实现过程。国家治理现代化必然要求农业安全的责任主体是代表国家的政府，必须遵循民主程序，从法治化的高度解决诸如种子安全等农业安全的问题，在处理农业生态安全的层面上突出强调多重和谐的价值观念，实质上，农业安全的实现过程本身就有体现国家治理现代化价值观念的需要，其过程也是体现这些核心价值观念的过程。

（一）农业安全的责任主体是政府

中国语境下的国家治理现代化，在责任主体层面上是多元化的，既包括国家层面上的政府，也包括政府之外的其他主体。农业安全作为国家治理的一个侧面，客观上也要求政府作为责任主体，这既是国民的生存发展和国家安全的需要，也是政府责任的具体体现，更是国家治理现代化要求明确的农业安全中的政府责任。国家治理现代化的时代要求使执政党和政府承担着体制转型的多重任

务。[①]

1. 国民的生存发展与国家安全的需要

政府作为农业安全的责任主体，主要基于政府资源整合的能力和职责行使职能，这既是国民生存和发展的客观要求，也是国家安全的客观需要。

第一，国民的生存发展需要农业安全。民以食为天，农业安全是国民生存的基础性条件，农业生产可向国民提供食物满足人类最基本的需求，人类文明亦首先建立在农耕的基础之上，如果无法保证农业安全，人类的生存就将是空中楼阁，有毫无立足之基础。农业已是全球范围内公认的第一产业，有无数人在从事农业及其衍生行业，其不仅通过农业获得生存必需的食物，而且可以通过交易剩余农产品获得货币性收入以满足消费、储蓄、投资等必要需求。随着国民生活水平的不断提高，世界各国都在不同的起点上对农产品进行升级，追求品质更高、营养更为丰富、更加天然绿色、对环境影响更小的农产品，都对农业安全提出了更高的要求。满足这些要求的责任主体无疑应是政府，政府应采取积极主动的行动以保证高质量、多品种、低消耗、护生态的农业安全，为国民的生存与发展提供最基本的条件。

第二，国家的安全需要农业安全结果的实现。中国是一个人口大国也是农业大国，在发展农业现代化基础上，实现中国粮食的安全应该是国家现代化的核心目标之一。随着中国的社会经济快速的发展，中国的农业现代化和粮食的安全协同发展的关系，是一个值得深入思考的问题。[②]人类只有通过农产品的摄入才能保证其最基本的生存，这是人类作为生物体所不可更改的法则，也正因此，一个国家的农业安全才不仅在社会经济领域具有基础性的地位，而且

---

① 马雪松：《论国家治理现代化的责任政治逻辑》，《社会科学阵线》，2016年第7期。

② 张正斌，徐萍，段子渊：《粮食安全应成为中国农业现代化发展的终极目标》，《中国生态农业学报》，2015年第10期。

在整个国家安全层面也具有了极其特殊的战略性地位，关系到中国改革开放和现代化建设的全局。一个国家的农业安全在开放经济的条件下，将关系到是否能在根本上抵御外来势力的干扰或威胁，从而保证国内社会、经济的稳定，因此，实现国家经济安全必须确保农业安全。

农产品不光直接作为食物进入消费环节，大量农产品还将作为工业原料、餐饮等服务业的基础产品进一步得到加工后再被消费，因此，其质量、产量与价格的波动将直接影响工业与服务业产出的成本与品质。在开放经济条件下，我国的粮油产品与国外相比总体上不具有竞争优势，在加入世界贸易组织的过渡期结束后，市场化的定价必然导致国内企业进口更多的粮油产品以降低成本，而过多地由国外进口农产品尤其是粮油等基础性产品将增加我国对农产品定价权丧失的风险，而且，随着国际粮油价格波动幅度逐年扩大，过多地进口农产品将使政府对国内物价水平的调控能力逐步减弱。大量进口国外低价农产品的另一不良后果是国内农产品滞销导致从事农业的人口收入波动加大，打击国内农业从业者的种粮积极性，最终放弃农业种植。而我国大部分农业从业者受教育水平偏低，收入来源种类单一，即使进入城市也只能从事技术含量较低且收入不稳定、不持续的工作，还将面临不被城市人口接纳、城市社会保障体系无法覆盖的尴尬局面，一旦其中部分人口出现返贫，将会造成严重的社会问题。农业通过最简单直接的方式，影响着国家经济的方方面面，任何微小的改变都可能给一国经济造成重大影响，进而引发一系列社会问题。维护经济持续发展与社会稳定进步是政府存在的价值，其作为担负农业安全责任主体角色的必然性，不言而喻。

2. 政府责任的具体体现

从最广义的角度来看，政府的责任是指政府和公务人员积极地对社会民众的需求作出答复，并采取积极有效的措施，公正、有效地实现民众的需求和利益。[①]对于农业安全来说，政府责任体现在制定和落实相关的农业政策上。我国的农业经过几十年的发展，其生产经营方式在市场化的过程中经历着快速的改变，突出表现在产业化程度提高，不再是单户孤立的小农经济模式，整个农业的生产链条被拉长；通过各种形式组成的新型专业农业经济合作组织得以涌现，专业化程度有所提高；加快土地流转、规模化集约化经营的呼声越来越高，农业机械化水平逐年提高；农业生产经营的社会化服务体系逐步建立，无形中也扩大了农业生产的规模。政府要牢牢掌握这种快速发展的方向，及时改革农业管理体制，在人多地少、家庭小规模经营短期很难改变的基本国情不变的背景下，真正实现高水平的安全的现代化农业生产经营。

第一，制定及时、清晰、操作性强的法律法规，加强农业安全的法治建设。建立健全农产品质量安全管理体系，将质量安全管理制度及规范落到在整个农业生产的全部环节上。出台更多鼓励技术创新、吸引农业人才的导向性政策，提高农业的科学技术含量，为安全农业和现代农业培养人才、储备人才。运用好货币政策，引导市场上的各方资金流入农业，通过税收等财政政策鼓励向农业投入资金的经营主体，让市场各方参与者真正通过投资农业获益。加强农业生态保护和治理方面的立法研究，通过立法加大全社会对农业生态环境的重视及对其的保护力度。

第二，将监管责任真正落到实处，严格履职，对农业领域的各种违法犯罪行为进行严厉打击。农业安全作为国家发展的基础，任何破坏农业安全的行为都会在社会上造成极其恶劣的影响，无法保证农业安全的政府是不能长久的，因此，政府作为管理者必须明确农业安全领域违法犯罪的严重后果，严格履行监督管理的职责，才能起到积极的警示作用，才能顺利发展规模化、市场化的农业经济，

---

① 张贤明：《政府问责的政治逻辑、制度构建与路径选择》，《学习与探索》，2005年第2期。

实现农业现代化。

第三，加大宣传与资金投入，阐明农业的经济、社会、文化价值，营造整个社会对农业安全的保护意识。农业在经济与社会中的价值自不必多提，政府应积极地加大宣传与资金投入。特别是，中国作为历史悠久的农耕国家，一些本不适应耕种的边远山区经过当地人民漫长、艰苦而又富于智慧的改造，已形成了独特的农业生态体系，对人与自然和谐发展提供了珍贵的参考资料，更作为一种独特的文化体系流传至今，吸引了越来越多的人到当地考察、参观、游览。

3. 国家治理现代化要求明确农业安全中的政府责任

自古以来，我国人民赖以生存的主要食物是粮食。因此，获取足够的粮食是我国公民的一项基本权利，保障粮食安全是一项重要的政府责任。[①]对于中国这样的一个超级大国而言，要实现国家治理现代化的目标，必然需要政府这个国家权力的实际承担者积极发挥推动作用。农业安全是一个国家长治久安的基础，关乎全体国民的生存。现代政府是由国民通过民主选举产生的，国民选举政府的动因即授权政府管理好国家，保证国民的安全与社会可持续发展，这是一国政府之所以存在的根本原因，是其不可推卸的责任。因此，必须通过各种途径明确政府在确保农业安全中的主体责任。

第一，通过中央政府的正式文件明确政府责任。从 2013 年到 2018 年的中央一号文件都从不同方面明确提出了政府在农业安全中所应担负的主体责任，表明了政府承担农业安全保障责任的决心，这是最直接的责任明确方式。2018 年的中央一号文件指出，实现乡村振兴，治理是有效手段。各级党委和政府都要将乡村振兴战略摆在优先位置。

第二，通过媒体监督明确政府责任。媒体应在政府执政过程中

---

① 胡靖：《中国粮食安全：公共品属性与长期调控重点》，《中国农村观察》，2000 年第 4 期。

起到积极的监督作用，虽然中央政府高度重视农业安全问题，但具体的政策落实还是要靠省、市、县、乡四级政府的真抓实干。农村地区与城市相比其劣势之一就在于监督曝光手段的缺乏，而农村作为农产品的生产地，是农业安全得以保障的主战场，地方政府任何尸位素餐的懒政思想都可能对当地农民、当地市民以及消费该地区产出农产品的其他地区消费者造成生命安全隐患。媒体的监督在这种情况下就显得尤为重要，通过媒体将可能会触目惊心的真实情况公之于众，可以提醒那些存在侥幸心理的执政者，使其明确对保障农业安全有着不可推卸的重要责任。近年来，随着移动互联网与自媒体的快速发展，媒体监督逐渐向人人监督转变，一旦发现问题，媒体或公众随手将一张照片推送至微博或微信朋友圈中，就可以在很短的时间内产生舆论的焦点，带来举报的线索，政府对这些监督应高度重视与严肃对待，这是最广泛的责任明确方式。

第三，通过严厉处罚明确政府责任。对待不履行职责的有关部门以及损害农业安全的企业或个人，一经发现，相应处罚绝不能手软，农业安全牵一发而动全身，是全体人民关注的切身利益，如果处罚不及时、不到位，民众很容易在大范围内产生不满情绪，对政府产生信任危机，质疑政府没有尽职尽责地保障民众的健康安全。因此政府对破坏农业安全的主体的严厉处罚，是最高效的责任明确方式。

（二）制定农业安全政策应当遵循民主程序

国家治理现代化的重要特征之一就是民主价值观念得以推崇。农业安全政策的制定需要履行民主程序正是遵循了国家治理现代化的价值理念，当然这也确保了农业安全政策的科学性和有效性，同时也进一步发展了有关农业安全政策的民主，对国家治理现代化提出了挑战和更高要求。

1. 农业安全政策制定的复杂性

由于经济全球化的进一步发展，世界经济联系日益紧密，经济危机的发生周期也越来越短，危害也越来越大，冲击力度也越来越重。农业产业作为经济危机的避风港，必须要对农业政策进行调整，以便提高农业的综合生产能力和竞争力。①国际竞争的压力带来的农业安全潜在风险要求农业政策必须作出调整，但农业安全政策的制定具有复杂性特点，这既是农业产业自身的特点所致，也是公民社会的发展和公民意识不断增强的结果。

第一，农业安全政策包罗万象。农业安全所包含的内容非常广泛，以本书为例，主要包括种子安全、粮食安全与农业生态安全三部分，每一部分又包括更具体的方面，其相应的农业安全政策可以说将会对应每一个最具体的方面，只有这样才能使农业安全政策做到全方位的覆盖，因而使其包罗万象。这些政策与一国公民不会一一对应，但会与国民的生活产生千丝万缕的联系与交集，存在这样的情况，即同一个农业安全方面的政策会对若干群体产生影响，而同一个群体又会需要若干个农业安全政策来保障，这种复杂的关系更加反映出农业安全政策的庞大数量与种类。如果农业安全政策的制定不遵循民主程序，不使公民的诉求得到充分的表达，致使任何一个公民群体的利益受损，都可能演变为一个严重的社会问题，影响国家的长治久安。

第二，社会法治的内在要求。改革开放之前，我国长期处于大政府小社会格局之中，政府的权力和触角无处不在，相反，社会的发展相对落后。改革开放以来，这种情况发生了翻天覆地的变化，改革开放的过程从另一个角度也可以概括为具有中国特色社会主义法治化的不断发展的过程，人们参与社会公众管理的愿望和能力也得到了空前的增强。由于法治化的不断深入，人们的法律意识得到进一步增强，对于参政议政的权利越发重视，希望通过参与管理国家事务，更直观地感受人民当家作主的政权性质，要求享有法律许

① 孙甜甜：《中国农业政策转变研究》，《安徽农业科学》，2015 年第 16 期。

可范围内的自由广泛的活动空间，要求维护自己的权益。对农业安全政策的关注正好符合这一发展趋势，没有比入口的食物更基础、更贴近公民自身利益的事物了，这就要求政府在征求意见、制定方案、出台政策及配套措施等方方面面慎之又慎，在整个过程中遵循民主的程序也成为必然选择。

第三，不同群体的参与方式与诉求内容各不相同。农业安全关乎全体公民的切身利益，社会中的每一个公民都应参与到农业安全政策的制定中去，我国因长期的城乡二元结构，导致城市群体与农村群体在公共事务的参与方式与诉求内容上有着天壤之别。具体到农业安全政策的制定，城市群体由于文化程度平均水平已经达到一定水平，社会公共设施也已较为完善，获取信息及表达信息的渠道更为多元，可以通过互联网等更加高效的参与方式进行；而农村群体则因缺乏公共设施硬件与文化水平等软件，其参与方式依然停留在较为传统与低效的层面。在诉求内容上，城市群体绝大部分作为消费农业产出的下游环节参与者，其角色较为单一，诉求内容也较为集中与统一，而农村群体的情况则大不相同，其既作为农业产出的下游消费者，但更重要的角色是农业产出的生产者与经营者，其对农业方面的政策非常敏感，对农业安全的更多方面存在诉求，也有可能出现与城市群体完全相反的政策诉求。

比如对于农业生态安全的考虑，城市群体因为远离农业的生产地，虽然农业生态的改善对于全体公民都是有益的，但城市群体不会把这一点作为特别重要的诉求点要求政府首要改善，而农业生态环境对于农村群体来说就显得非常重要，对于他们来说，农业生态环境就是他们的生产环境与生存环境，常年身处其中，对于农业生态环境的改善就是他们非常重要的诉求点。再比如，为了保证农作物的质量与国家种质资源的优良，相关农业政策可能涉及调控种子的市场价格，将其控制在一定的价格范围内，城市群体因为获得了高质量的农产品因而支持该政策的推行，而这种政策可能在一定程度上损害种业从业者的经营利润，这部分群体对这种政策所持的态度就将会与城市群体大相径庭。

因为存在上述原因，政府在制定这些复杂的、牵涉面较广的农业安全政策时，就必须遵循民主程序，最大程度地听取各方意见进而符合各方的期望。

2. 农业安全政策的制定应保证程序正义

程序民主也称民主程序，是程序民主化与民主程序化的结合，指的是在实现民主过程中的先后顺序及其相关制度性规定。[①]农业安全政策作为公共政策的其中一种，必然要遵循公共政策制定中的一系列原则，其中就包括程序正义。程序正义最初是法学领域中的一个概念，即任何法律决定必须经过正当的程序，在裁判者对案件信息充分掌握的前提下，其追求的目标是判决方式自身的公平性。程序正义因建立在自由、平等、民主的基础上，又体现了对公民权利及人格尊严的尊重，与公共政策制定所遵循的原则不谋而合。在实践中，很多公共政策正是因为制定过程的不公开、制定程序的不合理，导致了在执行过程中的利益冲突，最终使政策流产。尽管程序作为实体正义的工具，具有主体利益性，其由处于复杂社会环境中的人来操作，且程序本身的正义并不必然导致所对应的政策在执行中不背离决策者最初的目的，但并不能否定程序正义本身的价值。

农业安全涉及整个国家全体公民的切身利益，一定要保证政策指定的程序正义，让利益各方的诉求得到充分、有效的表达，避免政策包办。在农业安全政策制定的过程中，应严格遵循法律、法规，依据法定程序收集所有相关的政策信息，做到政策的有据可查，积极听取民意，认真到基层进行调查研究，不走过场；保证政策议程的设立公开、透明、独立，符合法定的顺序、方式和步骤，即社会问题应由某一社会群体主动向政府提出诉求，并要求政府采取行动

---

① 韩强：《程序民主论》，北京群众出版社 2002 年版，第 68 页。

加以解决，当决策者认为这些问题应被重视并应采取制定政策的办法来解决时，政策议程便触发了；及时召开媒体通气会通报政策制定情况，完善、改革听证制度以及时听取民众代表的反馈，保持信息的双向沟通与对称，维护公民在政策制定中的全过程参与，加大对政策制定中的议程设置、备选方案的拟制与选择等程序环节的重视，保证出台政策的合法化与权威性，以最大限度维护公民的权益。

3. 国家治理现代化要求尊重农业安全政策的民主产生

国家治理现代化的实现，不仅要充分发挥党和政府的领导与推动作用，更需要全体人民的共同参与，构建社会共治网络。让人民毫无顾虑地进行民主表达并不是一句口号，而是要采取切实有效的方式让人民群众积极参与到公共政策的制定中来，要做到充分体察民情、顺应民意、集中民智、珍惜民力，广泛听取不同的意见和呼声，做到这些的前提就是执政者对民主的极大尊重。农业安全政策正如前文所说，内容包罗万象，因涉及各方利益又极为复杂，就更需要执政者以及人民群众对农业安全政策的民主产生抱以尊重的态度。

第一，政策制定者要对民主制定农业安全政策抱以尊重的态度。在整个政策制定的过程中，政策的制定者无疑是强势的一方，民主虽然作为社会主义核心价值观的内容之一，在政府文件中、舆论导向中扮演着重要的角色，但依然很容易在具体的行政事务中因种种原因被束之高阁。中国的民主化进程相对较短，且人民代表大会制度又不同于西方的三权分立，缺乏执行经验的借鉴，需要摸着石头过河，要求政策制定者在制定政策的过程中付出更多的时间、更大的精力来满足政策各方的诉求，而中国社会的发展速度又是极为快速的，政策的及时有效性属性客观制约着政策出台的时间跨度，这就造成了为满足政策各方利益而需付出的长时间调研和讨论与为防止政策出台的滞后而造成针对性不足需要尽早实施之间的矛盾。在对两者进行平衡时，政策制定者极易出现对民主过程的压缩及形式主义，那些主观上就对政策民主化制定敷衍了事的制定者不必多谈，我们要考虑的是当主观上对民主产生相关政策持肯定态度且力求达到这一目标而客观上因时效性的需要必须加以妥协的这一情况，这时如何做到尊重政策的民主产生将是国家治理现代化留给执政者们思考的内容。

第二，政策接受者对于民主产生的尊重也是不可忽视的重要一环，尤其是涉及农业安全的政策，受政策影响的人民群众情况多样，如前文所述，我们要理解政策民主化产生过程中的种种制约因素、与政策制定者积极沟通协商、尊重政策的民主产生，这些都是正当的表达自身的利益诉求。不仅如此，我们还应将自身置于受该政策影响的全体人民中去，以制度化、理性化的态度，正确认识民主的真正含义，让通过民主化过程产生的相关政策真真正正体现其科学性与优越性，尊重客观规律，作出适当让步，实现整体共赢的局面，如此才能符合国家治理现代化的价值追求。

（三）农业种子安全是一个法治问题

农业现代化发展离不开法治环境保障，"要加强农业法治化建设，充分发挥法治在发展现代化农业过程中的功能，真正构建起现代化农业经济持续发展的支持与保障系统"①。种业作为农业产业链中的源头，是农业安全与可持续发展的基础产业，要确保国家农业安全就要确保种业安全。在全球农业生态和经济紧密融合的背景下，农业种子安全兼具自然生态和社会经济属性，2012 年中央 1 号文件明确指出"科技兴农，良种先行"，也明确了种子安全在农业安全中具有的特殊意义。法治是国家治理现代化的基本价值理念。

1. 种子的战略化属性使其必须依靠强大的法治保障

一个国家的种子安全得到保障可以说等同于一个种植周期后这个国家的农业安全就得到了保障，同时也为这个国家的其他方面发

---

① 王怀勇：《发展现代农业的法治保障》，《法学论坛》，2009 年第 6 期。

展提供了坚实的基础，因此，保证种子的安全是一个国家战略层面必须考虑的问题，为种子安全提供强大的法治保障迫在眉睫。

第一，从国内来看，2000 年，第九届全国人民代表大会常务委员会第十六次会议通过了《中华人民共和国种子法》。这是我国保障种子安全的根本大法，到目前为止已经历了三次修订。2015 年新修订的《种子法》从种子的培育、销售到监管都作了更详细的规定。随着种子生产经营单位数量的不断增加，种子市场的竞争越来越激烈，很多种子公司为了增加其销量，抢占市场份额，把增设委托代销点作为其竞争手段；有的公司将空白委托代销书给县级代理人，出现随意委托、甚至委托再委托的现象；有的种子公司管理体制不健全，管理较为随意，地区间窜货问题突出，同时又无法提供种子销售单，这就使得种子来源渠道复杂、难以追溯，大大增加了种子的质量隐患，导致种子市场混乱，违法案件层出。类似这种钻法律空子的情况必须立重法加以严惩，一旦管控不及时，将造成难以挽回的后果。我们要对种子储备库的安全问题加以重视，防患于未然。种子储备作为一种国家的战略性储备物资，媒体应加大宣传力度，在民众心中建立将种子视为与石油、黄金同等重要的战略物资的意识。

第二，从国际来看，粮食、种子等农产品资源将成为大国之间竞争、博弈的重要武器，[①]可见种子安全问题事关重大。基于我国种子市场集中度较低、大多数企业的影响力仅局限在区域性范围内、实力较弱的现状，跨国种业因其具备先进的技术与科学的管理，优势不言而喻，对国内种子企业的威胁极大。政府必须加大对国内龙头种子企业的扶植力度，推动育种技术的研发，督促企业苦练内功，在市场化的大前提下关注跨国企业在市场上的动作，防止其通过不合理的低价进行不正当竞争，避免其形成市场垄断。我国国土辽阔，

---

① 程同顺，赫永超：《当前中国农业安全隐患及其战略选择》，《中共中央党校学报》，2014年第 6 期。

植被类型多种多样，生物生态资源特别丰富，外资跨国种子集团自然会觊觎我国的种质资源宝库。目前，跨国种子集团获取我国原始种质资源或研究成果主要通过与国内高等院校、科研院所共建或参股实验室、研发中心的方式进行，以这些方式，外资进入成本较低，入口宽松，不需行政许可审批就可以办到，在这种情况下，外资对于我国种业市场的影响必将越来越大，其潜在威胁不容忽视。外资进入种业市场的手段多种多样，比如其可以通过参股的形式进入种子齐全的国家重点种业单位，以出资人的身份接触到我国种业核心要素，这将严重威胁我国种质资源的安全性。

2. 种子的市场化属性需要"看得见的手"

第一，自《中华人民共和国种子法》颁布实施和我国加入世界贸易组织的十几年以来，我国的种子市场发生了根本性的改变，市场化程度越来越高，市场主体呈现多元化发展趋势，竞争加剧，计划经济时期的国有种业企业加速解体，具有自主品牌的股份制种业公司迅速成长，种业市场渐渐繁荣，市场经济下的公开竞争经营使得种子质量与种业公司的服务质量显著提高，广大购种农户的选择性与议价能力大大增强，购买成本得以降低，售后服务有了保障，实现了增产增收。正因为如此，不少人认为种子市场可完全依靠市场调节、由种子使用者自由选择播种品种、种子企业可自行安排种子的生产经营等，政府的引导、调控、监管是多余的，但事实上，种子产业的市场化发展也带来了种种问题，这些问题都需要依靠政府这只"看得见的手"、依靠强大的法治建设加以解决。

第二，种子作为一种特殊的农产品，亦存在农产品本身因信息不对称造成的调控难度大、价格波动大、供需不平衡的现象，若当年种子价格出现大幅度上升，将会使市场上的从业者盲目扩大生产，直接导致第二年的产能过剩，种子价格随之大幅度下降，又导致了缩减产能的结果，使得第三年种子供不应求，价格又随之大幅度上升，如此往复，恶性循环。与此同时，种子的市场经营又面临着一定的自然风险。种子生产受自然环境的制约较为明显，气候、环境等自然条件的变化会使种子产量出现波动，再加上种子的产销期不同，生产和销售所跨越的时间段较大，如果没有科学的预测和抵抗风险的技术，必然使种子生产的盲目性较大，依然是靠天吃饭，给种子生产经营者带来很大的风险，甚至是损失，同时对我国的粮食安全也会造成一定的威胁。

第三，目前市场上种子的品种多而杂，单单每年经国家和省级审定的水稻品种就有数百个，再加上各地引种，各类就更为繁多。同时，市场上大多数种子企业为追求利益，都下大力气推荐自己的专有品种，以抵御竞争、追求自身利益的最大化。在种子实施委托代销后，因部分农民文化素质不高、法律意识不强，追求短期效益的代销人员的售后服务不到位，为农业生产带来很大隐患。一方面，由于一些品种并不适宜当地气候或土壤环境，有可能在种植之后造成大面积减产甚至绝收，给农民的农业生产带来损失；另一方面，由于种植品种过多，其特性、抗性、成熟度均无法统一，相应的种植过程中管控难度加大，农机的使用也不能统一进行，无法实现规模化、持续性种植。

3. 国家治理现代化要求提升种子安全的法治化

种子安全的法治化是国家治理现代化的现实需要。国家治理现代化的又一大特征就是政治、经济、社会整体的法治化，而种子安全问题尚缺乏法治的支持与保护，亟须进行法治化治理。

第一，种子的战略属性和商品属性要求提升种子安全的法治化。种子作为农业安全中重要且特殊的一环，唯有提升其法治化水平才能符合国家治理现代化的价值内涵。一方面，因种子的安全性关系到国家战略，必须施以重法并严格由国家管控，而在这方面，我国受西方国家的威胁严重，目前农产品种子的专利权也是由少数西方公司所垄断；①另一方面，种子的商品属性，使其在市场经济的浪潮中亦不能独善其身，对具备二重性的种子提升法治化建设，将是检验国家治理现代化实现与否的重要试金石。

第二，种子立法水平的现实需求。将种子放在市场化属性中加以讨论时，可以发现整个种子产业中有许多环节急需提升法治化水平。以对种子市场的监管主体为例，我国的农林行政主管部门是种子市场监管的主体，同时，由于种子自身具有商品属性，因而工商行政主管部门也会对种子市场进行监管，两者作为监管主体的主次地位急需加以明确；监管主体的专业素质也亟待加强，很多执法人员缺乏种子市场监管所需的专业知识和技能，外行监管将导致效率低下、监管缺乏针对性等弊端。

第三，行业自律性的需要。在较为成熟的产业中，行业协会等中间层级组织往往发挥着重要的作用，其负责整个行业的自我规范，在行业中制定统一标准并监督行业主体加以遵守，防止恶性竞争与垄断经营，还可以为国家政策的制定提供建议，是连接市场主体与监管主体的重要纽带。而目前种子产业中的中间层组织数量有限，不能满足市场快速发展的需要，同时，其地位不高，在法律、人事、财务等方面存在诸多限制，其自身也存在着组织结构不规范、组织体系不健全、容易被一些利益集团利用而丧失其独立性和公正性的状况，因此，需要采取多种措施提升这部分中间层组织的法治化水平。另外，还有种子经营企业和直接消费者层面，2011 年，我国进一步细化了农作物种子经营市场主体的准入标准，规定了种子企业必须具备的硬性指标，如要有相应的检测设备和技术人员等，以此来督促种子企业保证种子质量，相应的，种子市场的准入门槛也有了提高。

---

① 程同顺，赫永超：《当前中国农业安全隐患及其战略选择》，《中共中央党校学报》，2014年第 6 期。

　　第四，消费主体的市场地位的需要。在更多种子企业追求规模化发展、强化自身实力、积极兼并重组、主动迈向国际市场的大背景下，市场亦对其自身的法治化建设水平提出了更高的要求。农民作为种子的消费者，本身就是弱势群体，在信息的获取及权利的维护方面都处于劣势，保障其使用的种子安全的首要任务就是加强教育与宣传，增强他们的法律意识，并对侵害种子消费者权益的行为作出明确的处罚规定。如果需要面对实力强大的种子企业，种子消费者可能考虑到举证较难、赔偿标准较低等现实问题，选择忍气吞声、默默接受。而当前与种业相关的优质保险产品较少，国家救助机制仍需完善，这样的情况更加剧了种子消费者的购买风险。因此，从种子安全涉及的任意主体出发，国家治理现代化都要求提升相应的法治化建设。

（四）农业粮食安全是国家稳定的基础

　　在中国，粮食安全是关系到国计民生的大事，保障国家的粮食安全，牵扯到经济发展、国家独立和社会稳定的大局。[①]目前，我国粮食安全形势不容乐观，粮食需求压力巨大，粮食综合增长供给能力相对较弱，粮食产业的经济效益偏低，粮食发展水平与我国目前的发展状况不相适应，更与国家治理现代化的需求不相适应。只有稳步推进农业粮食安全进度，才能为国家治理现代化提供稳定的政治局面。

　　1. 现阶段我国粮食安全形势

　　近年来，我国的粮食生产总体势头良好，粮食产需缺口正在不断缩小，这为国家的改革发展稳定奠定了重要基础。但要注意到，由于我国人口众多、耕地资源紧张、淡水资源短缺，再加上生态环境脆弱，农业仍然是国民经济中较为薄弱的一环，"吃饭"问题始终

---

　　① 张元红，刘长全，国鲁来：《中国粮食安全状况评价与战略思考》，《中国农村观察》，2015 年第 1 期。

是社会经济生活中的头等大事。我国的基本国情和粮情决定了我国的粮食安全问题将长期存在，要从长远上保证粮食供求总量基本平衡，这是一项长期艰巨的任务。

第一，粮食消费需求不断增长。人口增长和消费结构变化是影响粮食需求的两个主要因素。粮食是人类生存发展所不可或缺和不可替代的，其需求弹性较小，因而人口的增加必然推动粮食消费量的刚性增长，成为影响粮食安全的主要因素之一。随着人口不断增多以及经济社会的持续发展，我国的粮食消费需求在今后相当长的一段时间都会刚性增长。2019 年我国年人均粮食消费量为 388 公斤左右，预计到 2020 年年人均粮食消费量将在 395 公斤左右，年需要总量将为 5725 亿公斤，国内粮食产需缺口将进一步扩大。①此外，粮食消费结构的不断升级也会对粮食生产提出新要求；燃料酒精、生物柴油等以粮食为原料的生物燃料生产规模不断扩大，发展势头较猛，如果对此不保持高度警惕并进行有效控制，不仅会刺激粮食消费需求的增长，还可能拉高粮食价格，增加保障粮食安全的难度。

第二，粮食综合生产能力的提高受到制约。当前我国粮食生产受到水土资源等支撑条件不足、基础设施薄弱及科技支撑不足等问题的制约，这些将会对我国中长期粮食安全构成极大威胁。目前我国农业用水的年缺口达 300 亿立方米。我国耕地不仅在数量上大量减少，而且质量也令人担忧，重金属污染、酸化、碱化问题突出。除了受自然资源的制约外，我国的农业水利建设比较落后，目前我国的有效灌溉面积仅占耕地面积的 45% 左右，相关配套措施也相对欠缺，机耕道建设滞后、缺少晾晒设备及场地、仓储和物流设施不够。

第三，粮食生产效益偏低。粮食生产效益取决于粮食生产机会成本、成本收益率和经营规模三个方面。高机会成本、低成本收益

---

① 国家粮食局课题组：《粮食支持政策与促进国家粮食安全研究》，经济管理出版社 2009 年版，第 5 页。

和小规模生产导致了当前我国粮食生产效益的低下。随着我国经济发展水平的不断提高,劳动力从事非农业经济劳动的收入不断增加,越来越多的农业劳动力选择进城务工从事非农产业,这就大大增加了粮食生产的机会成本。种粮成本的快速上升,必然导致粮食生产效益的不稳定。从 2012 年开始,稻谷、小麦、玉米单位面积均净利润出现了继 1978 年、2000 年三大主粮作物单位面积均净利润亏本之后的新一轮下滑,小麦甚至出现了亏本现象。[①]总体来看,大豆的单位面积均净利润水平长期低于三大主粮作物,特别是近年来在进口大豆冲击和生产成本上升的双重影响下,国内的大豆产业状况令人担忧。一般来说,在成本收益关系既定的前提下,生产规模越大。农业生产经营主体获得的绝对收益就越大,农业部 2012 年的摸底调查显示,我国南方经营耕地面积约 3.5 公顷以上、北方约 7 公顷的种粮大户有 68.2 万户,经营耕地面积约 0.09 亿公顷,生产粮食 746 亿公斤;粮食生产合作社有 5.59 万个、社员 513 万人,经营耕地约 505 万公顷,生产粮食 485.5 亿公斤。但从基本面来看,规模化经营比例仍然较低。种粮大户占全国农户总数的 0.28%,经营耕地面积仅占全国耕地面积的 7.3%,粮食生产量仅占全国粮食总产量的 12.7%;粮食生产合作社经营耕地面积仅占全国耕地总量的 4%,生产粮食仅占全国粮食总产量的 8.2%。[②]

2. 国家的发展无不以粮食安全为基础

第一,城市化进程和人民生活水平对粮食安全提出新的要求。我国的城镇化进程已经进入到由追求城镇人口数量的增长转为追求城镇人口质量的新型城镇化发展模式中,在城镇中生活的超过两亿人口的进城务工人员群体,意味着三成左右的农业户籍人口不再以从事农业生产为主,这直接导致了我国粮食需求旺盛的同时供给粮

---

① 罗丹、陈洁:《新常态时期的粮食安全战略》,上海远东出版社 2016 年版,第 50 页。
② 罗丹、陈洁:《新常态时期的粮食安全战略》,上海远东出版社 2016 年版,第 51 页。

食的生产力却大幅下降。而随着生活水平的提高，城乡居民的膳食结构也发生了巨大的改变，粮食在全部食物中的消费比例逐年下降，而肉蛋奶等食品的消费量急剧上升，因这些食物的粮食转化率小于1，故需要生产更多的粮食才能满足对这部分食物的需求，间接加剧了对粮食需求的增加。城镇化的发展虽然促进了我国社会经济的加速进步，使得更多的人可以享受更加完善的基础设施服务，物质生活条件得到提高，但也造成了对农业生产结果的巨大反噬。我国未来要走新型城镇化的发展路线，这是历史的大趋势不可改变，在这个过程中就更需要维持粮食产量，保证粮食安全，才能确保国家的稳定发展。

　　第二，耕地量质和产粮效益难以为粮食安全提供保证。随着经济发展和人口的增长，耕地受到各方面的需求压力影响，在耕地资源对粮食安全保障问题上，学者指出中国面临的严峻形势。[1]耕地作为农业生产中的重要生产要素，对粮食供给能力有着显著的制约作用，我国虽然国土辽阔，但受制于人口众多及适合耕种的优质土地占比较低这两个因素，我国的耕地资源也已成为稀缺资源。随着我国城镇化进程的加快，大量城市边缘的耕地都让位于工业和住房建设，建设用地的增加速度大大超过新增耕地的速度，耕地数量减少是当前威胁我国粮食安全和农业安全的一大问题。在耕地质量方面，我国耕地总体质量不佳，且半数以上分布在山地、丘陵及高原地区，科学灌溉设施尚未能全面覆盖，不同地区经常遭受洪涝灾害与土地荒漠化的侵蚀；因工业化所带来的环境污染等人为因素也使得可用耕地的质量问题雪上加霜。虽然我国在粮食单位面积产量上通过杂交等科学手段连创新高，但耕地的承载能力毕竟有限，保证足够数量与质量的耕地，是实现粮食安全并稳步增产的前提，是国家发展的重要依靠。

---

① 聂英：《中国粮食安全的耕地贡献分析》，《经济学家》，2015 年第 1 期。

第三，人口结构和人口素质的新威胁。我国是一个人口大国，人口逐年增加，但耕地面积却不断减少，我国粮食安全问题是一个长久的问题。[①]从未来中国的人口结构看，随着二孩政策的全面放开与人口老龄化的加速等现实状况的出现，处于人口结构两端的比例将显著上升，而这部分人群是不具备农业生产能力的。这种矛盾将在未来持续较长时间，目前在农村从事农业活动的劳动力老龄化问题严重，且这种趋势在短时间内不会得到扭转。而这部分劳动力大多文化水平不高，科学意识不强，对科学种植的认识不深，农村劳动力陷入了"学历层次越高越倾向外出打工，学历层次越低越倾向在家务农"的恶性循环，农村留不住人才的现状更制约了农业新技术、新机械、新方法的推广，制约了农业现代化的推进，严重阻碍了粮食增产、增质的目标，对国家的稳步发展形成了极大威胁。

3. 国家治理现代化要求保证粮食安全的稳定性

国以民为本，民以食为天，食以粮为源，保障粮食来源的稳定已成为国之根本的事实。但运动是绝对的，静止是相对的，保证粮食安全的稳定性，需要在国家治理现代化的指导下，达到一种动态的平衡。唐华俊认为当前粮食安全问题主要是"结构性短缺日益凸显""区域间粮食供求矛盾突出"和"粮食自给率总体保持紧平衡"。[②]粮食安全问题还体现在价格自主化水平较低，粮食数量、质量及多样化发展与人口需求的矛盾，还表现在转基因技术控制能力不足上。

第一，粮食生产数量、质量及多样化的自主性亟须解决。在我国，粮食安全的范畴应该是一个广义的存在。在以追求温饱为主的年代，人民的饮食结构必然以大米、小麦及其他粗粮为主，这时对粮食安全的定义几乎可以等同于口粮的安全，这是我国政府一向重

① 张正斌、徐萍、段子渊：《粮食安全应成为中国农业现代化发展的终极目标》，《中国生态农业学报》，2015年第10期。
② 唐华俊：《新形势下中国粮食自给战略》，《农业经济问题》，2014年第2期。

视的领域，并制定了一系列严格的政策来保证口粮自给率。而随着
我国经济的快速发展，人民的饮食结构也在不断调整，肉蛋奶等食
物的比重不断上升，反映在农业生产中，即对喂养猪牛羊及禽类的
饲料的需求大幅增加，粮食安全的内涵中相应地包含了饲料安全的
意义。由逐年增加的为榨油与制作豆粕饲料而进口的大豆数量就可
以得知，我国的粮食安全受到饲料安全制约的影响已经越来越大。
从日本、韩国等经济体的经验来看，随着经济的发展，在人多地少
的制约下，粮食自给率下降是不可避免的趋势。在市场经济体制下，
只要国家经济稳步发展，国家实力逐步增强，就可以从国际市场上
购买到足够数量的粮食，在市场调节的作用下，粮食的生产必然转
向成本更低的国家，成本高的国家会通过提供附加值更高的产品来
提高国家收入，从而在市场上获得足够的粮食。在这两者之间找到
平衡点是保证粮食数量安全的关键。

第二，粮食价格自主化水平较低。粮食安全领域另一个需要平
衡的因素即粮食的价格，从某种意义上看，粮食安全更是一个关于
收入的问题。对于我国这样一个发展中国家与农业大国，政府在保
证粮食安全的稳定性方面一直势力于保持"消费者利益"和"农民
收入"两者的平衡。如果更多地从国外进口高质低价的粮食产品，
可以降低恩格尔系数（食物支出在消费总支出中的比例），改善消费
者的生活水平或刺激消费者在食物支出以外的消费，带动其他产业
的发展；但这一情况又会导致压低粮价，进而打击农民种粮的积极
性，这对于目前中国农业本身缺乏吸引力的现实无异于雪上加霜，
长期来看不利于粮食安全。

第三，转基因技术对粮食安全的影响不可忽视。所谓农作物转
基因技术，就是指将现有农作物中的高产、抗逆、抗病虫害、提高
营养的品质等已知功能性状的良好基因，通过现代的科学技术手段
转入受体的农作物中，使该农作物在原有的遗传特性基础上增添了

一些新的性状，从而生产出人们所理想的新农产品。[①]可见，转基因技术因可以将现有农作物中已知的良好基因，通过一定的技术手段转移到目标农作物中，使目标农作物获得新的功能特性，为粮食的增产提供新的实现途径，也可以在很大程度上减少化肥、农药的使用，进而减少对农业环境造成的污染，减轻对耕地、水等紧缺资源的消耗。然而，学界对这一技术的质疑也从未间断，如会出现基因漂移现象，导致出现人类无法控制的新的有害性物种；转基因食品的安全性值得怀疑；转基因作物一旦大范围在我国开展，国内的种子资源必将被国际种业巨头所垄断，从而无法维护国家粮食生产主权；等等。我们要保证粮食安全的稳定性，也必须在对待转基因技术截然相反的两种认识上找到相应的平衡点。

（五）农业生态安全应以和谐为内在诉求

生态系统的脆弱性是保持农业生态安全多重和谐需首要考虑的根本因素。

1. 农业生态系统脆弱性的内在要求

生态脆弱性主要指的是在特定时空范围内，生态系统对于外界干扰所具有的敏感反应和恢复能力，是生态系统的固有属性在干扰作用下的表现，是自然属性和人类活动共同作用的结果。这一概念是基于人类活动范围的扩大和多样化所导致的人类与环境的紧张关系而提出的。前文提到，农业生态安全极易受到自然环境和人类经济活动的影响，并且对生态系统的破坏一旦造成，往往是不可逆的，很难恢复。农业生态系统的脆弱性可以暂时撇开灾害性天气现象等因素不谈，因为这一因素虽然破坏力巨大，但随着人类积累的农业生产经验与科学预测灾害发生时间能力的提升，其对农业生产造成的损失已经逐渐变得可控；单就人类的任何微小活动都可能带给农

---

① 付争艳，王瑞彬，唐华仓：《基于转基因视角下的粮食安全文献综述》，《农业经济》，2015 年第 1 期。

业生态系统持续很长时间的破坏而言，例如一次工业、生活污染物的排放，一次化肥、农药的不当使用，一个不明外来物种或非法转基因物种的种植，等等，这种破坏如果不及时修复，任由其持续下去，必将彻底摧毁整个农业生态系统，最终给人类带来毁灭性的打击。

2. 确保农业生态安全的内在逻辑

农业是安天下、稳民心的战略产业，农民是现阶段和将来很长一段时期内，我国人口的主要组成部分，而农村是农业和农民的承载体，故而，农业生态文明的程度是决定我国生态文明建设成就最关键、最重要的体现。[①]纵观人类发展历史，农业生产是人类最早开始尝试的改变自然环境以满足人类生存的活动之一，由农业生产形成的农业生态系统与其所处的自然环境之间有着天然的不可调和的矛盾，单一的农作物种类及病虫害的防治降低了其所在地环境的物种多样性，密集的种植破坏了原有的地表植被，人为施肥改变了土壤结构，这些都从整体上加剧了水土流失与生态失衡的可能性。因此，保证农业生态安全就是要尽最大努力缓和农业生产对自然环境产生的影响，保证农业生产的可持续发展，为国家的发展与人民生活水平的提高提供基础性保障。

土壤、水、空气构成了农业环境与农业资源最基本的要素。农业环境安全即农业用地、用水及整个农业生产过程中的空气的安全无污染，这就需要从整个农业生产系统的外部与内部两方面加以保护。工业生产及城市运转作为农业生态系统的外部环境，会通过废气、废水与固体废物的排放给农业环境造成严重污染；农业生产、农村生活作为农业生态系统的内部环境，也会通过化肥、农药、不可降解的生活垃圾以及禽畜养殖带来的粪便、污水、恶臭给农业环

---

① 牛敏杰，赵俊伟，尹昌斌，唐华俊：《我国农业生态文明水平评价及空间分异研究》，《农业经济问题》，2016 年第 3 期。

境造成严重破坏。农业从业者是这些污染的直接与首要受害者，而看似远离农业生产的城市人口，也将不可避免地通过被污染的农产品逐渐累积这些污染，无人可以置身事外。

农业资源安全即要保证农业生产要素在数量与质量上的安全。质量安全即不被污染，数量安全即防止本已有限的资源被消耗殆尽。我国的耕地资源异常紧张，在以世界 7％的耕地资源养活世界20％人口的背景下，耕地质量下降、水土流失严重、农村劳动力缺失造成耕地抛荒等损耗耕地资源的问题依然没有得到根本的改善。可灌溉水资源严重缺乏，因全球气候异常导致的降水极端化，使得部分地区干旱日益严重的同时另一部分地区却又发生洪涝灾害，农村生活水平的提高形成农村生活用水对农业灌溉用水的挤占，先进的节约型灌溉技术尚不能完全普及，这些都对保护农业资源安全形成了不小的挑战。

农业生物安全指对危险性外来入侵有害生物、毁灭性高致害变异性动植物病虫害和转基因生物潜在危险的预防控制及农业生物多样性保护。[①]近年来，入侵我国的有害生物、因生态平衡遭到人类活动破坏而发生的异常病虫害和非法转基因生物的引进等现象呈现加速趋势，给农业生态与农业物种资源多样性造成了无法估量的损失，而更加值得关注的是，恐怖分子已经开始利用一些可通过空气传播的、可以大范围流行的、能导致大面积绝收的植物病原菌来进行恐怖主义活动，因此，保护农业生物安全已经成为关乎国家安全的战略性任务。

3. 国家治理现代化要求倡导农业生态安全的多重和谐

和谐既是社会主义核心价值观的重要组成部分，也是国家治理现代化的价值追求，只有追求和谐的农业生态安全，实现生态文明

---

① 戴小枫，吴孔明，万方浩，陈万全，李立会：《中国农业生物安全的科学问题与任务探讨》，《中国农业科学》，2008 年第 6 期。

型的现代化农业，提高农业的可持续发展能力，国家治理现代化的实现才能补齐短板，实现全面的现代化。倡导农业生态安全的多重和谐主要包括以下几个方面。

倡导农业生产活动与生产活动中所需资源的和谐。农业生产活动一直伴随着人类历史的发展，其对于农业资源的索取与其他产业相比更具直接性，农产品需要大面积的耕地、大量的灌溉用水，需要稳定的气候与温度，这些需求与其他产业相比更为原始，农业生产者不能对这些资源进行过多的改造，这些资源反而会对农业生产活动造成极大的限制，一旦农业生产资源短缺或遭受污染，往往需要很长的时间、投入很大的人力物力财力才能恢复到前期的水平，因此，倡导农业生产活动与生产所需资源的和谐，可为农业安全的可持续发展提供基础保证。

倡导农业生产活动与农业生态环境的和谐。为了解决人口增长带来的对农产品的增量需求，农业生产活动不可避免地加大了化肥、农药的使用，随着其施用强度不断增加，利用效率却呈现边际效益递减的情况，并对土壤环境造成了严重破坏。每年秋收后大量的秸秆会带来如何处理的问题，虽然政府大力宣传并加大了处罚力度，仍有大量秸秆被简单焚烧处理，在秋冬季节加重了区域内大气污染物的浓度。在处理设备落后的情况下，随着养殖业的集约化经营，大量畜禽粪便难以及时处理和利用，从而增加了对农业生态环境的污染风险。倡导农业生产活动与农业生态环境的和谐，可为农业生产的可持续发展提供基础保证。

倡导农业生产者与农业生态环境的和谐。随着农业生产者生活水平的逐年提高，以及快递业延伸至农村的发展趋势，农业生产者产生的生活垃圾的组成较以前有了极大的变化，与城市垃圾的构成逐渐趋同，在农村，不可降解的固体垃圾随意倾倒，未经处理的生活污水直接排放到河流中，这些都对农业生态环境中的土壤、地表水、地下水及河道造成了严重的污染。倡导农业生产者与农业生态环境的和谐，可为农业生产者的可持续发展提供基础保证。

倡导其他产业与农业生态环境的和谐。工业化发展与城镇化建设，在不断扩展城市边界的同时，也挤占了大量的从城市向农村过度的中间地带，使脆弱的农业生态环境更多地暴露在工业化与城镇化发展所带来的污染面前。倡导其他产业与农业生态环境的和谐，可为整个农业产业的可持续发展提供基础保证。

三、农业安全体现国家治理现代化的要求

国家治理现代化是我国建设具有中国特色社会主义国家的必然需求，也是农业安全问题得以解决的时代背景，换言之，农业安全问题的解决离不开国家治理现代化的推进和发展，其同时也对国家治理现代化进程产生着深远影响。反之，国家治理现代化的推进必然会影响农业安全问题的研究和解决，这种影响主要表现在以下几个方面。

（一）农业安全是国家治理现代化的组成部分

所谓国家治理，就是在理性政府建设和现代国家构建的基础上，通过政府、市场、社会之间的分工协作，实现公共事务有效治理、公共利益全面增进的活动与过程。[①]由此可见，公共事务的有效治理、公共利益的全面增进是国家治理的活动和过程。农业安全作为国民经济的基础，其涵盖范围十分广泛，涉及整个国民经济各个领域，是国家治理的重要目标。

1. 农业安全政策是国家治理体系现代化的重要组成部分

农业作为第一产业在国民经济中占有十分重要的地位，对国民经济的发展也起着十分重要的作用。农业作为第一产业，不仅为其他产业提供产品，也为国民经济提供劳动力，从而影响着整个经济

---

① 薛澜等：《国家治理体系与治理能力研究：回顾与前瞻》，《清华大学公共管理学院院报》，2015 年第 3 期。

社会的运转。农业安全与否对于整个国民经济至关重要，因此，在当前中国的发展背景下，有效推进农业安全工作的开展具有十分重要的意义。

农业安全指一国农业整体上的基础稳固、健康运行、持续发展、稳健增长，其在国际经济生活当中具有一定的自主性、竞争力和自卫力，不会因为某些问题的演化而使整个农业受到大的打击或者损失过多的农业或国民经济利益，可避免及化解可能发生的局部性和全部性的农业危机。①可见，农业安全具有两个方面的维度，一是农业安全的政策，即有关农业安全的政策、制度、法律、法规等各种规定；二是有关农业安全政策的推进和落实，在具体行动上确保农业安全结果的产生。农业安全的两个维度是构成农业安全的主要内容，两者共同追求农业安全的结果，也服务于农业安全的实现过程，是既有区别又有联系的有机整体。

就农业安全制度而言，顾名思义，是有关农业安全的制度，其基本的价值目标就是要实现农业的安全，保障农业独立发展，不受外界因素的干扰和制约。在当前国家治理现代化的大背景下，农业安全也是国家治理现代化的调整目标。政府作为国家治理现代化的责任主体，通过一系列的制度安排，对国家治理作出规定，对国家治理结果作出描绘和设计，并通过整合社会资源将这种安排和设计实践化。农业安全制度就是国家治理体系现代化的重要组成部分，国家以及其他主体通过各种制度安排，确保农业得以健康发展，最终实现国家对于农业的基本定位和要求的结果。国家治理体系正是通过农业安全等制度的安排和设计来体现国家治理的意志，来实现国家治理的基本价值目标。因而，可以说，农业安全制度是国家治理体系现代化的重要内容。

---

① 刘乐山：《中国"入世"后的农业安全问题及其对策》，《喀什师范学院学报》，2002年第1期。

2. 农业安全的实现是国家治理现代化的具体表现形式

国家治理现代化是个动态过程，是责任主体采取行动追求行为目标的过程。如上述所言，农业安全制度是国家治理现代化的重要组成部分，由此可知，农业安全政策的落实实际上正是国家治理现代化由应然到实然的过程。

第一，农业安全作为一种结果是国家治理现代化的价值追求之一。众所周知，农业的安全与稳定是现代国家治理的行为目标之一，没有农业安全的国家治理结果不能说是现代化的，因为国家治理现代化所要达到的民主、法治、稳定、和谐等价值目标都不能脱离农业安全而单独存在。很显然，在农业安全得不到保障的情况下，民主必将是空谈，稳定无从谈起，法治更是无本之木，和谐也不能得到保障。

第二，农业安全的实现过程是国家治理行为的重要组成部分。国家治理现代化包含了国家治理能力的现代化，虽然国家治理能力的现代化不完全等同于国家治理能力的提高，但是也包含了国家治理能力的优化和提升。从动态意义上讲，农业安全是治理主体追求"安全"所采取的一系列行为。这些行为是治理主体追求农业安全结果的具体行为，广而言之，即国家治理主体实现国家治理现代化的具体行动。因而，可以说，农业安全的实现过程是国家治理行为的重要内容，应当体现国家治理现代化的价值目标。

（二）国家治理体系现代化为农业安全提供制度支持

现代化的国家治理现代化包含两个方面内容，一方面指的是国家治理体系的现代化，即各种规章制度的有机整体；另一方面指的是国家治理能力的现代化，即治理主体贯彻落实国家治理体系的能力。无论是国家治理体系还是国家治理能力都对农业安全产生深远影响，制约着农业安全问题的解决，具体表现有如下几个方面。

1. 农业安全制度对国家治理体系现代化提出要求

第一，农业安全制度具有十分重要的意义。一般而言，农业安全是作为一种结果而被谈及的，也就是说，人们在谈及农业安全时往往围绕着"安全"这种结果而展开，比如粮食安全、食品安全、种子安全、生态安全，指的是粮食、食品、种子和生态是安全的，这是就结果的状态而言的。一般而言，它指的是制度、方法、措施等的实现。这些方法、策略和措施在农业安全问题的解决上具有十分重要的作用，是农业安全发展的前提，因而具有十分重要的意义。

第二，农业安全制度是国家治理现代化的构成要素。农业安全制度在农业安全建设和发展过程中具有十分重要的意义，故此，该制度的建立与完善不容忽视。同时，我们也应当注意到现代农业安全是基于国家治理现代化而提出的，因此不能忽视治理现代化的大背景而单纯研究农业安全及其制度问题。国家治理体系涵盖了各种制度，是各种制度共生而形成的有机整体，从这个角度上讲，农业安全制度是国家治理体系的构成要素，同其他制度共同组成国家治理的有机整体。

第三，农业安全制度的落实关系到国家治理体系的构建。农业安全制度是治理主体为实现农业安全的结果而制定的一系列规范和措施，这些措施和规范涉及粮食、种子、食品和生态，甚至超出这些范畴而存在，在很多方面直接或间接地影响着经济、政治和社会，因而，农业安全制度是否体现国家治理现代化的基本价值目标尤为重要。

2. 国家治理体系现代化有助于农业安全机制的形成

第一，国家治理体系与农业安全制度具有包含关系。国家治理体系是一切制度、机制的总和，国家治理体系是治理责任主体治理国家经济、政治、社会所采取的一切方法、政策和制度的系统化。同时，以农业安全为目标的农业安全制度是国家治理体系中不可或缺的组成部分，必然是国家治理体系的有机载体，体现了国家治理现代化的价值目标。

第二，国家治理现代化的价值目标为农业安全机制提供价值框架。以民主、法治、稳定、和谐、安全为基本价值目标的治理体系现代化也是农业安全政策的基本价值，是衡量农业安全过程和结果的准则。从更深层次上讲，国家治理现代化的价值目标是国家治理现代化当提取的最大公约数，是从政治、经济、文化、社会等各项政策、措施、方法、制度中提炼出来的基本价值观念，反过来，这些价值观念也必将融入各项具体政策制定当中，是纲领性的存在，因而，可以认为，国家治理体系现代化为农业安全机制提供了价值框架。

第三，国家治理体系现代化的外延可为农业安全制度提供参考。研究农业安全问题绝不能闭门造车，而是要将其置身于整个社会发展当中，如此得出的结论才是最科学、最切合实际的。农业安全制度是国家治理体系当中的一部分，也可以说，农业安全制度是国家治理体系当中的一个点，因此，农业安全制度的制定和完善必须考虑到其他相关制度的具体安排。

3. 国家治理体系现代化为农业安全制度提供衡量标准

第一，农业安全制度必须以安全为根本目标，即在国家治理的过程中所采取的一切措施，其目标必须要以农业安全为导向。离开了安全，农业安全制度就无从谈起，因此，农业安全制度是随着农业安全内容的不断发展而调整的。

第二，农业安全制度也有自身发展的规律。最早的农业安全仅指粮食产量的安全，这是由当时的生产力状况决定的。随着社会的发展，农业安全的内容不断拓展，包括粮食安全、种子安全、食品安全和生态安全，这在客观上给农业安全制度带来了挑战。

第三，国家治理体系现代化是农业安全制度的衡量标准之一。农业安全制度是否科学有效，一方面是以结果为导向的，也就是说农业安全制度是否有效解决了农业安全的问题；另一方面，农业安全制度也应当与国家治理现代化相契合，有悖于国家治理现代化的农业安全制度是不可取的。当然，与国家治理体系现代化相悖的农业安全制度是不存在的，这不仅是因为国家治理体系现代化的价值目标是政治、经济、社会、文化等诸多制度的最大公约数，也是因为现代化的治理目标之一就是实现经济和社会发展的最优，因此，国家治理体系现代化是衡量农业安全制度的标准之一。

（三）国家治理能力现代化为农业安全提供动力保障

国家治理现代化分为国家治理体系和国家治理能力两个方面，国家治理能力是国家治理体系从应然变为实然的能力。国家治理能力包括资源动员能力和资源整合能力。无论是资源动员能力还是资源整合能力都对农业安全政策和制度的贯彻落实影响深远，因为国家治理能力可体现在农业安全政策和制度的落实能力上。正所谓"徒法无足以自行"，农业安全政策能否落实，能落实到什么程度，都取决于相关政策的落实能力、相关资源的整合能力以及相关资源的动员能力。

1. 农业安全的多样性对国家治理能力提出新要求

我国农业安全问题涉及面非常广泛，诸如粮食安全、食品安全、种子安全和生态安全等，而各类农业安全问题的构成也十分复杂，都是系统化的问题。以种子安全为例，种子作为农业安全中重要且特殊的一环，唯有提升其法治化水平才能符合国家治理现代化的价值内涵。可见，种子安全问题不仅仅涉及政策领域、科技领域、农业领域，也涉及法治建设领域，种子安全问题对相关领域的国家治理能力提出了更多的挑战和要求。

第一，农业安全的复杂性对国家治理资源整合能力提出了更高要求。农业安全一方面是农业产业自身各种要素的相互依存和冲突，另一方面农业安全也是农业产业整体与政治、经济、文化、社会之间的互动交流。就农业产业自身而言，农业安全问题的产生也有其复杂的背景因素。以农业粮食安全为例，导致粮食安全问题的原因十分复杂，具体体现在耕地面积的逐年减少、从业人口的不断减少、种植业与畜牧业等相关产业深层次矛盾的日渐显现、粮食产量得不到有效保障等，这些复杂的深层次矛盾的解决对资源整合提出了更高的要求。在农业产业与非农产业关系方面，农业安全问题的产生和治理的复杂性更大。以农业生态安全为例，生态脆弱性主要指的是在特定时空范围内，生态系统对于外界干扰所具有的敏感反应和恢复能力。当前我国农业生态安全情况十分复杂，涉及农业、制造业、第三产业、环境保护等多个领域，如何正确处理相关领域的问题、确保农业生态安全，对国家治理的能力，尤其是经验汲取、组织协调、资源配置、资源动员、资源整合等提出了更高要求。

第二，农业安全的脆弱性是对国家治理能力的新考验。农业是人类利用生命规律，通过增加附着于生命之上的劳动而获得剩余价值的产业，是人与自然互动的结果。农业的工作对象是生物有机体的这个特质，决定了农业的脆弱性，农业受到外界的干扰太多，无法和工业等其他产业一样，不受自然的影响。农业的脆弱性也决定了农业安全的脆弱性，也就是说农业安全问题相比其他产业的安全问题更加容易受外界影响，因而更加脆弱。因此，我们在国家治理的各个维度上都应当给予其更多的关注，要求责任主体，尤其是政府采取更加有效的措施确保农业安全得到更多的投入和关注。以农业生态安全为例，生态安全的脆弱性要求政府在加大资源投入的同时，更要处理好短期利益与生态安全的关系，在各种利益交替、各种矛盾冲突、各种价值互动当中，要保持定力，将资源的配给更加偏重于农业生态安全，确保农业生态安全不受到威胁，确保农业乃至整个国民经济持续的法治能力不受到损害。

2. 国家治理能力水平影响农业安全

从本质上说，治理是建立在市场原则、公共利益和社会认同之上的合作，其权力向度是多元的、相互的，而不是单一的和自上而下的。由此可见，国家治理是由国家作为主要责任主体与其他主体共同管理和服务社会的行为。农业安全政策和制度静态地体现了农业安全的行为目标和基本价值，并体现了国家治理体系现代化的基本要求，同时也构建了责任主体在公共服务和公共管理当中的行为逻辑，因而是国家治理现代化和农业安全的指南。国家治理能力体现在农业安全政策和制度体现科学、民主、效率、法治、和谐的前提性，国家治理能力，尤其是资源动员和整合能力尤为重要，这在一定程度上决定了农业安全的结果。

对于"国家治理体系"这个概念，学界有很多定义，国家治理体系就像国家治理大厦一样，其要有明确的目标，为了什么治理？国家治理的目标有三个：第一是实现这个社会可持续发展，第二是实现人民生活质量的普遍改善，第三是实现可持续的稳定，或者叫长治久安，这是国家治理的三大目标。①国家治理的目标有两个维度，一个维度体现在国家治理体系当中，即国家治理体系必须要明确国家治理的目标，这是国家治理的先决条件，属于应然的状态。治理责任主体在资源动员、经营汲取、资源整合方面的能力已成为农业安全政策落实与否的主要制约因素之一。

3. 国家治理能力现代化是农业安全的保障

国家治理能力对农业安全的影响十分重大，可以说直接决定了农业安全能否实现、实现到什么程度，因此，国家治理能力在农业安全落实的过程中具有举足轻重的作用。

第一，国家治理能力现代化是现代农业安全的要求。现代农业安全比历史上任何社会形式下的农业安全问题都要复杂得多。我国古代的农业安全问题相对比较简单，基本上等同于粮食的安全问题，在粮食安全问题方面也聚焦在粮食的自给自足方面，因此，解决农业安全问题最主要的方法就是解决粮食产量的问题，对此，从阡陌制度、井田制度开始，各朝代都做过很多努力和尝试，也取得过很大的成绩。随着生产力的发展，农业社会逐渐转变为工业社会，农业安全问题也逐渐呈现多元化和复杂化，除了粮食安全之外，农业

---

① 何增科：《国家治理及其现代化探微》，《国家行政学院学报》，2014 年第 4 期。

安全的外延范围还包括食品安全、种子安全和生态安全，因此，国家治理必须要适应治理对象的发展，提升治理能力。现代农业安全问题的边界不断扩张，给国家治理现代化提出了诸多挑战和要求，这些要求和挑战在传统国家治理体系当中并不存在，同时传统农业安全管控的手段和能力都已经无法适应现代农业安全的问题，因此，农业安全客观上需要国家治理能力的提高和现代化。

第二，国家治理能力现代化可确保农业安全的结果。农业安全问题的不断发展要求治理主体提高管控和服务的水平。与农业安全问题发展变化相适应的是，现代国家治理能力也得到了空前的提高，这些提高表现在治理过程的方方面面，国家治理能力的提高首要体现在治理能力现代化的方面，也就是治理能力从传统到现代的跨越，这些跨越包括治理主体的多元化、治理过程的民主化、治理手段的法治化等。国家治理能力的现代化使得各种治理主体以各种形式从各个领域参与到农业安全治理当中来，使农业安全政策和制度的科学性得到提高，农业安全政策的落实得到保证。国家治理能力的现代化提高了治理的效能，保障了治理的效果，适应了农业安全的基本要求。

第二章 当前我国面临的农业安全问题

农业安全问题关乎国计民生。农业作为第一产业，在我国的经济社会发展中占据着基础地位，这就决定了农业安全问题对于国家经济安全具有重要意义。实际上，农业安全问题已成为中国乃至全世界所关注的重要课题。自新中国成立以来，党和政府一直高度重视"三农"发展及农业安全问题，我国的农业安全问题获得了基本保障，农业发展水平也有了质的飞跃，我们用了短短几十年就解决了十几亿人口的吃饭问题，这样的成就，世界上其他国家是很难做到的。

当然，在肯定成绩的同时，我们也应该看到我国的农业安全还有诸多问题亟待解决。农业安全包括很多方面内容，本书主要围绕粮食安全、种子安全、农产品安全、农业生态安全四个方面来讨论目前我国农业安全所存在的问题。

第一节 粮食安全

正所谓"民以食为天"，粮食是保障国家安全和民生和谐的基础性资源。当前，我国农业面临的主要问题仍是粮食问题，农业政策的主要目标也仍然是确保粮食基本自给，这一点并没有随着我国经济社会的发展而变化。低收入国家的粮食问题、中等收入国家的农民贫困问题和高收入国家的农业调整问题是舒尔茨和速水佑次郎对不同发展阶段经济体所面临的主要农业问题的总结。[①]而当前，中国的粮食问题并没有完全得到解决，一方面是由于中国人口众多，土地资源相对有限；另一方面是由于中国政府重视保持粮食自给。就目前来看，我国的粮食安全最主要的问题集中在粮食供应量、粮食品质、粮食价格以及供应渠道这四个方面。

一、粮食供应缺口逐渐增大

粮食供应量一方面是说供应数量问题，即粮食供应能否满足人民的消费需求；另一方面还应包含供应品种，随着我国经济社会的快速发展，国民对于健康饮食的需求不断增大，合理安排膳食结构成为人民日常生活中不可缺少的部分。因此，我们主要从以下三个方面来说明目前我国粮食供应出现缺口的问题。

（一）粮食自给率下降，进口量增加

我国是人口大国，温饱问题是经济发展过程中面临的首要问题，如何依靠占全球7%的耕地面积养活占全球20%的人口是国家治理主体最重视的工作之一。技术水平落后、耕地不断减少、人口不断增加等问题使得我国的粮食供应缺口增大，供求矛盾十分尖锐。学者朱信凯在其《现代农业发展视野下的国家粮食安全战略》一文中提到，粮食供应问题存在三阶段论：第一阶段，是在改革开放以前，人口基数大、国民经济发展水平落后等原因导致了粮食供应严重不足，这一时期的粮食问题主要是保障生产以向民众提供足够的粮食，重点是粮食总量的保证。第二阶段，我国国民经济获得持续发展，其基本特征是粮食的供需矛盾大幅度减少，各类食品如肉类、蛋类、蔬菜水果等丰富起来。这一时期的粮食问题重点转变为在流通方面的安全保证。第三阶段，国民经济发展到工业化水平时期，粮食生产更多地实现了机械化、规模化，粮食生产效率明显提高，这一时

---

① 赵文：《新格局下的中国农业》，经济管理出版社2012年版，第102页。

期，人们更多地关注食品的质量、营养，进口商品十分受欢迎，这就造成我国的粮食自给率下降、进口量增加。[1]

我国在解决粮食供应方面经过长时期的探索，直到改革开放以后，温饱问题才逐渐得到缓解，粮食总产量实现了逐年递增。如图2.1所示，近十年来，在人口数为13亿多的基础上我国的粮食产量不断增加，2007年为50106.3万吨，到2016年粮食产量增加了约12000万吨。2015年中国粮食总产量为62143.5万吨，比2014年增加1440.8万吨，约增长2.4%。其中，谷物产量57225.3万吨，比2014年增加1484.6万吨，约增长2.7%。2016年粮食总产量略有下降，但仍远远超出6亿吨之上。这是自2013年中国粮食产量首次突破6亿吨"高点"之后，连续第四年取得历史性突破。[2]粮食总产量的提高是我国农业发展进步的一个重要标志，我们应该肯定国家在这方面作出的努力与成绩。

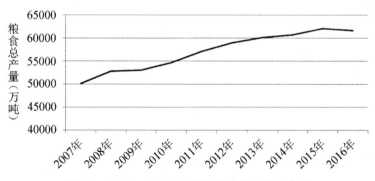

图 2.1　2007—2016 年我国粮食总产量变化图

资料来源：国家统计局网站。

然而，粮食供应量的考量范围还需要比对我国近几年的粮食进出口量。图 2.2 显示了我国近年来农产品进出口的相关数据。从图

---

[1] 朱信凯：《现代农业发展视野下的国家粮食安全战略》，《中国人大》，2012 年第 15 期。

[2] 蒋和平：《粮食安全与发展现代农业》，《农业经济与管理》，2016 年第 1 期。

中可以了解到，近年来我国农产品进出口量均呈现明显上升趋势。进口量上升尤为明显，2014 年农产品进口金额达到 1200 亿美元，2015 年、2016 年稍有下降，2017 年又上涨至 1250 亿美元并且有持续上涨的趋势。由于与各国间的贸易往来，我国的农产品出口量也逐年增加，但增幅明显小于进口量。综合我国国内粮食产量来看，虽然粮食产量总体在上升，但是农产品进口量上升幅度更大，使得进口率逐年增加，自给率逐年下降。根据资料，我国"十一五"初期粮食自给率首次低于 95％，并呈逐年下降的趋势，2015 年已降至约85％。长此以往，粮食的大量进口将使粮食安全问题面临很多不确定的因素，粮食自给率的下降给我国的粮食供应敲响了警钟，如果我们不能实现稳定的自供自给，那么，在未来的日子里，对国家安全就会产生很多不确定的影响因素，这是粮食安全面临的首要问题。

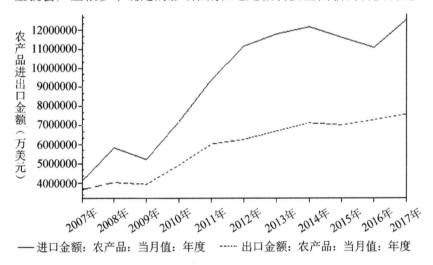

图 2.2　2007—2017 年我国农产品进出口量变化图

资料来源：万得（wind）资讯。

（二）优质粮食品种单一，国内供应产量不足

随着我国经济的快速发展，人均收入水平的不断增高，国民对

于高品质生活的追求更为迫切。在粮食需求方面就表现为对高品质的大米、面粉、大豆等粮食品种的追求。为了满足国民对高端农产品的需求，我们目前还要靠进口来提供一部分的供应量，完全依靠自给自足，还无法实现，这也对我国的粮食结构平衡提出了更高的要求。

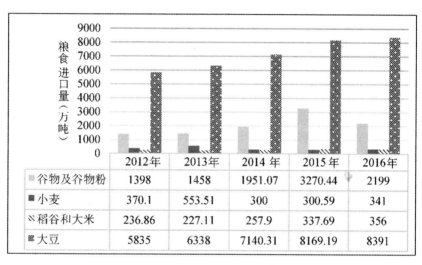

图 2.3　2012—2016 年我国部分农作物进口数量

资料来源：国家统计局网站。

如图 2.3 所示，国家对 2012—2016 年我国部分农作物进口数量进行了统计。根据图中信息我们可以了解到 2014 年时小麦的进口数量出现了明显的减少，2014 年我国进口小麦 300 万吨，同比减少 45.8％；谷物及谷物粉在 2016 年时进口量明显降低，2016 年我国谷物及谷物粉进口数量为 2199 万吨，同比减少 32.8％。除此之外，其他粮食作物的进口量依然呈现上涨趋势，而小麦的进口量也在经历 2014 的谷底之后，开始逐年增加。仅大豆一项，2015 年的进口量就达到 8169.19 万吨，同比增长 14.4％，2016 年依旧呈现增长趋势，进口量达到了 8391 万吨。诸如此类，人们对于一些高端农产品的需求，国内供应不足，才导致大量进口。而随着我国国民经济水平的进一步提升，人们对粮食品质、品类的要求也会逐渐增多，这就使得粮食结构平衡越来越难。如果对进口过度依赖，无疑会严重影响我国的粮食安全。所以，我国应依靠科技进步，从粮食的生产经营环节入手，健全粮食生产经营质量监督体系，在确保粮食产量充足的前提下提高粮食品质。

（三）粮食贸易安全

我国确立了"以我为主、立足国内、确保产能、适度进口、科技支撑"的国家粮食安全战略，以"谷物基本自给，口粮绝对安全"为粮食安全目标。作为世界粮食消费大国，我国立足自身，适度进口，对于全球粮食安全作出了巨大贡献。受国内粮食支持政策影响，再加上农业生产机械化、集约化程度低造成了我国农业生产成本高，国内粮食市场价格总体保持高位运行态势，国内外粮食差价逐步增大给中国粮食进口带来很大压力，国内粮食持续丰收与粮食进口规模不断扩大的现象并存。粮食进口对国内粮食生产和国家粮食安全的冲击不断显现。如果我们对粮食形势正在发生的变化认识不足，对粮食进出口策略和国内粮食政策没有作出及时调整，国内粮食安全面临的威胁将会更加严峻，粮食贸易的矛盾和冲突可能会进一步加剧。粮食进口规模的不断扩大使得中国的农产品市场受国际农产品市场波动的影响较大。国际农产品市场波动的源头主要是价格波动风险、政治风险、能源危机风险、金融风险等。农产品市场较大的风险敞口对保障国家粮食安全带来一定的隐患。

中国农产品国际竞争力的缺乏是我国粮食贸易安全的另一个重要方面。国际竞争力是指一国在国际市场上出售其产品的能力。中国粮食进口量的不断增加，出口量的大幅下滑，显现出中国粮食产业国际竞争力的缺乏。从价格看，中国国内粮食价格远高于国际粮食价格，中国粮食产业的价格劣势很明显。最低收购价和临时收储政策的实行使得我国的粮食价格一直处于上涨状态，扭曲了粮食市场价格的形成机制，背离了国际农产品价格变动趋势。粮食价格的不断上涨、种粮成本的不断增加、农业产业粗放型发展方式决定了我国短期内难以扭转农产品国际竞争力缺乏的局势。

扎实推进农业供给侧改革、保障粮食的有效供给是确保粮食贸易安全的有效手段。具体来说，需要从以下三个方面出发缓解我国的粮食贸易安全问题：一是推进高标准农田建设，将用于种植口粮的高标准农田划为永久基本农田，给予特殊投入和保护；二是积极推进农业科技创新体系建设，加大育种、种植、管护、收割、储藏等方面的科技投入，提高农业生产集约化水平和机械化水平，加快我国农业由传统农业向现代农业过渡的进程；三是积极完善农产品价格形成机制，逐渐与国际接轨，改革农产品补贴政策，让市场发挥更大作用，形成补贴引导农业大规模集约化生产的激励机制。

二、粮食质量安全形势不容忽视

相对于粮食数量引起的粮食安全问题，粮食质量的发展形势应受到更多的关注。提到粮食质量不由得会让人联想到食品安全问题，自从毒奶粉事件曝光后，国民对于食品安全问题的重视就达到前所未有的程度，粮食质量问题也就随之走进人们的视线。从目前情况看，我国的粮食质量还是有一定保证的，总体趋势还算平稳，可是随着人口的增多、技术水平的不发达等，粮食质量安全还存在着一些隐患。粮食是解决温饱问题的基本条件，如果一旦出现大规模的质量问题，那么带来的后果也是不容小觑的。

（一）农药超标问题

因农药使用不规范导致的粮食农药残留超标问题在我国时有发生，且对环境污染影响严重。农药不规范使用问题主要有以下三个方面：其一是大量使用农药；其二是在农作物种植的具体过程中，农民的使用方法欠妥当；其三是在农药生产售卖的过程中监管不到位。我国是农药使用大国，大量农药的使用会导致粮食重金属含量超标，并且过分污染环境。如图 2.4 所示，对近年来我国农药使用情况进行统计，可发现自 2012 年起，历年的农药使用数量均达到 180 万吨以上，在 2015 年稍有回落，但降幅不大，依旧在 175 万吨以上，可见，大量的农药使用已严重影响到粮食的质量安全。

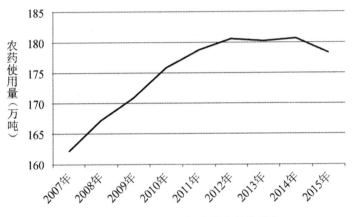

图 2.4　2007—2015 年我国农药使用量

资料来源：国家统计局网站。

并且，在生产过程中使用农药的多为农民，其知识水平相对较低，关于诸多农药的毒性、使用方法，农民并没有进行过科学化、系统化的培训，农药的使用大多通过口口相传、自助自学或者完全凭经验来操作，这对于农作物的种植、生长都会产生许多不良影响，最终成熟的粮食果实也必然会有一定农药残留。因为农药所含成分不同，有些有毒物质可以通过水洗的方式去除掉，而有些就没有这么简单了。这种品质的粮食本身就会存在很大的质量问题，严重影响粮食安全。在农药生产销售方面，我国的监管也是不到位的，遂使农药流通环节也比较混乱。特别是对于高毒农药的销售，我们要强调不能随意进行买卖，应该加强控制，引起监管部门的重视，对于其流通方向应该予以掌握，从源头上管控好农药的销售、使用等问题。

（二）检验技术欠缺，粮食质量把关不严

目前，我国的粮食检验技术尚不发达，在粮食收购、储存的过程中，极易发生变质粮食被收购、粮食储存过程中发生变质的情况。粮食检验的成本比较高，而且进行粮食检验还需要相对专业的技术操作，这些对于粮食收购者来说都是不现实的。一方面，这会增加其经营成本；另一方面，就其个人而言，专业水平应该也达不到相应要求。此外，由于受气候、鼠虫等问题的影响，粮食在储存的过程中，也会发生粮食霉变、质变的问题。这些有质量问题的粮食不管是直接销售给个人，还是被食品加工厂收购进行再加工，都会带来食品安全问题，影响人民的身体健康。长此以往，不仅会产生大量的粮食损耗、浪费问题，也会直接影响到国民对于粮食安全的信任感，使得人民从内心里对国产粮食产生怀疑，对进口粮食产生依赖心理，这也必然会影响到国家粮食安全。

（三）转基因食品安全问题

转基因研究尚未有定论，学界对于转基因食品的安全性问题争议不断。在这里探讨转基因的问题，不代表说转基因食品就是存在质量问题的食品，而是面对如今的生物科学技术的发展，未来转基因粮食问题是不可忽视的一个重要课题，而且就目前国内情况来看，对转基因食品的评价还处于众说纷纭的阶段，因此，有必要探讨转基因粮食对国家粮食安全产生的相关影响。

转基因技术在 20 世纪 80 年代就已经诞生了。转基因技术是指利用分子生物学技术，将某些生物的基因转移到其他物种中，改造生物的遗传物质，使遗传物质在改造生物性状、营养和消费品质等方面向人类需要的目标转变。[①]通过运用这一技术的特点和优势，我们可以对粮食作物的优秀基因进行重组，提高农作物品质，同时改变农作物的某些遗传特性，培育出更为优良的新作物品种。

---

① 邓远建：《农业生态保护与食品安全学》，湖北人民出版社 2014 年版，第 179 页。

转基因技术的使用目的非常明确，就是要为目前的生物品种制造出更多我们更需要的特性，尽可能地保留农作物的特点优势，降低农作物本身存在的劣势所造成的影响，从而为我们提供更好的经济收益。作为一种新型的生物科学技术，转基因技术未来的发展前景还是具有很大潜力的。

国外对于转基因技术的研究要早于我国，我国的相关研究虽然起步比较晚，但是转基因作物的种植面积也是呈现逐年增加的趋势，而且转基因大豆、木瓜、蕃茄等已经投入市场。转基因技术的发展速度远远超过了我们的想象，对于很多国人来说，在转基因可能还是一个无法理解的概念的时候，转基因食品已经进入了千家万户。

转基因技术发展如此之快，受到了世界上很多国家的支持和追捧，但这并不代表转基因技术不会产生任何负面影响。事实上，转基因作物的种植可能会影响到原来的生态系统。我们都知道大自然有其本来的循环、淘汰系统，也有着丰富多样的物种。转基因作物本身的基因系统是在原有作物基因的基础上实现的"加强版"，它可能会对其他作物产生伤害，进而影响作物的多样性，而且最为可怕的是在转基因作物种植生长的过程中，由于自然气候等因素可能使基因发生漂移，进而转接到其他作物中，造成基因污染。而且，污染一旦发生就会变成不可逆的，到生物多样性的破坏到达一定程度时，必然会威胁到人类生存。

对于普通大众来说，谈论基因污染这样的问题似乎太过遥远，就目前情况来看，大家更关注的是转基因作物到底对人体会产生什么影响，是更加有利于身体健康，还是由于农作物本身的基因变化，对人体的基因也会产生一些不利影响。学界就其安全性的讨论可谓众说纷纭，支持者认为转基因是新型生物技术，是新科学技术革命；反对者认为转基因是不安全的，它对生态环境可能造成的污染也是十分可怕的，因此极力反对。事实上，转基因作物到底安全与否，对人体到底会产生什么样的影响，科学家并没有给出明确的证据。

从理论上说，转基因是选取优秀基因进行组合，进而促进农作物更好地生长，是不应该产生有害物质的，可是这样的结论也只能停留在理论的阶段。

我国学界对此也是出现了各种意见，有支持者，也有持保留态度的研究者。而公众对于转基因的讨论大多也是基于主观感情的讨论，基于科学依据的少。在我国，曾因转基因问题而引起过一次不小的轰动，2013 年 7 月，我国 61 名两院院士联名上书国家领导人，请求尽快推进转基因水稻产业化，并指责农业部的不作为。[①]发生这样的事情，我们先要冷静分析，专家学者希望国家能尽快实现转基因水稻的产业化，是希望我们也能赶上其他发达国家的转基因发展速度，同时也可以造福百姓。然而，农业部处理问题不能完全依据理论，还要考虑民意，国民目前对于转基因作物的接受能力还比较低，单凭理论研究还是不能说服人民大众的。没有明确的实验结果来证明转基因作物是安全的，"理论、分析、应该"这样的词语公信力太低，毕竟这是涉及每个个人的身体状况，甚至于对后代都会产生至关重要影响的决定，民众的不接受也是可以理解的。

而转基因作物对于国家粮食安全又会产生什么样的影响呢？从目前已知情况来看，似乎在转基因作物种植过程中避免出现基因漂移，对转基因作物进行严密控制，确保转基因作物能够安全生产，就是有利于国家粮食安全的事。可是目前转基因作物本身的研究还不够成熟，对于它的过敏源、毒性以及营养成分等方面的研究还需要继续深入。此外，目前我国对于转基因作物的立法、监管工作也存在很多问题，管理控制上还存在漏洞，再加上转基因作物对人体健康的风险因素的不确定性，这些原因相加直接导致转基因作物对国家粮食安全的影响存在很多不确定性。虽然不确定不代表一定存在威胁，但是如此重要的事情，这种"不确定性"本身就会构成一

---

① 邓远建：《农业生态保护与食品安全学》，湖北人民出版社 2014 年版，第 190 页。

个威胁，所以，转基因作物的未来尚不明朗，还有很漫长的一段路要走，希望更多的事实依据给我们一个明确的说法，使我们可以正确对待转基因作物。

三、粮价波动变化较大

粮食价格是粮食安全中比较重要的一环，是否能够提供一个大家都可以接受的价格，使人民买得起、吃得起，也是衡量我国目前粮食市场是否良好的重要依据。近几年，粮价也开始波动，说起价格波动，所有消费者可能都有一箩筐的话要说。人民生活水平得到不断改善，是我们都很乐意看到的事情，然而物价增长却是我们不愿意接受的现实。当前，我们面临的困境是，一方面消费者觉得粮价高了，另一方面粮农觉得种粮这事一点都不赚钱，这种两难的境地，让粮价也是"不知所措"。

（一）粮价上涨影响国民生活

粮价上涨较快，会对国民生活产生重大影响。我们都知道物品价格上涨，其中一定有供求关系的作用。近年来，我国居民需求不断增长，虽然用粮食来直接解决温饱问题的需求没有太多增长，但是对于运用粮食进行的食品加工还有饲料粮的需求却在不断增长。此外，现在的粮食种植成本也处在不断加码的过程中，城镇化建设使得耕地面积受到影响，虽然我们明确了耕地面积的保持比例，但是在具体实施的过程中，还是存在打折扣的现象。相关人工成本也出现了大幅度的提高。越来越多的农民不再愿意从事务农劳作，年轻的农民都进入城市成为进城务工人员，务农的多是留在农村上了年纪的农民，人均收入的增长也催生了务农这个行业的人力资本的增加。而在国际市场上，粮价的任何波动都会给国内市场带来压力，特别是在我国加入世界贸易组织以后，与国际的联系更为紧密，国际市场中粮价大幅上升，国内粮价根本无法逃开这个"命运"，也会受到国际市场的影响。在这些原因累积的基础上，我国粮价的增长就变成了不可逆转的事实。

很多人对于粮价上涨可能没什么特别的感受，毕竟粮食也没有贵到让民众负担不起的程度。只是粮食作为我们的生存必需品，对于影响食品市场的定价有着至关重要的作用。粮价上升必然使粮食加工食品涨价，比如面包、蛋糕，甚至馒头、面条，这些都会在粮价上升的基础上进行涨价。我们会看到，面包房的面包越来越贵了，但是分量却不如以前。此外，粮价上升，饲料粮也会随之涨价。接下来，我们购买的肉、禽、蛋、奶等这些食品也必然在此基础上进行价格提升。这些农产品价格的增长，会让同为农副产品的水果、蔬菜也一并"跟风"而来，如此一来，粮价上涨就会带来整个食品行业的价格上涨，亦会加重通货膨胀的压力，所以，不能小看粮价上涨这个问题，它对于物价水平、居民日常生活、国家粮食安全都有着至关重要的影响。

（二）高粮价却无高收益

如前所述，粮价上涨已经成为现实情况，而且伴随粮价上涨的是整个食品行业的物价上涨。粮价已经上涨了，但是对于种粮农民来说，这个价格上涨的空间却没有办法和他们的辛勤付出画上等号。就目前市面上的商品价格来看，农副产品的价格还是远低于工业产品的，这个局面久已有之，一直没改变。此外，单就农副产品来说，粮食的利润收益也是最低的。正如图2.5所显示的，2012年稻谷、小麦、玉米每亩[①]净利润分别仅为285.73元、21.29元和197.68元，而同年的甘蔗、花生、蔬菜、苹果对应的净利润分别是405.95元、675.2元、2455元、4026.89元。[②]从这些数据中，我们可以清晰地看到不同农副产品中利润的差距，水果、蔬菜等这些农产品的利润均远远高于三种主要粮食，特别是苹果，其收益基本上是三种粮食

---

① 1亩≈0.07公顷，此处为保证资料数据的真实性，未将非法定计量单位按现行标准进行换算，本书以下此类情况不再一一标注。

② 刘建华：《新型城镇化背景下农产品价格问题研究》，《经济与管理》，2015年第7期。

作物的几十倍之多。虽然这已经是 2012 年的数据，与目前情况可能有所不同，但如今物价依旧上涨，这些利润差值也极有可能被进一步拉大。面对如此大的利润差，粮农生产的动力越来越小。

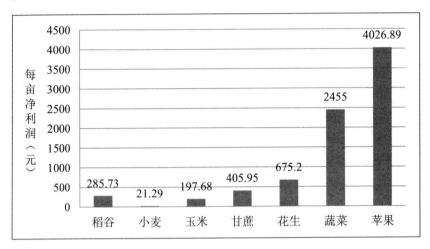

图 2.5　2012 年我国部分农副产品每亩净利润

数据来源：刘建华著《新型城镇化背景下农产品价格问题研究》，载《经济与管理》，2015 年第 7 期。

此外，我国农业在面对自然灾害以及病虫灾害等问题时，还没有足够的技术支撑，农民时常要面临因自然灾害而无法收获的困境，这些困难都摆在农民面前时，很多粮农开始放弃种植粮食作物，要么转而种植利润收益更高的水果、蔬菜，要么干脆放弃务农，进入城市成为一名进城务工人员。所以，在未来一段时间里，威胁我国粮食安全最可怕的要素，就是粮农不再愿意种植粮食作物，如果粮食供应不能达到一定比例的自给率，而加重对进口粮食的依赖，这样显然是行不通的，饭碗掌握在别人手里终究是一件非常可怕的事情。那么，如何能给粮农提供一个愿意从事粮食种植，而又不会过分抬高物价的办法成了我们必须考虑的难题。给农民提供种粮补贴，在收购粮食时实行更加灵活的收储政策，在顾全国家发展的大局下，真正照顾到粮农的切身利益，多角度努力，多方面合作，或许才能真正为解决好粮价这个两难问题提供一条出路。

（三）现代农业金融体系不完善

现代农业金融是能够满足现代农业产业调整发展的需求，带动农户增收，提高人民生活质量的新型金融体系。现代农业金融围绕农业产业配置资源，渗透到产前、产后各个阶段，对整个农业的发展起到支撑作用。我国农业已处于由传统农业过渡到现代农业的关键时期，但是农业金融的发展较滞后。大部分小规模农业生产者在扩大再生产过程中都存在较大资金缺口，却无法及时从金融机构获得贷款支持。小规模农业生产者的征信水平参差不齐，金融机构若直接对小规模农业生产者的历史信用进行调查，将耗费巨大成本，针对小规模生产者的高昂金融业务交易成本造成了相应的金融业务体量较小，进而制约了农业产业化的推进。扩大农业信贷规模，当务之急在于建立覆盖广大农村地区的征信体系，降低涉农金融机构风险敞口，充分发挥社会资金对于现代农业的支持作用。

农业保险是现代农业金融的重要组成部分，对防范三农风险、保障民生有不可替代的作用。扩大农业保险覆盖面、增加保险品种进而提高风险保障水平是当前我国完善农业保险制度亟须解决的问题。针对农业生产的高风险，保险公司设定了较高的费率，农业保险保费高昂，再加上农民风险意识淡薄、农业保险宣传不到位，造成农业生产入保情况不理想的现状。就农业保险本身而言，涉农保险种类少，无法与农业生产活动相匹配，也是制约农业保险促进农业发展的重要原因。为化解我国农业保险所面临的尴尬局面，各地政府和保险公司应当加大对风险防范的宣传力度，使人们认识到可以通过加入农业保险的方式降低潜在损失。针对保费高昂的问题，可以通过成立相互制保险公司来解决。相互制保险公司是所有参加保险的人为自己办理保险而合作成立的法人组织。这种公司形式因其自身具备的低成本、经营方式灵活的特点，比较适用于道德风险偏高的行业。

四、粮食供应渠道有待开发

粮食供应渠道通畅、运输供应高效及时，可以为稳定粮食市场奠定良好的基础，是确保粮食安全的重要一环。但现实中由于各地区经济发展、地理环境的差异，粮食生产情况大不相同，地区间存在严重的不平衡。尤其当出现自然灾害等突发状况时，保证粮食运输渠道的通畅，对灾民来说是极为重要的。这就需要大力发展粮食运输业，加快粮食流通，以确保国民的基本粮食需求。

说起粮食供应，这是一个比较大的范畴，其包括粮食收购、仓储、运输、装卸、配送等许多方面，是一个完整的粮食供应链条。目前的粮食供应主要有两方面的特点：第一，物流规模不断扩大。据统计，在2003年我国的粮食运输大致有11000万吨的运输量，至2010年，达到14000万吨，增长率约达27%。第二，我国的粮食运输渠道呈多样化发展。除铁路运输外，铁水联运目前在散粮运输中较受欢迎。同时，运输中各项基础设施得以不断完善，流通方式也趋于多样化。当前，粮食运输尽管效率较以前大大提升，但还是存在诸多问题。由于粮食供应涉及的方面太广，在本节中，针对粮食供应渠道，我们只讨论粮食的装卸、运输，分析目前在粮食运输、中转中存在的问题。

（一）粮食运输效率低

粮食运输渠道不通畅会直接导致运输效率的低下。粮食虽然在一定程度上可算作商品，它具有商品的属性，也需要通过运输来送到不同人的手中，满足人们的需求；但是粮食又具有其特殊性，它是人类生存不可缺少的必需品，也是保证人类生命延续的最重要的元素，是任何人都无法拒绝的物品。我国幅员辽阔，地区间的地理要素和自然条件差异较大，不可能保证所有地方都能为当地居民提供充足的粮食。特别是当发生自然灾害、地质灾害等突发情况时，粮食运送就成了首要任务。所以，保证粮食运送渠道通畅、高效，让人们能够随时买到粮食，对于粮食安全、国家安定、人民的基本生活都是至关重要的。目前，我国的粮食运输能力明显不足，粮食运输大多是通过铁路或者海路运输的方式，运力不足成为共性的问题。我国年铁路运力约 50 亿吨，只能满足全国实际需求量的 1/3。[①]而海运能力情况更加不容乐观，从东北等北方各地运往南方的粮食通过海运进行运送得更少。此外，我国许多粮储仓库的装卸能力也欠佳，中转仓库少，装卸设备陈旧。这些问题都直接影响到我国粮食供应渠道的效率，在目前运输渠道无法满足现行要求的情况下，未来一切都将会是未知数。也许运输通畅与否不会成为最显眼的问题，可是一旦突发事件来临，运输会成为最棘手的问题。

（二）运输方式陈旧，网络技术运用少

海、陆、空是我们现今所有的交通渠道，当然也是运输渠道。粮食运输通常属于大宗货物运输，运输量一般都比较大，就目前的情况来看，空运是不现实的。因此，海、陆依然是主要运输途径。我们这里讨论运输方式陈旧，并不是说运输途径的问题，而是说相关的科学技术运用较为欠缺。网络技术的运用是新时代各行各业发展都必不可少的技术支持。物联网对现在来说也不是个陌生的名词，通过使用物联网可以实时监控粮食运输情况，对车辆的调度和把控性也会更高，可以更加合理地安排运输计划，同时，通过与装卸点、中转站的配合，可以更好地安排粮食装卸，增加粮食运输的流畅性，减少粮食浪费，提高运输效率。而目前我国的物联网系统还不成熟，很多粮食企业也没有建立物联网的财力和精力，粮食的利润空间不如工业品，所以在很大程度上，粮食企业本身建立物联网系统的积极性不高。粮食存储仓库分布情况比较多，粮食运输也比较复杂，

---

① 曹宝明，李光泗，徐建玲等：《中国粮食安全的现状、挑战与对策》，中国农业出版社 2014 年版，第 80 页。

这对于物联网的技术水平就提出了更高的要求。此外，物联网要想充分发挥作用，就必须有相当一部分企业加入其运行才会见效，所以物联网接下来要面对的难题还有不少。

第二节　种子安全

种子是农业的基础，没有良好的种子作为农业的根基，纵有万亩良田也是枉然。而且种子还代表着一种延续，是一个生命得以生长、发展的重要前提，因此，好的种子可以带来更优良的果实，是确保农业安全、促进农业发展最关键的要素。从世界范围来看，自19世纪起，种子法规就已萌芽，世界各国的种子种植规定的内容不尽相同，但是对于种子培育和管理方面都有各自相应的要求，因此，种子的重要性可想而知。

对于如此重要的农业根基，我们应该投入更多的精力去保障它的安全。虽然我们已经在确保种子安全方面作出了很多努力，但是种子市场的情况依然不容乐观，我国在种子培育、管理等方面，仍然存在一些问题。这些问题的存在会直接影响到种子的培育情况，影响到种子市场的良好发展，必须加以重视。

一、种子培育质量难以保证

种子的质量好坏将直接影响农作物的生长情况，因此，我们需要以更完备的培育基地、更专业的技术人员、更充足的培育资金等多项保障措施作为后盾，来支撑起种子培育的重担。可是现实情况下，由于种种原因的存在，种子培育市场混乱，种子培育质量难以得到保证。

（一）种子培育情况不容乐观

正如前文所述，种子培育工作的专业性要求很高。而目前我国的种子企业与外国一些跨国种子企业相比毫无优势可言。国内很多种子公司都不具备相应的种子培育能力。在研发方面，由于企业资金不到位，也没有进行先期的种子培育基地建设，更没有专业的技术人才，因此，很多种子公司都采用承包农民土地、收购农民培育的种子的形式来进行种子生产工作。如果培育基地环境情况无法得到保障，在种子培育的过程中，也没有任何专业的监控管育方式，各种不确定的因素以及培育失误，都有可能会直接影响种子的培育情况，那么，种子质量也就没有可靠保障了。创业之初，也许有些种子公司也是迫于公司实力，没有可靠的资金支持作后盾，前期还可以运用这样的方式来进行运转。但是还存在一部分种子公司，一直沿用这样的方式来进行种子收购，以节省下大部分的资金投入，不用租借培育基地，不用聘用专业人才，并且承担的风险也更小，这样经营模式是绝对会损害种子培育的未来发展的。如果培育出的种子没有质量保证，那么粮食质量又该从何说起呢？

相比于种子质量问题，转基因种子的培育问题也需要引起我们的重视。转基因农作物在我国还处于一个备受争论的阶段，对于转基因作物种子的培育工作更应该严谨认真。因此，在《中华人民共和国种子法》（以下简称《种子法》）中，我们对于转基因种子培育提出了更高的要求，并明确要加大监管跟踪力度。但是仍然存在一些种子公司的违规操作情况，他们从国外购买一些转基因种子直接销售给农民，或者自己私自进行转基因种子的培育而没有进行相应的监控申请。这些做法都会直接扰乱种子市场，同时转基因种子的泛滥也会带来转基因粮食产量的大幅度增加，这对于我国粮食质量安全也会产生重要影响。

（二）劣质种子泛滥

在种子培育过程中，如果质量无法保证，那么劣质种子泛滥也就变成了极有可能发生的事情。目前，我国种子市场企业众多，鱼龙混杂。据统计，近 5 年来，国内种子市场持续扩大。目前，全国共有持证种子企业4300家，比5年前翻了一番。种子产量增多，监管稍不严格就会有疏漏。部分企业由于没有安全的种子培育基地，种子公司就会向农民进行收购，在种子公司向这些农民收购种子的时候，有些农民为了多得到一些经济利益，增加种子的收购数量，就会直接将劣质种子混入其中，劣质种子就这样从源头上进入了农业生产链条中。由于这种收购种子公司的存在，从制种农民的角度出发，这样的企业反而为劣质的种子销路提供了"保障"，如果租地开展种子培育的公司，一开始发现这批种子可能质量不好，那就果断放弃收购这些劣质种子，才会为种子安全提供保障。但是完全依靠收购种子开展经营，并不从事研发、培育的公司，为了让公司继续经营下去，往往会不顾种子质量，而回收这些劣质种子。长此以往，作为种子培育主体的农民来说，他们就可以完全不用考虑如何提高种子质量，改善种子品质，因为即使是劣质种子，最终也会有人回收，他们的经济收益也不会减少。而由于监管环节的漏洞，这些劣质种子没有被发现因而得以流通到市场上。还有一些更过分的经销商，会把积压多年的种子卖给农民，这些违规的做法都严重威胁了种子安全，进而影响到农业安全。粮食是社稷之本，种子是粮食之基，国家应加大监管力度切实保证种子质量安全。

二、种子市场监管问题突出

种子市场乱象丛生，监管主体也有着不可推卸的责任。种子对于农业安全的重要性不言而喻，我们应该充分重视种子市场交易环境，真正起到相应的监控管理职责。然而，在目前的监管系统中，从人员配备和执法监管的工作内容来看，监管工作都没有发挥出它应有的作用。监管不到位，会直接影响到种子市场的规范经营，也会助长违规行为。

（一）监管人员素质有待提高

从事种子市场监管的工作人员，不仅需要具备一定的学历基础，而且在农业知识、法律知识方面也应有基本了解，这是对监管人员综合素质的基本要求。可是在现实情况中，我们发现监管执法队伍中的人员，对于农业知识和法律常识的了解都比较欠缺，这些人员大多是从其他岗位上抽调组成的，上岗前也没有进行过系统的培训教育，不要说去监管检查种子的品质好坏，可能连各种农作物的种子具体是什么样的都无法分清，在这样的情况下，监管工作自然无法有效推进。此外，在执法工作开展的过程中，由于没有进行专业系统的培训，执法人员的一些工作方式和流程可能都存在不合理的情况。一些种子公司在接受检查时，也曾发现执法人员的执法程序中有违规情况，一方面这将直接影响监管工作的开展，另一方面也会损坏国家公务人员的工作形象，产生不好的影响。

最新修订的《种子法》已明确了种子管理机构的执法主体地位，要求其在强化权力的同时加强责任，这就需要种子管理人员在责任心、政治素养、农业知识等方面均满足要求，在监管过程中，要文明执法、依法治种，尽最大努力严防劣质种子进入市场。

（二）尚未设立专门的种子管理机构

对于种子市场，农业、林业部门都有权进行监督检查。但是，种子在市场上进行流通，本身也属于商品范畴，那么，工商部门对于种子的销售也应该承担监督管理的职责，但是这些在《种子法》中没有进行明确的规定。可是，工商部门是否也该参与其中，共同管理种子销售，这一点值得我们思考。此外，在《种子法》中规定了农业、林业部门具有种子监管职责，也允许其委托相关的专业机构进行种子检验，依据检验结果来开展后续工作。在实际操作中，各部门之间的配合上就会存在一些问题，互相推诿的情况也是时有发生。例如，在开展监管检查工作时，对于检查情况，监管部门有时竟然不做检查记录，而对于种子公司所应报检的制种基地，也存在谎报情况；有的种子公司所标明的生产基地地址和具体的种子培育地点不同；有的公司根本就没有专门的种子培育基地，而是随便填写一块田地进行上报，以此来通过检验；有些监管人员并不具备一定的工作素质，没有进行认真核对、实地考察，对于上报的培育基地情况是否属实的情况不做详细调查，使得这样的蒙骗行为很容易就"过关"了，这样的监管就变成了文字工作，完全没有任何实效，也使得某些种子公司的违法行为更加猖獗。

作为种子监管主体，种子监管机构要明确自己的权利与责任，坚持强化种子市场监管，严格执法，可结合检查与举报维权相结合的方式规范种子市场行为。

我们坚持发现劣质种子要追究到底，依法严肃处理，尽职尽责，严厉打击劣质种子。

（三）种子市场管理意识有待加强

我国部分地区尚未建立完善的种子市场管理体系，缺乏长效监管机制和服务理念，以罚代管现象突出，难以适应新形势下种子市场管理需求。监管部门缺乏公开、长效的种子市场监管理念，对种子销售市场、售后服务、作物生产情况等的随机性检查不强；统筹兼顾意识不强，存在重杂交玉米及杂交水稻种子市场监管、轻常规农作物种子市场，重主要农作物种子市场监管、轻非主要农作物种子市场监管现象。与种子销售市场监管尚需完善相对应，消费者维权意识差是造成种子市场秩序混乱的另一重要原因。针对当前我国农户维权意识差、投诉不及时、维权成本高等问题，种子监管部门需要设立专门的服务站协助农民维权，对农民进行普法宣传，对农民如何选购农业物资进行培训，降低农户损失与维权成本，切实保障农民权益，稳定农产品产量。

三、种子管理法治化未能充分落实

关于种子的这些问题，终归到底还是有一点没做好，就是法治化管理，种子安全问题其实一个法治问题，还是要靠法治途径来解决。法治不同于法制，光是有法可依，没有有法必依、执法必严、违法必究，那这一切也只是空谈。更何况，目前的《种子法》也不是完全没有疏漏，还需要一段时间来补充、修正和完善。因此，就目前情况来看，未来关于种子的法治工作并不轻松。

（一）市场准入制度不合理

在种子行业设置相应的资质标准是必须环节，只有具备了许可证才可以从事这个行业。但是就目前的市场准入制度来看，种子行业还存在很多不恰当的地方。一方面，对于国内企业来说，面对种子行业的准入标准，一些不符合相关要求的中小企业，就存在谎报资产、租用设备的情况，并以此来申请国家许可，针对这样的行为，我们应该加大检查、核验力度，一旦发现，不仅是不发许可证这么简单，应该对相关法人进行相应处罚，几年内不准其再进入种子行业。另一方面，对于外资进入我国种子市场，也应该设立更高的准入标准。现在国内的种子市场，外资渗入情况明显。在发展情况比较好的种子公司中，外资公司占据了很大一部分比例，他们在我国设立种子公司，培育种子供应给农民，同时组织各种科学研发，了解我国农业情况和种子培育的相关情况。在种子销售市场上，由外资公司培育的种子占比很大，占据了很大一部分的市场份额。这种局面的长期存在，会严重威胁我国的种子安全。一方面外资投入生产的种子价格较高，我们需要有更多的经济投入；另一方面我们如果掌握不了其制种核心技术，并且大量使用这些种子的话，这对于我国未来的种子市场安全将产生重要影响。

（二）违法必究还存在差距

在种子质量无法得到保障，假冒种子又泛滥的情况下，农民有可能就会购买到劣质种子。目前我国的相关追责制度还不完善，农民在买到假种子之后，很少有人直接通过法律途径来维护自己的权益，他们要么就是自认倒霉，要么就是找售种公司理论，再不然就是上访。这些途径都不能积极地解决问题。农民自己去找售种公司，通常都是无功而返；去政府大闹上访，给政府施加压力，以求弥补经济损失终究也不是一条好的出路；而走法律途径来反映问题，周期又太长。这就造成了反映渠道不通畅的问题，农民即使买到了假种子也无可奈何，没有办法。

（三）存在地方保护主义

有些地方还存在地方保护主义，其治理体系对于本地区的种子生产、销售公司给予照顾，对他们的一些违法行为视而不见。另外，如果真的出现了种子质量问题，造成很严重的损失时，这些公司因取得了合法的审定品种号，那么，接下来不管造成什么样的严重后果，都要由政府出面来赔偿相关损失。而这些种子公司只接受一些行政处罚或者并处一些罚金，这些和赔偿相应损失是完全不同的概念。一些种子公司正是由于发现了这些法律中的漏洞，遂通过各种手段来规避自己的风险，从而获得了更加丰厚的经济利益。由于目前我国在惩处这些违规、违法行为时，处罚力度还不够大，在低违法成本和高经济收益的双层因素驱动下，一些职业道德、公共道德缺乏的人掺杂在种子行业中，使得劣质种子在市场中屡禁不止，也使得整个种子市场都无法规范有序，这是我国种子法治所亟须考虑和解决的问题。

第三节　农产品安全

农产品就是农业生产各部门生产的所有动植物产品，包括蔬菜类、畜牧类、渔业类等。农产品安全是国家安全战略的重要组成部分，农产品的质量问题越来越成为我国农业发展的主要问题。一些农业资料如农药、兽药、食品添加剂等的不规范使用，为农产品的安全问题带来隐患。2014年，中央1号文件把农产品安全问题摆在首要位置，突出了其重要性。农产品的安全问题表现在方方面面，主要体现在粮食、蔬菜、肉类等食品安全中。人们对于农产品的获取是一项基本权利，是生命权和维持健康、福利所需的生活水准权的重要内容之一。[①]随着经济的发展和人们生活水平的提高，农产品产业也获得了前所未有的进步和发展，农产品的种类越来越丰富，各种新型农产品如雨后春笋层出不穷，农产品相关产业逐渐成为众多国家的支柱型产业，在国民经济发展中发挥着至关重要的作用。在世界范围内，农产品相关产业发展迅猛，年销售额领先其他行业稳居榜首，成为全球最大的制造业。在中国，这种状况更加明显。可见农产品产业无论在国际还是国内均是当之无愧的第一大产业。从国际上看，我国农产品产业领先其他国家和地区，位列世界第一，如表 2.1 所示；从国内看，我国是人口大国和农产品消费大国，农产品产业在国民经济中的地位和作用更加明显。从农产品产业在国民经济中的地位可以看出，农产品安全是涉及维护民生和社会经济发展的重大问题，事关国民安全、国家的经济安全和政治安全，是国家安全的重要组成部分。如果我们不能保障农产品安全，就会导致重大的经济、政治和社会问题，进而影响国家的整体发展。

表 2.1　2014 年世界主要经济体农业产品工业概况

国家和地区	主营业务收入（万亿元人民币）	出口额（亿美元）	从业人员（万人）
中国	10.98	603	700
美国	6.1	595	161
欧盟	8.2	—	—
日本（2013 年数据）	2.0	40.9	114

资料来源：《我国农业产品工业发展状况分析》，载《中国农业产品安全报》，2016年11月15日。

　　改革开放以来，在全国人民的共同努力下，满足温饱这一最基本的民生问题已经得到有效解决。随着经济社会的不断发展，物质

---

　　① 孙娟娟：《食品安全比较研究——从美、欧、中的食品安全规制到全球协调》，华东理工大学出版社 2017 年版，第 18 页。

生活条件得到很大改善，家庭餐桌上的食品种类日益丰富，饮食营养问题也明显改善。但是，随之而来的农业产品安全问题却大有抬头之势，有毒有害农产品以及非农产品添加物越来越多地走上前台，成为人们所忧虑和关注的问题。因食品安全事件频发且屡禁不止，人们的关注点已经由过去的民以食为天转化为对农业产品安全的关注，对农业产品的安全意识不断增强，农业产品安全问题受到了社会各方面的广泛关注，已成为当今社会不容忽视的重要问题。归纳起来，我国的农产品安全问题主要有以下几个方面。

一、农产品安全事件频发

近年来，我国农产品相关安全事件频发，并已影响到国民的生命健康、国家的经济安全和政治安全。由于生产者（包括加工者、流通商等）违法、违规或者过量使用某些物质，市场上曾出现大量的安全事件，比如毒奶粉、地沟油、瘦肉精、毒生姜、僵尸肉等（见表2.2）。这其中很多安全问题直接威胁了国民健康，甚至造成很多无辜生命的消逝。我国2012年上半年的一项针对食源性疾病（食物中毒）的检测显示，平均每年有2亿多人次罹患食源性疾病，平均6.5人中就有1人次罹患食源性疾病。20世纪80年代，上海发生过由于生吃毛蚶（被致病微生物——肝类病毒所污染），而造成的甲型肝炎流行事件，有30万人染病。[①]1998年春节期间发生的"山西朔州毒酒"事件，短短几日就导致27人丧生，222人中毒，多人失明。[②]2008年，我国的奶制品污染问题触目惊心，据国家卫生部通报，截至2008年12月底，全国累计发生因食用三鹿牌奶粉和其他的问题

---

① 陈君石，罗云波：《从农田到餐桌：食品安全的真相与误区》，北京科学技术出版社2012年版，第12页。

②《山西朔州假酒案》。见百度百科，https://baike.baidu.com/item/%E5%B1%B1%E8%A5%BF%E6%9C%94%E5%B7%9E%E5%81%87%E9%85%92%E6%A1%88/2771189?fr=aladdin。

奶粉造成泌尿系统出现问题的患儿共 29.6 万人之多。[1]2001 年，吉林省吉林市共 12 所中小学校发生严重的豆奶中毒事件，一万余名学生在饮用学校统一购进的吉林市万方科工贸责任公司生产的豆奶后，6362 名学生集体中毒。其中，200 余名孩子患上脑痉挛、中毒性心肌炎、胃炎、十二指肠球部溃疡、肝脾肿大等多种"后遗症"，至少有 3 名以上学生被确诊为白血病。[2]

表2.2　我国 2006—2015 年发生的重大农产品安全事件

问题事件	年份	问题物质及危害
苏丹红鸭蛋	2006	工业染料偶氮染料苏丹红：致突变性和致癌性
毒奶粉	2008	三聚氰胺：可能导致患者出现肾结石以及其他泌尿系统疾病，威胁到患者的生命
地沟油	2010	黄曲霉素、苯并芘、砷、细菌、真菌：消化不良、腹泻、腹痛、致癌
瘦肉精	2011	盐酸克伦特罗：食用后会出现头晕、恶心等症状，严重者会伴随心跳加速甚至是心脏骤停而死
皮鞋老酸奶	2012	工业明胶：含有的重金属铬会破坏人体骨骼以及造血干细胞，长期服用会导致骨质疏松，严重的会患上癌症
硫磺熏制毒生姜	2013	涕灭威：有毒有害，威胁人体消化系统，会出现肠胃功能紊乱，严重的出现器官衰竭现象；污染地下水
僵尸肉	2015	来路不明的走私陈年冰冻肉：会造成恶心、呕吐、腹泻、腹痛、晕眩等症状，严重者会昏迷，甚至会因心力衰竭而死亡

资料来源：根据国家商务部市场运行司、腾讯网相关资料整理所得。

---

[1]《三聚氰胺：三鹿毒奶粉事件回顾》，见腾讯·大楚网，http://hb. qq. com/a/2013081 4/015581. htm。

[2]《吉林吉化豆奶中毒事件追踪：200 余孩子患后遗症》，见 39 健康网，http://www. 39. net/HotSpecial/zd/zxbd/113406. html。

（一）农产品安全问题危害人类健康

上述触目惊心的食品安全问题在对国民个体生命健康产生恶劣影响的同时也威胁到了整个国民群体，这绝不是耸人听闻。随着我国经济发展和国民生活条件的改善，我国人民的人均寿命虽然也在不断提高，但是诸如胃癌、肺癌、肠癌等疾病却越来越常见，其中一个很大原因就是食品不安全，或者是农作物在种植过程中施用了的过多农药、化肥，或者是食品在生产加工过程中添加了过多有害的化学用剂。有数据显示，由于近年来食品问题突出，男性的精子浓度比 40 年前下降了近半。①2011 年 5 月我国爆发了多个食品添加剂（塑化剂）事件，波及面很广。该事件之所以广受关注，其中很重要一个的原因就是其可造成生殖和发育障碍。以上这些事例和数据足以说明食品安全问题是危害国民安全的大敌。

（二）农产品安全问题扰乱市场秩序

农产品的安全问题会破坏市场秩序，给食品产业和食品贸易造成重大损失，农产品的安全问题尤其是那些严重的安全事故已直接影响到了中国农产品行业的整体形象，严重制约了相关产业的可持续发展，甚至部分产品和企业不得不因此退出市场，这不仅使农产品行业失去国际贸易机会，还损害了国家经济利益，进而威胁到国家经济安全。以 2008 年爆发的三聚氰胺奶粉事件为例，它所牵涉的范围，囊括了奶制品行业的多个知名企业，它从一个企业危机扩展成为一个行业危机。根据中国乳制品工业协会公布的数据，受三聚氰胺奶粉事件影响，2008 年乳制品产量负增长的省（区、市）有 15个，主产区的华北 5 省（区、市）均为负增长，其中河北省由 25.8%下降到-11.06%，这是自改革开放 30 年来所从未出现过的。在出口方面，三聚氰胺奶粉事件发生前的 2008 年 1—9 月份，中国奶粉出

---

① 陈卫洪、漆雁斌：《不安全食品生产的社会危害及对食品出口的影响》，《消费导刊》，2009 年第 9 期。

口量达 5.75 万吨，其中 9 月份出口 1.5 万吨。但在该事件发生后的
10 月份，出口量仅为 48 吨；11 月份出口 2018 吨，与上年同期相比
下降 65.81%；12 月份出口 4242 吨，同比下降 38.05%（见表 2.3）[1]。

表 2.3 三聚氰胺奶粉事件对中国乳业的影响

乳制品产量负增长的省区市（个）	15
2008 年 11 月份乳制品出口与上年同期相比下降率（%）	65.81
2008 年 12 月份乳制品出口与上年同期相比下降率（%）	38.05

资料来源：中国乳制品工业协会网站。

根据《中经乳制品产业景气指数报告（2009 年第一季度）》的
数据，2009 年第一季度中国乳制品产业景气指数已由 2004 年第一
季度的 100 以上降到 93，创历史同期新低。2004 年第一季度到 2009
年第一季度这六年间的乳制品产业景气指数变动情况如图 2.6 所
示。很明显，三聚氰胺奶粉事件使中国乳制品工业遭受重创。食品
业是一个高度关联的一体化产业，与人口增长、社会进步、农业发
展环境、食品加工与销售等问题关系密切，不可分割。农产品行业
在遭到重创时，会产生一系列连锁反应，严重危害其他产业甚至是
国家经济安全。以三聚氰胺奶粉事件为例，该事件发生后，整个乳
制品行业都受到严重打击，或减产或停产，数万名职工失去工作岗
位，240 多万户奶农倒奶、杀牛、破产，城乡居民的就业和收入也
受到不同程度的影响。2011 年双汇瘦肉精事件后，双汇股票市值蒸
发 50 多亿元，涉嫌使用瘦肉精的生猪及 134 吨猪肉制品全部被封存
处理，直接损失预计 3000 多万元，16 家生猪养殖场被关闭，涉及
的相关养殖户也遭受了惨痛的经济损失。[2]

---

① 秦利：《基于制度安排的中国食品安全治理研究》，中国农业出版社 2011 年版，第 4 页。
② 胡晓辉：《浅议食品安全问题对国家安全的危害》，《铁道警官高等专科学校学报》，2011
年第 5 期。

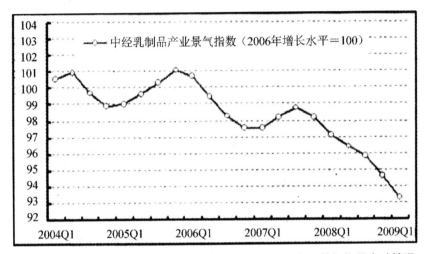

图 2.6　2004 年第一季度至 2009 年第一季度乳制品产业景气指数变动情况

资料来源：《中经乳制品产业景气指数报告（2009 年第一季度)》，载《经济日报》，2009 年 4 月 25 日。

农产品安全事件一旦发生，国内外消费者便会对该行业产生怀疑和排斥心理，从对某一品牌、某一种商品的不信任扩展到对同类商品和整个行业的不信任，进而使我国经济遭受内外夹击。在国内，当消费者一旦察觉食品质量存在安全问题时，就会失去对该产品的信任，或产生多米诺骨牌效应，不再消费此类产品，从而抑制了食品（农业）产业的发展。[①]国家商务部 2008 年的调查资料表明，当某产品被发现存在安全隐患后，消费者会对该产品失去信任，会有超过 50% 的消费者投票表示不会再购买这个产品；更加审慎的消费者会抱有更激进的态度，有约 40% 的消费者认为，他们将不会在问题解决前购买所有的同类产品。在国外，由于我国发生了一些影响恶劣的食品安全事件，不少国家因此出台了针对我国食品的安全办法和措施，设立了层层关卡限制我国食品出口，使我国食品的市场

① 2005 年 7 月 5 日，《农民日报》报道，因河北大蒜被曝光使用剧毒农药，一夜间，河北大蒜滞销。

准入难度大大增加，也使我国食品企业的经济利益遭受损失。国家质检总局的数据显示，2008 年我国有 36.1％的出口企业受到国外技术性贸易措施不同程度的影响，全年出口贸易直接损失 505.42 亿美元。

（三）影响国家政治安全

农产品安全事件还会对国家政治安全造成危害。国家政治安全是指国家对外保持主权独立、领土完整，自由自主安排政权性质、政权组织形式、制度安排、意识形态等，并免受外力的干扰、威胁和危害。我国的国家政治安全还包括对内保持人民民主专政政权的稳固和社会主义政治制度持续完善和发展，确保马克思主义主流意识形态占据主导地位以及确保社会发展进程的稳定有序。农产品安全问题对国家政治安全的影响主要表现为影响国家主权的行使者——政府的公信力，削弱政府存在的合法性，进而威胁到国家的政治稳定。在过去的十几年里，我国始终处在农产品安全问题的笼罩下，农产品安全问题屡禁不止，三聚氰胺奶粉、瘦肉精、地沟油、塑化剂等食品安全事件频繁发生。尽管党和政府各级组织都十分重视食品安全问题，不断加强该领域内的监管食品工作，但是必须指出的是，食品安全问题尚未得到根本解决。

有调查数据显示，2010 年，我国的蔬菜、畜产品、水产品检测的合格率都高于 96％，但是民众却发出"还有什么敢吃"的疑问和感叹。2015 年"全国农产品安全大调查"的调查结果显示，在对我国农产品安全形势的总体看法上，51.25％的消费者持悲观态度，认为问题很多，并表示担忧；33.07％的消费者则持相对乐观的态度，表示"有些问题，但可以解决"；只有 15.62％的消费者更为积极乐观，认为形势正在往好的方向发展。①商务部组织的一项调查发现：45.3％的城市消费者和 36.6％的农村消费者对目前政府的农产品安

---

① 《全国食品安全调查报告》，《中国消费者报》，2016 年 3 月 14 日。

全监管工作"不满意"。[①]调查数据还显示，消费者对农产品安全的关注度较高，城市消费者关注度高达 95％，农村消费者也达到了94.5％以上。食品卫生质量已成为消费者最为关注的首要因素，城市和农村消费者均给予了非常高的关注，关注率分别为 76.5％和67.9％。如此高的消费者关注度说明，一方面消费者的消费观念有了较大的转变和提升，另一方面也反映出我国农产品的安全问题存在较大隐患，直接影响了消费者的信任。

如果农产品安全问题长期得不到有效解决，必然导致公众安全感的缺失、对现实的不满以及对政府的失望，进而导致对既定的政治制度和社会秩序的不信任，引起社会矛盾激化，甚至引发社会暴力，成为危害政治安全的导火索。此外，农产品安全问题还会严重影响中国的国际形象和政府形象。在中国出现一系列食品安全事件后，国外一些重要媒体频繁报道中国的食品安全问题，有的国家出于贸易保护和政治目的，借机以偏概全，故意夸大中国农产品安全问题，严重损害了中国政府的形象。

二、农产品加工过程安全隐患突出

农产品安全隐患还存在于食品加工过程当中，这些出现在加工、运输和销售过程当中的安全隐患还非常突出。目前，我国农业分散式经营的特点致使监管难度加大，七八亿的农民在以分散生产的方式生产初级农产品，如鸡、鸭、鱼、肉、蛋、奶及各类粮食作物，部分生产者在生产过程中存在利益至上的思想，为刻意增加产量而使用高毒农药、添加剂等，其结果就是其生产不能达到标准化、规范化。这样的农副产品流通到市场上会严重危害人民健康，甚至产生更严重的后果。究其原因，主要是因为人们的安全意识不足、农业经营较为分散、相关监测系统较为薄弱等。

---

① 参见国家商务部网站：http://scyxs.mofcom.gov.cn/。

（一）安全意识不足

从农业投入品供给环节看，部分农产品的生产者、销售者安全意识不足，存在利益至上的思想，为了缩短产品生产周期、提高产量而滥用和不当使用农药、兽药等相关农业投入品，造成农业生态环境污染严重，农作物当中农药以及有害物质的残留超标，对人民健康带来巨大隐患。以农药为例，农业部一直都对其使用有明确、严格的规定，但显而易见，这无法保证所有农民都会照做。农民的道德素质、知识水平、守法意识参差不齐，他们还会受人教唆，从而在生产农产品时从事违法行为。农民怎么会知道"瘦肉精""苏丹红"？因为有人特意告诉他、卖给他。值得庆幸的是，绝大多数农户是遵纪守法的。但由于人口基数太大，只要有极少比例的人不守法，其数量和危害就很大。因此，蔬菜农药超标等问题的出现是意料之中的。再以杀虫剂为例，有机农药产量占 70%，在有机农药中高毒品种的产量又占 70%。[①]当前，我国的兽药安全监管不到位，相关领域标准模糊或者水平较低，滥用和超标使用兽药的情况十分严重，急需明确的标准和严格的监管。畜牧业饲料监管缺失，相关制度亟待完善，后续监管需要加强，我国畜牧业饲料添加剂滥用情况十分明显。除此之外，农业污染可直接导致农产品中重金属超标，会对人民健康造成严重影响。更需指出的是，近年来，畜牧业传染病流行状况并未明显好转，比如 2018 年的非洲猪瘟传染问题，这也给农业生态环境安全敲响了警钟。

（二）经营分散不易管理

从农产品和食品生产环节来看，规模优势并没有得到充分发挥，农产品加工企业仍然以中小规模为主，生产规模不大，多数为经营分散，产品分级水平标准低，产品包装技术水平与国际先进水平差距明显，农产品管理混乱，溯源管理困难，这些问题均导致我国农

---

① 王海彦：《食品安全监管》，安徽人民出版社 2007 年版，第 4 页。

产品行业发展水平低下，竞争能力不强。而且，由于农产品经营较为分散，导致监管部门不易管理。世界卫生组织来访中国时，一位食品安全方面的专家问我国的接待人员这样一个问题："中国目前有多少家食品生产企业？"得到的回答是没有准确的统计数字，恐怕有上百万①。这位专家闻听此言后，沉默无语。可以推断的是，一个政府监督管理上百万家食品生产加工企业，可谓难上加难，管理漏洞在理论和实践中必然存在，尤其我国很大一部分企业都是中小型食品企业，管理难度相对更大。所谓中小型企业是指 10 名员工以下、投资 10 万元人民币以下的企业。很难想象这些企业生产食品时都能够做到不多添加加剂、防腐剂，特别是在食品原料已经不够新鲜时。除此之外，在当今中国，个人作坊仍大量存在，比如路边摊贩等，这些摊贩经营者大部分都是底层民众，他们的食品卫生、食品安全意识和概念不高，给政府监管带来了非常大的挑战，监管的触角很难触及每个角落，食品安全问题隐患颇多。在食品流通环节，安全隐患问题也非常普遍，主要由于我国食品流通方面的建设比较薄弱，造成二次甚至三次污染的情况也非常严重，食品质量难以得到保证。

（三）监测系统较为薄弱

现阶段，我国在农产品监管方面还很薄弱，技术较为落后，这一情况在中西部、边远山区等经济欠发达地区尤其明显，其农产品的安全检测设备陈旧、投入不足、检测技术落后、检测人员业务水平低，这一现状无法满足我国对于农产品质量的监管需求。与此同时，随着农产品、食品安全检测标准的不断提高，针对化肥、农药等有害物质的检测设备严重不足，最终形成了监管的漏洞。因此，政府要加大投入，大力扶持农产品相关检测部门，在制定农产品监

---

① 中国工程院医药卫生学部编：《中国食品安全——挑战、问题、认识和办法》，中国协和医科大学出版社 2008 年版，第 4 页。

督管理体系和制度的同时，要加大培训，提高相关从业人员的专业素质，做到制度上有章可循，人员上能力突出。同时，也要加大硬件方面的投入。最终，建立和完善"设备齐全、运行高效、责权明确、布局合理"的农业产品质量检测体系。在监督管理的实现方面，农业产品质量监督部门应当加强监管的频次、力度，随时组织人员深入市场进行现场检查，有针对性地检查禽畜、蔬菜、粮食等农产品，针对影响人们健康的化学制剂加大查处力度，保障人民群众的身体健康。

三、农产品安全监管结构性矛盾凸显

我国的农产品安全监管长期存在大产业与弱监管之间的结构性矛盾。所谓大产业就是农产品行业经济体量大，种类多。在经济体量方面，2015 年的统计数据显示，规模以上农产品产业产值为 11.34 万亿，占到当年工业总产值的 10％以上，是国民经济的重要支柱；在种类方面，国家统计数据显示，全国居民消费仅蔬菜种类方面就达 19000 多种；在农产品加工供给方面，我国农产品产业基础薄弱，产业结构特点表现为多、杂、小、分散、规模化程度低以及集约化程度不高，生产经营者诚信意识和守法意识淡薄。[1]全国通过危害分析和关键控制点（Hazard Analysis and Critical Control Point，HACCP）认证的企业仅占规模以上食品企业的 10.44％。[2]

庞大的经济体量与复杂而又多样的农产品种类及供给结构导致了监管对象的体量巨大，而与之相对应的却是薄弱的监管能力。这种监管能力的薄弱主要源于两个方面：监管机构的职能人员配置与专业化技术水平。

---

[1] 邵明立：《食品药品监管　人的生命安全始终至高无上》，《人民日报》，2009 年 3 月 2 日。

[2] 李玉梅：《今后一段时期抓好食品安全工作的着力点——专访国务院食品安全委员会办公室主任张勇》，《学习时报》，2011 年 6 月 20 日。

（一）在监管机构的职能人员配置方面，尚缺乏专业人才

统计数据显示（见表 2.4），2015 年我国监管人员在编 265895 人，而监管对象却达到了 1230 多万家，对比 2013 年机构改革之前，人均监管数量由 27 家增加到了 46 家，监管人员的配备远远落后于监管需求。除了数量方面不满足要求，其在专业知识素养方面也不过关。2015 年专业技术人员占比为 50%，而这一数据在 2013 年为 65%。一方面是人均监管数量的增加，另一方面是专业技术人员占比的减少，共同导致了监管机构人员配置不高。监管系统的建设与完善需要大量的计算机相关人才，这些专业人才能建立和完善相关的检测体系，并确保系统能够得到有效的升级与更新换代。同时，这些计算机相关人才还应当具备农业相关知识，只有如此，他们才能建立起计算机相关知识与农业相关领域之间的联系。我国尚缺少这种复合型人才，大部分从业者都是只经过短暂的培训就直接上岗，这使得溯源的结果不准确、专业性不强，进而导致监管能力薄弱。

表 2.4　2013 年机构改革前后我国食品药品监管结构对比情况

比对类别	2012 年底	2015 年 11 月
人员编制（人）	103597	265895
监管对象总量（万家）	274.7040	1230.2594
人均监管数量（家）	27	46
占全国大陆总人口比例（‰）	0.765	1.934
专业技术人员占比（%）	65	50

资料来源：胡颖廉著《国家食品安全战略基本框架》，载《中国软科学》，2016 年第 9 期。

（二）在技术水平方面，检测系统在我国起步较晚、成本较高

国内的检测体系尚不够发达，相对于国外较为完整的监测体系来说，短时间内推广还存在一定困难。并且，在网络时代到来的今天，我们应当将农产品供应链安全监管体系和物联网全网化联系在一起，将农业产品供应体系、信息征集和上传体系、信息安全与监管体系同农业商品质量安全追溯平台科学地连接在一块，如此在农产品安全监测系统方面将大大提高效率。但是由于技术、经济等方面的原因，这一技术在国内实现还有相当长一段时间。

四、农产品安全技术落后

当前，我国农产品安全技术创新不足，科技成果、技术储备不足，农产品安全技术尚处于一个相对落后水平。长期以来，我国的农产品科技体系的建立目的主要是解决农产品供给数量问题，对于农产品质量安全问题则关注较少。

（一）农产品安全检测能力相对较弱

作为农产品安全监督管理的重要环节，检测能力的作用毋庸置疑，很难想象检测能力不达标却能提供高水平的安全食品，因此，强化和提高农产品安全检测能力是一项必须要始终坚持的工作。但是目前，我国的农产品安全检测能力还处于一个较低水平，主要表现在：一是在关键技术、关键设备和关键人员上都处于一个较低的水平，与发达国家相比差距十分明显，这与我国经济发展的国际地位不相匹配；二是检测机构规模大但是水平不强，这些检测机构技术水平相当，多数是重复建设的产物，从实际的效能上看，尚不能应付复杂的农产品安全形势；三是农产品安全监测的科技含量较低，随着我国对外贸易的规模越来越大，对农产品监测技术的要求越来越多，再加上高敏生物、化学制剂等层出不穷，这些对于我们监测手段的科技含量提出了相当高的要求，但是我们在这方面短板明显，农产品安全得不到有效保障。

（二）危险性评估技术相对落后

危险性评估技术相对落后，目前还没有广泛应用与国际接轨的相关技术，与西方发达国家相比我国现行检测技术仍然比较落后，与现实需求之间还存在相当大的差距。我国农产品安全控制技术还比较落后，这只是众多问题当中最为直接的难点，除此之外，高级生产技术和产地环境净化技术水平亟须提高，其应用范围更需快速推广，由于上述能力的缺乏导致环境污染严重。另外，我国农业相关产业的发展仍然不足，应当大力开发新型农药、化肥、农产品添加剂等相关产品和技术，加大科技投入，实现相关产品和技术知识产权自主化。

（三）新产品、新技术带来潜在威胁

随着科学技术的飞跃式发展，农产品行业正发生着天翻地覆的变化，新产品在新技术的推动下层出不穷，极大地满足了广大群众的需求，但是，科技是一把双刃剑，科技发展得越快，如果不加防范，农产品安全的问题就会越严重，由于我国农产品安全方面的制度还存在着漏洞，很多新型农产品在没有通过安全检查之前就已经在市场上进行销售，这种情况潜在的风险非常巨大，是农产品安全领域当中的定时炸弹。转基因技术作为新兴的技术领域，究其实质是利用自然规律创造出超自然的物种，其应用可以给农产品行业的发展带来机遇，但由于转基因农产品没有得到科学有效的检测，转基因农产品安全性并不确定，其风险评估和规避困难重重。

第四节　农业生态安全

我国农业生态环境的恶化主要是由人为原因造成的。以化石能源为要素的工业快速发展，带来了一系列环境污染问题，严重破坏了农村的大气、水源与土壤，导致了一系列水污染、土壤污染、空气污染以及耕地面积下降、质量下降等生态问题。化肥、农药的过度使用加剧了农村土壤、水系的污染，农业生态的持续恶化使大面积农作物受害，农产品生产出现产量下降、质量变差的现象。农业生态环境关系重大，既关系到农业生产水平，也关系到农产品的质量和产量，并会对人民的生活的稳定产生影响。因此，保护好农业生态环境，对农业生态环境问题早加预防、治理和恢复，是保障人

民生活稳定、富足与幸福的重要保障。治理和优化农业生态环境就是要切实加大农业环保的投入力度，将农业、农村的生态环境保护纳入环保产业发展的重点，给予大力投入和高度关注。同时，要建立和完善农业生态环境的补偿机制，各级政府都要发挥其宏观调控的职能，在增加农业生态财政投入的同时，引导社会资金进入农业生态环境领域，建立和完善农业生态环境保护的多渠道和多元化的投入机制。

生态的重要性不言而喻，对于生态、环境的思考早在 20 世纪就已是全世界都关注的话题。每个国家都在用自己的方式保护环境，保护生态系统。过去，科学技术水平有限，人类对自然的认识还有很多欠缺，我们一边在为每次工业革命的到来而欢呼，为工业水平进步而喝彩；一边又在无节制地破坏着我们赖以生存的环境，致使生态系统都受到了严重的伤害。

新中国成立以后，我国为尽快赶上世界发展的步伐，大力发展农业、工业，推进国民经济稳步提升，确实作出了不少成绩。可是，过去很长一段时间，由于盲目追求经济发展，不顾环境承受能力的粗放式开发，已导致我国的生态环境每况愈下，这对国民的身体健康以及日常生活都造成了十分严重的影响。尤其是，随着城镇化建设进程的推进，自然生态的压力越来越大，并且这个压力还在持续增长中。城镇化建设使得现在人口的集中程度也逐渐增高。越来越多的人开始走向城镇，在城镇中工作、生活、居住。城市人口通常开始往生活条件便利、各项服务设施齐全的地区集中，而希望在城镇中生活发展的农民，就在城镇周边聚集起来。这样的趋势，给许多城市都带来了一种"病"——城市病。很多人认为只有大城市才有城市病，其实，城镇建设得比较好、人口较多的地区都面临着未来可能会有城市病的问题。各种城市病必然会带来一个突出的问题，就是生态环境的压力增大。人口的大量聚集，使得空气、水资源的压力加大，人们工作生活来往的过程中，能源的过量消耗会让空气质量越来越差,水资源的过量使用使得地下水位不断下降,如此一来,农业安全也就开始受到威胁了。而从农业角度来看,生态情况良好,可以更好地促进农业发展,保障生态的健康、绿色,带来农业的可持续发展,因此,农业生态安全是农业安全的重要保障。

总体来说,当前我国的生态环境情况仍不容乐观。生态环境被破坏的现象依然存在,绿色发展也没有达到我们的既定目标。各种污染的横行已经直接影响了人民生活。一直以来讨论最多的环境问题就是空气、水、气候,这些都与国民生命和健康息息相关。在这样的环境下,农业生态的健康发展受到了很大影响,并不可避免地出现了很多问题,这些问题已经存在了很长一段时间了,而要想转变这种局面,可能还需要很久的一段时间,需要付出更多的努力才会见到效果。本节将针对目前农业生态中已经出现的和未来可能会出现,并影响到农业安全的问题进行讨论。

一、土地资源约束趋紧

土地是农业生产中重要的生产资料,农业是无法和土地分开来讲的。土地的范畴很广,适宜农业生产的土地只是这个大范畴概念里的一部分,还有很多种类的土地是无法利用其为农业生产服务的,或者说是目前的技术水平还达不到,这部分土地的开发还需要进一步的技术支持。既然如此,我们对于这部分目前还无法利用的土地在这里不进行过多的描述。这里重点探讨一下目前能够利用的土地资源现状,这也是我们需要投入更多精力去保护和治理的地方。

(一)耕地资源数量减少

改革开放以来,我国的粮食生产取得了令人瞩目的成就,为世界农业及世界经济的发展作出了巨大贡献。然而,中国经历了数千年的垦殖,尚可开垦的后备耕地已经很少了。当前我国农业生产正面临着土地资源不足、耕地面积逐渐下降的严峻趋势。这里说耕地减少,有两层意思,一层是说原本适宜发展农业的土地,由于各种原因的相互作用，现在已经成为不适宜种植农作物的土地了；另一层意思是说，原本应该用来为农业发展服务的土地资源被用作他途，使得耕地面积减少了。建设占地、生态退耕、农业结构调整以及灾毁耕地是导致耕地减少的四个主要因素。不论是以上哪种情况，都会直接造成农业用地的数量减少。尤其是，20 世纪 80 年代以来，在工业化、城镇化快速推进的冲击下，大量的土地都用来进行城市建设，耕地的减量大于耕地的增量，工业化过程中建设用地的增加速度超过了新增耕地的增加速度，耕地被占用成为中国农业面临的一个较为突出的问题，中国耕地面积逐年减少已成必然趋势。图 2.7 和图 2.8 分别显示了 2011—2015 年全国耕地面积变化及增减情况。有数据显示，1980—2003 年 23 年间全国净减少耕地 522.9 公顷，年均减少约 22.73 万公顷，年均减少 8.77％。这 23 年的减少量是 1980 年耕地面积的 3.8％。[①]

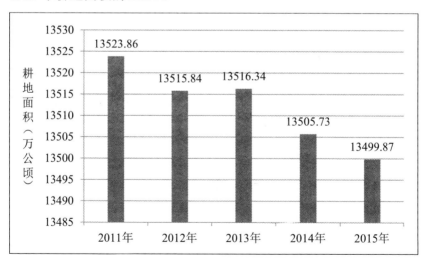

图 2.7　2011—2015 年全国耕地面积的变化情况

资料来源：国土资源部网站公布的《2016 中国国土资源公报》。

---

① 李周：《中国农业改革与发展》，社会科学文献出版社 2017 年版，第 162 页。

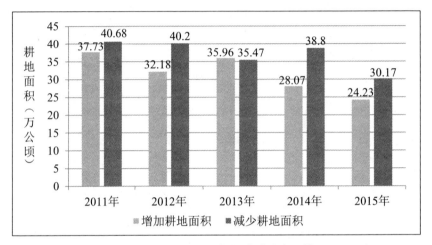

图 2.8 2011—2015 年耕地增减变化情况

资料来源：国土资源部网站公布的《2016 中国国土资源公报》。

　　由城镇规划不合理而导致的土地资源浪费，是一个值得注意的问题。城镇化建设进程会对农业安全产生非常重要的影响。城镇化建设是现在和未来一段时间，我国社会建设的重要工作任务，越来越多的地区都在大力进行城镇化建设。这样的做法无可厚非，毕竟所有地区都希望能够跟上国家发展的步伐，为民众提供更好的生活。可是说到城镇建设就应该考虑规划布局的问题，不能随意开展各种建设、建造服务设施，应该在认真考查论证的基础上，再进行相关建设。目前，城镇化建设速度过快，太多的地方只希望能尽快收到城镇化建设的成果，而忽略了在开展建设过程中的质量问题。因此，在城镇化建设中本应该认真思考论证之后再确定规划方案，现在为了追求高速，也尽量省略了。规划的不合理不仅会造成资源浪费，还会给未来的发展带来许多问题。在现在的很多城市里都存在着一些烂尾工程，这些建设一半的工程建筑空置在城镇中，不管是任其继续空置，还是干脆拆除，空出这些地域，都会继续造成资源的浪费。同时，许多城镇建设都占用了土地资源，这些土地中有很大一部分都是可利用的耕地或林地资源，这种资源的浪费也会造成土地资源的减少，给农业安全带来不稳定的因素。

18亿亩，是我国根据国情测算出的耕地面积红线，低于这个红线就会对农业安全构成威胁。而现在摆在我们面前的问题是，虽然国家一直强调耕地数量的重要性，但是耕地资源还是在减少。相对而言，工业用地和商务用地都呈现出上涨趋势。土地的总数量是固定的，尽量合理地运用有限的土地资源，才是对土地的一种保护，不然任何错误的使用都会造成资源浪费。

（二）土地品质下降

由于耕地总面积不断下降，单位面积的耕地就需要产出更多的粮食，这样才能处理好粮食供应和土地减少的矛盾。由于过度要求单位面积的粮食产量，导致一方面要加强土地的重复使用率，一年中使用各种技术达到多种多收的效果；另一方面就是使用化肥、农药等化学药品，以减少虫害的发生，达到产量增加的目的。可是这两种方法，都会严重伤害土地资源品质。土地是需要恢复期的，过度种植和使用会让地力逐渐下降，化肥农药的长期侵蚀也会影响土地质量。但是，目前化肥的滥用导致了土地板结和贫瘠，土壤质量普遍下滑，无法为优质农业提供支持。

（三）土壤质量大不如前

当前我国的土壤质量明显已经不如以前，在国家不断发展进步的同时，我们的经济、社会都有了很大的改善。可是工业进步也带来了许多问题，工业污染就是工业进步的最重要"附属品"。污染物质的排放直接影响了生活环境以及生态环境。首先，污染物的排放本来就应该经过严格的控制，在对污染物进行过滤净化之后，再进行排放才是正确做法。但是现实中污染物排放并没有按照相应规定来进行。其次，还有一些工业废物也存在随意堆放的情况，这直接占用了土地，不仅会减少土地数量，而且长时间的堆放也会将有害物质，或是废料里的重金属慢慢渗透到土壤中，这就直接损害了土壤品质。另外，随着城镇化的不断发展，城市垃圾也处于不断增长的状态。在农业生产的过程中，也会存在伤害土壤品质的情况。正如前文所说，我国在农业生产中普遍使用化肥比较多，而且化肥的使用没有讲究科学性，因此，在进行农业生产的过程中，这些不当行为都给土壤带来了很多伤害，会直接影响地土壤质量。

　　水土流失、土地沙化是我们很多年前就已经不再陌生的生态问题。这些问题和土地都有十分直接的关系。土地生态恶化不仅会影响到土壤品质，而且严重的时候可能会直接导致可利用土地的流失。从这样的角度看，土地资源面临的生态问题不仅会影响土壤质量，而且当质量下降到一定程度时，土地资源的数量也会随之发生巨大改变。虽然目前，大家对于土地资源的重要性，以及现在存在的问题都有了明确的认识，但悲观的是，土地生态系统的恶化还在加剧。国家林业局于 2009—2010 年组织相关部门开展的第四次全国荒漠化和沙化监测调查结果表明，截至 2009 年底，中国荒漠化土地面积为 262.37 万平方公里，占国土总面积的 27.33%；沙化土地面积为 173.11 万平方公里，占国土总面积的 18.03%。①从图 2.9 的饼状示意图中，我们可以清晰地看到，2009 年我国荒漠化和沙化土地的总和在国土面积中的占比情况，已接近国土面积的一半。在这样的情况下，我们只有通过各种努力，把这些不可利用的土地转变成可利用资源，这样才会使农业用地的紧张状况得以缓解。另外，各种对于土地资源的伤害以及浪费，都会使土地所面临的困境更加突出。我们只有通过各种努力，把这些不可利用的土地转变成可利用资源，才能使农业用地的紧张状况得以缓解。另外，各种对于土地资源的伤害以及浪费行为，都会使土地所面临的困境更加突出。

---

①《中国荒漠化和沙化状况公报》（2011），见国家林业和草原局、国家公园管理局网站，http://www.forgestry.gov.cn。

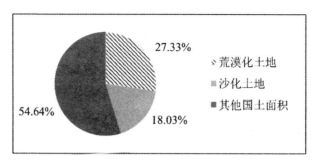

图 2.9　2009 年我国土地荒漠化和沙化情况占比示例图

资料来源：《2011 年中国荒漠化和沙化状况公报》。

二、水资源质量堪忧

谈起农业问题，土地资源和水资源都是不可缺少的重要元素，农业发展必须要依靠水资源，农作物的生长离开水都无法生存。就目前农业发展情况来看，农业用水量占了整体用水量的大部分，这足以说明水资源在农业中的重要位置，水资源安全问题是保障农业安全的重要因素，也是保障全社会用水安全的坚实基础。目前，水资源的不合理运用情况比较多，在农业生产的过程中也是如此，水资源的安全问题需要关注。

（一）淡水资源匮乏

我国虽然地大物博，但在水资源方面却相对紧张，已经被列为全球 13 个人均水资源贫乏的国家之一，整体水资源表现为总体不足，利用率较低。当前我国淡水资源总量仅有 2.8 万亿立方米，占世界淡水资源总量（约为 43.4 万亿立方米）的 6.5%，人均淡水资源占有量只有约 2121 立方米，仅为世界平均水平的 29.5%。[①]目前我国农业用水量约为 4000 亿立方米，占全国用水量的 78%，尤其是长江以北地区耕地占全国的 65%，而水资源只占全国的 20%，黄

───────

① 傅晨：《中国农业改革与发展前沿研究》，中国农业出版社 2013 年版，第 238 页。

河灌区灌溉渠系的水利用系数只有 0.42 左右。目前我国平均每年缺水量为 358 亿立方米，其中农业缺水 300 亿立方米，占总缺水量的 83.8％，旱灾面积约达 0.28 亿公顷，主要集中在西北和华北地区。[①]淡水资源的需求量会越来越大，但是我国目前的淡水供给量却不断减少，而且其剪刀差已经开始显现，如果我们再不有所作为，淡水的问题一定会对我国农业产业造成严重影响，进而威胁到农业安全。

（二）水资源严重浪费

目前，我国农业的集约化管理还有很多不到位的地方，管理缺乏科学性和系统性，因此，水资源的利用率比较低，在农业生产的过程中，水资源利用最多的环节就是灌溉。这就对灌溉技术提出了很高的要求。传统的农业生产过程中，灌溉方式采用的也是比较粗放的方式，这种方式可以说在中国几千年的农业发展中被传承了下来，可是具有历史性不代表就一定是没有错的事。如今，效率尤为重要，特别是在人口众多、资源又稀缺的情况下，能够提高资源利用率，也是对资源进行保护的一种措施。地球虽海洋众多，但可以利用的淡水资源却十分有限。农业用水也必须是用有限的淡水资源，农作物的生长也需要淡水。因此，粗放地使用淡水来灌溉农作物，会严重降低水资源的利用率，对农作物的成长也无法做到细致的照顾，这对于水资源和农作物来说，都是一种资源浪费。有数据显示，由于灌区工程不配套、灌溉管理粗放式经营等因素，我国农业灌溉平均每亩用水 488 立方米，农灌用水利用系数仅 0.43，而许多发达国家已经达到 0.7—0.8。[②]渠灌区水的有效利用率只有 40％左右，井灌区也只有 60％左右，而一些发达国家的灌溉水有效利用率可达80％。科学技术的发展带来了新的灌溉方式，使得农业技术的发展迎来了新的机遇。目前，我国在应用这些新型灌溉技术方面还存在

[①] 王国敏：《中国特色农业现代化道路的实现模式研究》，四川大学出版社 2013 年版，第 3 页。

[②] 水利部：《我国水环境问题及对策》，《水利部简报》第 21-23 期，2003 年 3 月 5 日。

一些问题，资金和技术短缺都是造成新的灌溉技术没能很好推进的主要阻碍。所以，在水资源浪费这方面，我们还要再投入更多的实际行动，才能改变现状。

（三）水质差，水位下降

我国的水质正在逐渐变差，地下水位大幅下降。从总量上来看，我国地下淡水资源占国家水资源总量的 1/3，自改革开放以后的 40 多年来，每年的地下水开采量高达 25 亿平方米，全国有 400 多个城市同时在开采和利用地下水，这使得地下水在城市中的淡水用水总量达到 30％以上，某些地区如西北、华北地区高达 70％。

由此可见我国对于地下水资源的依赖程度。但是，在开发过程中注意到，对于地下水的利用方面不甚科学，多年来全国各地都存在地下水大量超采的违规现象，这也造成了地下水污染状况，引发了一系列的自然生态问题，为地下水体系的健康发展带来巨大压力。并且，由于水资源的过度使用和浪费，导致地下水位大幅度下降。由此，会带来一系列的后续问题。地下水位下降，会让地表植被不能更好地吸收水分，造成地表植被退化，由此就会使土地沙化的可能性增大，这对于土地资源也是一种伤害。华北平原地区由于地下水严重超采，致使地下水位平均每年下降 1 米多，渤海湾地区因地下水位下降，已有 1450 平方公里地区受海水入侵的影响。[①]同时，城市的不断扩建，也造成了城市用水的增加，人民生活用水肯定也必须是淡水资源，在日常生活中，水资源的浪费现象也比较多，这些浪费也都会增加水资源的压力。我们还要看到，人类进步和发展不能没有工业，工业用水量也是非常庞大的。由于供水量无法满足需求，必将会导致对于地下水更过度地开发，然而过度开发地下水，又会造成一系列的生态问题，这就形成了一个恶性循环。所以，最

---

① 李东发，李隆海，张秋英等：《我国农业水资源可持续利用面临的问题与对策》，《节水灌溉》，2001 年第 4 期。

重要的课题就是要如何更好地做到开源节流。一方面，非淡水资源的存储量很高，我们在考虑如何将这些非淡水资源通过各种技术转变成可利用的淡水资源，这还需要很长时间的努力；另一方面，也是最重要的一点就是要做到节流，这也是我们现在能做到，并且是对未来最有意义的可持续发展方式。否则，如果还是按照如此方式继续下去，在不久的将来，水资源的短缺会更加明显，同时它所带来的问题也会更加突显出来。

水质问题也是近代工业化带来的一个难题。在污水处理这方面，我国目前做得还很不到位。不论是国家监管，还是排污企业本身，都还有很多欠缺，没有尽到应有的责任，使得污水治理问题一直都在影响人们的生活。在很多地方，城市饮用水和农业用水都来源于同一个水源地，对水源地的保护不到位，致使水源被废水污染的情况时有发生。这不仅造成了很大的浪费，同时对农业和人民生活都会构成十分恶劣的影响。我国目前仅污水灌溉面积就比 20 世纪 80 年代增加了 1.6 倍。《2011 年中国环境状况公报》显示，我国七大水系的 469 个水质监测断面小重点流域地表水体有机污染普遍，IV-V 类和超过 V 类水质的断面比例，分别占 25.3％和 13.7％。在农村，目前有 34％的农民（3 亿多人）饮用不合格的水，农村饮用水符合饮用卫生标准的比例仅约 66％[①]。水污染总体正从东部向西部发展，从主流向干流延伸，从城市向农村蔓延，从地表向地下渗透，从区域向流域扩散。国家监管不到位，处罚力度不够，使得污水排放问题没有得到足够的重视，过低的违法成本也纵容了污水违规排放现象的发生，这些都会对我国的淡水品质造成影响，同样也会直接影响到农业安全。

---

① 杨东平：《2006 年：中国环境的转型与博弈》，社会科学文献出版社 2007 年版，第 12 页。

三、气候变化异常

　　农作物生长离不开土地和水，除此之外，气候条件也是非常重要的一个因素。在气候条件恶劣、自然灾害频发的地区，农作物的生长情况普遍不太乐观，不论是产量还是质量上都会受到相应影响。气候条件是由许多因素共同构成的一个综合体，光、热、风等能量资源和物质都对气候形成有重要影响。任何一项的过量或不足，都会形成一个气候灾害，从而直接影响农业安全。我国的地域辽阔，气候条件复杂多样，由此带来的，就是我国已是世界范围中自然灾害比较严重的国家之一，而且自然灾害种类较多。这些都会对我国的农业安全产生十分严重的影响。特别是在近现代工业化不断发展的过程中，对于自然环境的破坏加剧，使得各种生态系统、自然环境都发生了重大变化，农业安全要面临的问题也就越来越多，越来越复杂。

　　虽然我国一直在强调要努力提升农业生产、销售等方面的技术水平，以减少对气候等不可控因素的依赖，但是就我国目前情况来看，在农业方面，我国的各项农业技术还都存在漏洞，与先进的农业技术相比，存在很大差距，因此，"靠天吃饭"这个事情，现在我们还无法摆脱。据统计，从 1949—2009 年末，我国平均每年农田受灾面积超过 2000 万公顷，其中成灾面积为 867 万公顷。受灾面积由 20 世纪 50 年代的平均每年 2500 万公顷上升为 2000 年之后（2000—2009 年）的平均每年 4682 万公顷，成灾面积占受灾面积的比例也由 50 年代的 42％上升到 56％，因自然灾害全国年均损失粮食达 2000 多万吨。[①]由于气候对农业安全产生的这种大范围影响，再加上气候是农业生态安全中的重要组成部分，我们必须正视气候环境中存在的问题。

---

① 曹宝明等：《中国粮食安全的现状、挑战与对策》，中国农业出版社 2014 年版，第 59 页。

（一）气候变化使农业安全的不确定性增加

气候变化最重要的影响不仅是会带动某一种气候因素消失或增加，而且会让整个生态系统都发生相应变化，形成新的生态循环系统，这种循环有可能会形成一个好的循环，然而更多情况下，这种新的循环系统都是对于人类生活和农业生产不利的。比如，气候变化会让温度变化的程度加剧，有的地区可能会出现更加寒冷的气温，而有的地区却会出现高温不降的情况，在这两种情况下，人类生存都很困难，甚至有很多人无法安全度过温度异常期，对于农作物来说就更可怕。相对于人而言，农作物的适应能力就更弱了。此外，气候变化也会对水资源的分布情况，对于降水量的多少和时间长短都会产生影响。一方面，降水量分布不均的趋势加剧。我国的地域比较辽阔，南北跨度比较大，纬度分布也是比较复杂的。高纬度地区气候变得干热，地表植被生存困难，使得农作物的生存条件也变得更加恶劣，地表植被的减少会使土地沙漠化情况更加严重，沙漠化面积也会逐渐扩大，同时若降水集中程度加剧，在没有植被覆盖的土地上，暴雨的来临无疑会让水土流失情况加重，这样，整个生态系统都会受到影响。另一方面，气温升高会使海平面上升，引起土地的盐碱化。目前，全球的气温升高已经成为众所周知的事情。气温升高最直接的影响就是对地球冰川的融化起到了推波助澜的作用。我国有很长的海岸线，沿海城市非常多，海岸线的上升会使海水发生倒灌情况，海水会直接使土地盐碱化程度加重。我们都知道土地的酸碱性对农作物的生长非常重要，盐碱化土地是无法种植任何农作物的，所以，海平面上升会直接影响沿海土地质量，并且随着海水倒灌程度的加剧，内陆地区的土地质量也会面临相应的威胁。

（二）温室效应让生态系统的情况更加复杂

自从国家进入了现代化建设期，工业的发展可以说是发生了巨大变化，由于工业发展的进程过快，导致环境污染的情况增多，还有一些温室气体的排放量逐年增多，如二氧化碳等，这些温室气体的大量排放、累积，造成温室效应情况加重。此外，城镇化和工业化建设使得森林面积不断减少，取而代之的是城市和工厂，这样就使被排放的大量温室气体无法得到吸收、转化，随着温室气体累积的不断增加，温室效应的情况会更加严峻。除去前面所述，气温上升会引起各种生态变化之外，温室效应也会让影响农作物生长的病虫害增加。许多病虫害得以控制是通过严寒的冬天来实现的，现在我国的冬季，寒冷的时间越来越短，这样就无法让病虫害的发生和蔓延得到有效的阻止，这样就会使各种虫害和鼠害的发生概率、发生范围以及有可能会产生的破坏力都有所增加，严重影响农作物的生长，从而直接影响粮食产量和粮食品质。

（三）臭氧层破坏降低了农作物的保护程度

臭氧层是地球的一个重要保护伞，它可以吸收太阳大部分的紫外线辐射。然而，随着工业化的不断推进，臭氧层也面临着前所未有的灾难。臭氧也是一种温室气体，但它与其他温室气体还存在很大不同。它不仅可以对地球上的生态系统产生影响，还可直接保护人类的健康。现在，臭氧层的减少已给人类的身体健康带来了最直接的影响。目前，由于自然气候中各种辐射的增加，再加上臭氧层的减少，身患皮肤癌以及眼睛健康出现问题的人越来越多，这些都与臭氧层无法发挥保护作用有关，这是对于人类健康的直接影响，对于农业的影响也是如此。相关实验表明，当臭氧减少25％时，大豆产量会减少20％—25％，大豆中的蛋白质和植物油的含量则分别下降2％和5％。[1]臭氧层被破坏后，紫外线等各种辐射对于各种生物的破坏力都是巨大的，因此，农作物的生长安全也就无法得到很好的保护。

---

[1] 邓远建：《农业生态保护与食品安全学》，湖北人民出版社2014年版，第179页。

四、生态资源形势严峻

在农业生产的过程中，能源消耗是必不可少的事情，特别是在现代化发展如此快速的今天，我们更多地运用了现代化的大型机械或化学物质来帮助实现农业更大范围、更高效率的生产，所以，能源消耗也成为农业生产过程中的必需品。除此之外，生物资源的减少以及外来物种的泛滥，对农业生态安全也会产生不可估量的后果，直接威胁到农作物的健康生存和延续发展。

（一）能源问题引发粮食安全危机

能源和农业生产，看起来是互不影响的两个方面，在现代农业的发展下，农业生产离不开能源的大力支持。过去单纯依靠人力、土地来完成的农业劳作，产量太低，也无法跟上当今时代的步伐。因此，在现代农业的发展进程中，能源的大量供给是必不可少的。可是在现实社会中，能源是非常紧缺的资源，不光农业生产需要，社会生产的方方面面都离不开能源消耗，这就产生了能源供需紧张的问题。在农业生产过程中，农药、柴油等对能源的依赖性非常强，在能源供需紧张的情况下，能源价格上涨是不可避免的，因此，随之而来的必然是这些农业生产的必需品价格的上涨，这无疑会增加农业生产的成本。

目前，全世界都知道能源是非常重要的，而传统能源却是有限的，因此，为了避免再次出现能源危机，各国都在积极开发新能源，通过提供一些环保、可再生的新能源而使得能源供给能继续稳定下去。在农业生产中，我们知道有一些农作物属于能源作物，在能源需求如此紧俏的情况下，很多农民开始转而种植能源作物，毕竟耕地数量是有限的，为了提供更多的能源作物，只能抢占粮食作物的种植地，这就会对粮食作物的生产量产生重要影响，导致粮食的减产。同时，大面积地种植能源作物，也会改变农业结构，破坏农业生物的多样性。能源作物的生长也会使用大量的农药、化肥和杀虫剂，这些化学物质的过量使用，也会对生态环境产生破坏，在自然环境恶劣以及人为操作的双重作用下，粮食作物的生产供应必然会受到十分严重的影响，从而威胁到农业安全。

（二）农业生物资源影响农业多样性

农业生物资源是指可用于或有助于农业生产的植物资源、动物资源和微生物资源等。在现在各种生存环境状况都下降的情况下，这些生物资源也面临着巨大的生存压力。在我国，广阔的地理环境和生态环境下生长着特别丰富的生物资源，但我国优质的生物资源正面临着向外流失的风险。比如，世界上90％的野生大豆资源分布在中国，但很多原产于中国的野生大豆资源被美国的公司窃取，成为其专利产品，然后回到中国抢占市场。[①]这样事情还有很多，我国许多优质生物资源的外泄，一方面，使我们的农业市场成本提高了；另一方面，优质资源的流失严重损坏了我国农业生物的多样性。此外，还有很多外来生物物种的入侵严重损害了我国的生态系统。外来生物是指一些本来不在本地区生长但通过各种方式而进入本地区，使得本地区的生态系统受到严重威胁的生物品种。现在，我国有许多外来物种，这些外来物种由于没有天敌，就会无法控制地成倍增长，甚至有些物种对于本土生物具有很大威胁，它们的存在会影响到本土生物的生存发展，给整个生态系统、人类健康以及经济发展都带来很大危害。对于优质生物的流失和外来物种的入侵，我们应该加强监管力度，严格控制各物种的出境、入境。同时，加大对生态系统的监管，一旦发现危害生态系统的外来物种，应及时加以控制，避免造成更大威胁。现在这些管理措施还有很多不到位的地方，部门的配合也有待加强，各个环节的衔接也存在很多问题，而这些都是我们的管理部门在未来一段时间里需要认真思考并切实加强的工作。

---

① 邓远建：《农业生态保护与食品安全学》，湖北人民出版社2014年版，第80页。

第三章　我国农业安全问题原因探析

我国的农业安全问题具体表现为粮食安全、农产品质量安全、种子安全和农业生态安全等。导致农业安全潜在风险的因素十分复杂，既包括国际主体之间在交互作用过程中产生的风险，也包括国内各产业、经济主体、利益主体对于农业基础作用诉求变化而产生的风险。导致农业安全风险的因素有诸多方面，在国家治理方面体现为缺乏战略意识。当前，部分官员以及国民对于农业安全的认知水平相对较低，尚未从战略高度把握农业安全的发展方向。同时，随着社会的进步、经济的发展、人口的增多，一方面农业产业的压力空前巨大；另一方面农业产业正在逐渐失去吸引力，农业生态不断恶化，农业安全发展的未来充满不确定性。概括来看，我国农业的自主性正受到威胁，其竞争力不足，信息化水平低，投入资金和技术不多。从农业安全体系的角度上看，我国关于农业的法治建设水平不高，法治化发展进程缓慢，未形成有效的法律监管体制，对于农业安全的法律监管能力不足。农业安全问题的背后，究其实质而言，就是对国家治理体系和国家治理能力的挑战，解决农业安全隐患的主要推动力和主要主体是政府，需要其通过提高认识，平衡供需，推行法治，加强监管，实现农业安全。

第一节　农业安全治理缺乏战略意识

中国经济发展进入新常态之后，作为国家经济安全重要组成部分的农业安全也面临着新的挑战。[①]但是，在农业安全这个课题上，我们的重视程度还远远不够，对于农业安全的关注还需要进一步加强。这既与时代发展有关，也与农业安全主体的认知能力和水平有关。国家治理现代化主体包括政府、企事业单位、各社会团体、国民等，农业安全责任主体对于农业安全的态度在很大程度上影响了农业安全问题的解决。

一、国家层面上的态度

农业作为国家的第一产业，对国家的经济发展具有举足轻重的作用。国家对于农业重视与否可以影响全社会对待农业的态度，在一定程度上为其他主体对待农业的态度定下了主基调。由于特定的发展历程，在过去很长一段时期里，我国对于工业的发展给予了足够的关注，客观上对于农业的关注度不够。在农业安全政策的落实层面上，政府对于农业支持的重视程度不够，与我国农业安全的需求相比还不相匹配。同时，在国家层面上，我们对于农业安全把握的视野不够宽阔，没有上升到国际竞争和国内外两个市场的宽度。

（一）国家层面上，重工轻农的思想普遍存在

工业革命以前，农业作为传统的行业在历史上占据着十分重要的地位，各国的执政阶层均关注农业产业的发展。工业革命以后，农业对于社会的贡献受到工业的挑战，其主体地位不断下降。第三产业得到巨大发展之后，农业在国民经济当中的比重再一次被压缩，农业的基础性地位虽然得以保全，但是其得到各国政府的关注度却在下降。近现代以来的中国，在拥有上述共性的同时也有自己的特殊性，其对于工业的重视程度更高。

工业、农业、国防、科学技术"四个现代化"是建设社会主义

---

① 李立辉，曾福生：《新常态下中国粮食安全 面临的问题及路径选择》，《世界农业》，2016 年第 1 期。

现代国家的伟大目标和基础，是新中国成立以后，针对中国发展现状和国际竞争的基本态势而提出的伟大目标，即"两个一百年"的伟大目标。农业现代化建设是"四个现代化"的重要方面，但是与其他产业和目标相比，中国农业的现代化水平仍相对滞后。[①]农业作为基础性产业对国民经济的影响十分巨大，但是，我国由于历史和现实的原因，对于农业的作用认识不够深入。因此，到目前，重工轻农的局面还没有得到完全扭转。重视工业发展对我国来说有一定的历史原因，过去很长一段时期里，我国在国际上都属于落后国家，由此而带来的最直接的影响就是无法保证国家的主权安全。为此，我们付出了很多努力，在工业发展上花费了相当多的精力来努力提升国力。大力发展工业，推动国家经济进步，成为一段时期内国家的主要工作任务。我们加大了对工业的扶持、帮助，却减少了对农业的关注。

（二）对农业支持的重视程度不够

新中国成立以来，尤其是改革开放以来，我国政府在国家治理的过程中对于农业的关注较多，改革开放之初，中央一号文件曾连续 5 年（1982—1986 年）均以农业改革为主题；进入 21 世纪以来，中央一号文件又连续 14 年（2004—2017 年）聚焦"三农问题"，这些均彰显了农业的重要地位。[②]可见，农业作为国家的第一产业，其重要性得到了国家的认同和肯定。但是，在具体的落实层面，时至今日，轻农思想依然存在，国家在落实"农业重要性"的问题上，尚未给予充分关注。虽然"三农"问题早已提上了国家的议事日程，但整个社会对农业的支持、帮扶仍然有限，因此，农业的重要性还是无法得到充分体现。

---

① 朱信凯，张晨，杨晓婷：《习近平农业思想及十八大以来的实践》，《经济社会体制比较》，2017 年第 5 期。

② 朱信凯，张晨，杨晓婷：《习近平农业思想及十八大以来的实践》，《经济社会体制比较》，2017 年第 5 期。

以农业支持为例，从国际比较看，2007—2009 年，中国农业支持总量年均为 878 亿美元（以美元计算，下同），仅次于欧盟（1478 亿美元）、美国（1092 亿美元），高于日本（519 亿美元）、韩国（224 亿美元）的支持水平。相对而言，中国农业总支持率平均为 2.05%，低于土耳其（3.5%）和韩国（2.4%），但高于美国（0.7%）、欧盟（0.9%）、日本（1.1%）等发达国家和地区。但是，这种支持水平与中国人口对于农业的需求不相匹配，我们对于农业的重视、对于农业安全的重视仍没有得到充分的落实。

（三）农业安全的国际视野不够

当前，农业安全的竞争已被各国政府所重视，西方国家已经将农业安全纳入了国家战略的高度。而我国，对统筹利用国际和国内两个市场和资源战略的认识仍有待深化，缺乏对农业安全国际化战略的规划和管理。[①]在推进农业国际化视野的进程中，如何对待国际竞争、国际市场的态度及其方法和策略是我们需要思考的问题。我国缺乏农业安全的国际视野还表现在对外开放的态度上，突出表现在对待国际市场、国际竞争的态度上。在农业对外开放的问题上，我国政府有两种态度，一是强调对国外进口持排斥和疑虑态度，这种观点认为，我国农业需求迅猛增长所带来的市场和利益应当由本国人民所分享，而不是把这种机会让给其他国家和主体；二是自信心不足，认为我国农业基础薄弱，农业发展水平低，如果参与国际竞争，那么，给我国带来的可能是全面失控的风险。深究其本质，这两种观点其实是对我国农业发展的基本情况缺乏明确的认知，对于农业国际竞争和合作发展规律的把握尚待进一步深化，没有从根本上把握农业安全的独立性与国际间竞争与互补之间的关系。

由于国际化战略并不明确，目前，我国农产品在国际竞争当中

---

① 程国强：《中国农业对外开放：影响、启示与战略选择》，《中国农村经济》，2012 年第 3 期。

所处的地位仍然存在很大风险，一方面，我国农产品国际化战略竞争机制亟须建立和完善。虽然我国农产品的进口规模呈现逐年扩大的态势，农产品国际关系十分紧密，但我国仍然没有有效利用国际农产品市场和国际农产品交易规则，仍未有效建立起农产品风险抵御机制，资源密集型的农产品进口问题凸显，既没有稳定的供货渠道，也没有形成影响全球的农产品供应链，从而难以规避日益频繁出现的农产品供应风险。另一方面，我国是农产品进口和消费大国，但是在国家层面上缺乏对于国际化话语权的认识。虽然我国已经成为世界上十分重要的农产品贸易大国，但是我国仍然没有农产品交易的定价能力，甚至缺乏对于农产品定价权重要性的认知，最终的后果就是国内市场和企业要为国际农产品价格的剧烈波动付出巨额代价。

由于我们在农业安全方面的国际化视野不足，我国在种子安全问题上受制于人。目前，我国市场上，重要的农作物种子都是由西方国家把持。我国国家层面上对于种子培育、遴选、创新和推广的保护不足。西方国家有将种子作为武器讹诈中国农业的观点和声音，这些声音应当引起政府相关部门的重视，并应将包括种子安全在内的农业安全提升到国家战略的高度，从国际竞争、国际贸易、国际交流的视野加大农业安全问题的解决力度。

二、政府官员对于农业安全的认知水平

马克思主义哲学思想认为一切问题归根结底都是人的问题，一切问题的解决都要从人的角度着眼。政府官员思想认识是否深刻，对于农业安全的影响十分深远。政府官员对于农业安全的认知水平表现在很多方面，其中对于农业安全影响最为直接的有两个方面，一是官员对于政绩观的认识，二是官员对于发展观的认识。这两种认识的结果可以直接作用到政府官员对农业安全观的认识上，不正确的政绩观和发展观会导致官员对于农业安全观念的认知缺失，或

者其虽然认识到农业安全问题，但是在落实层面也会大打折扣，最终导致农业安全问题得不到有效的处理和解决。

（一）政绩观的认识

所谓政绩观就是对政绩总的看法和根本观点，主要包括：为谁创造政绩、依靠谁创造政绩、如何创造政绩、怎样衡量政绩等内容。[①] 实现好、维护好、发展好最广大人民的根本利益是习近平同志的政绩观价值目标。[②] 由此可知，为谁创造政绩和如何衡量政绩是政绩观的主要内容之一。在过去的很长一段时间里，政绩衡量标准上还存在唯 GDP（Gross Domestic Product，GDP）论和"为上级领导创造政绩"等认识误区。

第一，GDP 是政绩观唯一的衡量标准。在过去的一段时间里，我们对于官员政绩的考查主要是看 GDP。对于官员进行政绩考核的出发点本来是非常好的，是对于官员严格要求的一个表现。但是，当 GDP 成为政绩考核的硬指标时，事情就开始出现了偏差。相对于工业来说，发展农业所能创造的 GDP 显然是不足以抗衡的。此外，农业生产还有周期长、见效慢的特点。很多官员为了快速体现政绩优势，会选择更多地支持工业，而减少对农业的帮扶。这样的做法无疑是在助长重工轻农局面的延续。不仅如此，部分地区的工业已经发展成为当地重要的经济产业生产，当这些工业出现违规操作、违法排污时，地方保护主义的思想会指导这些官员对其"网开一面"，这样的做法直接纵容了违法行为的继续，一方面给整个社会带来了错误的示范；另一方面违规排污也会直接影响生态环境，从而影响农业生态，给农业安全埋下更多的隐患。这些都是应该坚决摒弃的。由此，官员若思想认识不到位，在错误的政绩观的引导下，错误地运用自己手中的权力，会直接影响农业的安全发展，给农业的未来

---

① 于伟峰，孙兵兵，王军：《论习近平的政绩观》，《大连干部学刊》，2014 年第 3 期。
② 白凯，张智：《论习近平的政绩观及其价值》，《学校党建与思想教育》，2018 年第 4 期。

带来更多的不确定性。

第二，在"为了谁"的问题上，认识误区是唯上不唯实。唯上政绩观是指，为了得到上级领导的肯定，不惜一切代价和手段，搞"官观工程""路边工程""面子工程"，将"官本位"的意识融入政绩观中。中国共产党是最广大人民根本利益的代表者，党领导下的政府也应当维护和实现最广大人民的根本利益。官员开展工作的出发点和归宿都应当建立在人民利益的基础上，脱离人民利益的政绩观不是马克思主义的政绩观，因而是错误的。唯上政绩观带来的问题很多，其对农业安全所带来的影响主要体现在以下几个方面，首先是农业安全政策体现的不是科学的、客观的、真实的现实需求，而是上级领导想听的、想要的、希望采取的政策，两者之间的差距显而易见；其次是在这样的观念引领下，政府官员在推行农业安全政策、落实农业安全制度和措施时，更多考虑的会是上级领导的想法，而忽略了人民群众，尤其是广大农民的真实想法，损害了广大农民的利益，给农业安全发展造成了严重威胁。这样就严重背离了习近平总书记始终强调的：树政绩的根本目的是为人民谋利益。[①]

习近平总书记强调，树立正确的政绩观就要实现政绩观与科学发展观的协调统一，真正做到政绩为了人民、政绩依靠人民、政绩成果由人民共享。树立正确的政绩观，为政绩观找到科学正确的理论出口，提高广大执政官员的农业安全的意识，是实现农业安全的现实有效途径。

（二）发展观的认识

习近平总书记"两山论"的绿色发展观（绿水青山就是金山银山）是我们追求人与自然的和谐、坚持经济与社会的和谐的宗旨，践行国家治理现代化的和谐价值，就是既要绿水青山又要金山银山。特别是党的十八大以来，习近平总书记多次阐述这一理念：绿水青

山就是金山银山，保护环境就是保护生产力。[①]同时，在国民经济发展到当前的历史阶段，过去那种以资源投入型、资源破坏型、生态掠夺型为主的发展模式已经不再符合当前的发展形势和理念，从"黑色发展"到"绿色发展"的转型才是建设中国特色社会主义的根本出路。[②]

习近平总书记的绿色发展观是马克思主义理论发展的结果，是对当前中国所面临问题的科学总结，也是解决办法，然而，政府官员对发展观的认识和改变绝非朝夕之功，目前，各级政府官员的绿色发展意识虽有提升，但是囿于种种原因，其仍没有意识到绿色发展的重要性，农业安全尤其是农业生态安全的发展仍面临挑战。

第一，对"发展"认识的单一化。政府官员错误的发展观表现形式多种多样，其中最为常见的就是对于发展的认识和理解比较单一，在衡量经济发展的指标考核上也相对单一，一般而言仅仅是针对 GDP 的考核（前文已经有所论述）。发展认识的单一化必然会使政府官员缺乏全面考量，易忽略经济以外的其他因素，其中，最为主要的有：首先，在单一发展观的指导下，部分政府官员会忽略发展速度相对较低的农业发展方面，对农业的资源投入、科技投入、工作投入、市场投入等就会缩水，最终导致农业发展迟缓，粮食产量不达标，种子安全得不到保障，农业生态安全也无暇顾及，农业安全问题出现隐患。其次，发展单一化，也就是在片面强调发展速度的情况下，国家治理现代化所强调的和谐发展被放到价值第二顺位，甚至被认为是影响发展速度的因素，在国民经济发展过程中就会处在弱势地位，农业生态安全就会受到影响。

第二，对"发展"认识的孤立化。政治、经济、社会的发展是综合的发展，任何个体及某个方面的发展都会对全局带来影响。人

---

① 杨卫军：《习近平绿色发展观的价值考量》，《现代经济探讨》，2016 年第 8 期。

② 杨卫军：《习近平绿色发展观的价值考量》，《现代经济探讨》，2016 年第 8 期。

类与自然、社会与自然、人类史与自然史是统一的，是"历史的自然和自然的历史"的结合与统一。①孤立地看待发展就会割裂其与其他事物之间的联系，因而会对整个经济社会造成严重影响。我们的部分官员对于经济的发展认知难免处于孤立化的阶段，对于经济发展与其他因素之间的联系认识不足。这就直接影响了社会经济发展层面：首先是片面追求发展的速度，这一点在前面已经有所论述；其次是在处理经济发展与环境保护之间的关系上，片面追求发展的效果，而忽略了自然保护方面的要求，往往导致经济发展上去了，但是带来的社会危害也十分明显，给农业生态安全方面带来了严重隐患。

三、国民的关注程度

人民群众是历史的创造者，是主宰历史变革的力量。我们党和国家的事业要为了群众，也要依靠群众，习近平指出："人民群众是我们的力量源泉。我们深知，每个人的力量都是有限的，但只要我们能万众一心，众志成城，就不会有克服不了的困难；每个人的工作时间都是有限的，但全心全意地为人民服务是无限的。"②人民群众是社会发展的主要推动力，因此，人民群众的思想认识对于包括农业安全在内的社会发展的作用意义非凡。目前，我国国民对于农业安全的认知程度普遍是不够的，农业安全在全社会范围内并没有成为一个重要的话题，因而没有引起国民的广泛关注。国民对于农业安全的态度主要表现为认知程度不够，在学术领域内，有关农业安全的研究成果相对较少；优秀的企业对于农业、农村、农民问题的关注度也有待提高，与农业安全有关的优秀企业不多，而且这些企业也缺乏长远的持续的发展规划；普通群体层面，对于农业的了

---

① 王仕国：《五大发展理念与马克思主义发展观的新发展》，《求实》，2016 年第 11 期。
② 习近平：《人民对美好生活的向往就是我们的奋斗目标》，《人民日报》，2012 年 11 月 16 日。

解也不多，缺乏对农业安全的战略性认知，在推动农业安全发展上动力不足。

（一）学界对于农业安全理论关注度不够，成果较少

理论对实践的指导意义具有现实性，实践需要成熟的理论作为指导。刘林元在《关于理论与实践相结合的辩证内涵》一文中指出："没有理论的指导，实践不可能进行。"[①]推而广之，农业安全的实践需要成熟的理论作为指导，如果失去成熟、科学的农业安全理论的指导，农业安全的实践也无法进行。

当前，学界对于农业安全的内涵尚未形成统一的认识。目前学界有关农业安全的定义有很多，有的认为农业安全是农业自主性和竞争性的表达；有的认为，农业安全是农业质量的说明和诉求，应当将农业产业的质量列为农业安全的目标；有的则认为，农业安全主要是追求农业的可持续发展，凡是可以促进农业可持续发展的方法和措施都是正确的，反之，则是不符合农业安全价值标准的；有的认为，农业安全应更关注对外来势力的抵御能力。

学界对于农业安全的内涵并不统一，各有侧重，这体现出农业安全问题涵盖面非常广泛，包括粮食安全问题、种子安全问题、农产品安全问题、农业生态安全问题、农业的吸引力问题、农村的治理和稳定问题、农业的结构和效益问题等。但概念没有统一的认识将直接导致农业安全问题的分类和归属困难，有些问题是否属于农业安全所包含的内容无法确定，使得农业安全政策的抉择过程比较复杂，其所形成的目标结果是否符合实践需要也无法确定。

如何解决 14 亿人口的吃饭问题是摆在我国经济发展面前的头等重要的大事，如何确保和巩固粮食安全，推动我国粮食供应独立于世界其他国家和地区，不受任何外在势力的影响，需要理论界积极探讨并提出明确的发展方向；同时，我们更应当注重种子安全制

---

① 刘林元：《关于理论与实践相结合的辩证内涵》，《毛泽东邓小平理论研究》，2003 年第 2 期。

度理论的探讨，尤其是在国家治理现代化的背景下，应树立法治的价值理念，建立一整套种子安全体制，摆脱西方国家对于农业种子的垄断，为农业独立发展奠定基础；在追求粮食安全、农产品安全以及种子安全的过程中，如何构建和谐发展的机制需要理论界给出指导，从而平衡发展与自然之间的需求，实现农业生态的长远安全。以上这些问题还需要理论界作出探讨和回答，以完善国家治理体系，提升国家治理能力，助力实现国家治理的现代化。

（二）农业企业缺乏战略意识，技术和资金投入不足

我国与农业相关的企业很少，尤其是大型的农业科技企业更加凤毛麟角，这是多年以来重工轻商的结果，也是农业产业发展落后的表现形式，从长远上看，也会进一步威胁到农业安全。

第一，企业对农业产业认识程度不够。我国政府提出"走出去"战略，2008 年我国政府特别提出要"统筹利用国际国内两个市场、两种资源"[①]。这种战略提倡主要依靠企业自身的力量参与国际竞争，农业"走出去"的战略确定了"政府搭台，企业唱戏"原则，即在农业"走出去"过程中主要依靠的是企业自身，政府为企业提供必要的支持。[②]一些企业为了响应国家的号召，在缺乏对国际市场充分了解的前提下，参与到农业产业的国际化进程中来，造成自身发展受到影响。一些企业为了响应国家的"走出去"战略，在未对东道国的投资环境进行深入细致研究的情况下盲目投资，造成了企业损失。[③]也有部分企业，盲目扩张，缺乏长期发展的意识，在东道国大肆购买土地等，留下"殖民扩张"的印象，农业产业的国际化进程受到影响。也有一些企业为获得政府的支持，过度宣传和夸

---

① 仇焕广，陈瑞剑，廖绍攀，蔡亚庆：《中国农业企业"走出去"的现状、问题与对策》，《农业经济问题》，2013 年第 11 期。

② 白石，梁书民：《世界粮食供求形势与中国农业走出去战略》，《世界农业》，2007 年第 9 期。

③ 仇焕广，陈瑞剑，廖绍攀，蔡亚庆：《中国农业企业"走出去"的现状、问题与对策》，《农业经济问题》，2013 年第 11 期。

大在国外的投资，特别是购买土地的数量，[①]这不仅为中国企业在相关国家的发展造成了不良影响，也在国际上造成了中国"新殖民论"的舆论。

第二，农业企业缺乏长远战略意识。在我国，与农业产业有关的企业相较过去已经取得了长足的进步，在国际贸易和投资当中也有所表现，但是由于其对农业特点认识不足，缺乏对农业产业全局的把握，缺乏对农业发展规律的认知，进而缺乏战略管理的意识，致使其短视的策略过多，参与国际竞争的主动性不强。由于缺乏战略管理，部分企业存在短视行为，导致其对决定未来成败、影响全局但是见效较慢的项目关注度不足。以种子产业为例，由于种子的投入较大，风险也很大，多数企业参与种子研发的意愿不强。在"走出去"的战略执行当中，我国农业企业更加倾向于引进和购买已经成熟的种子成品，通过贸易的手段来赚取利润，而在知识产权层面涉及得较少。我国企业对于种子研发的重视程度不够，资金的投入相对较少，很难取得关键性的突破，有关种子的创新成果较少，在国际竞争当中处于劣势，很难打破西方企业的垄断，农业的持续安全发展受到挑战。

（三）普通群众关注度不高，农业吸引力下降

群众的关注本身既是群众的了解和认知程度的体现，也与事物发展呈现正相关的态势。群众了解的程度越深，事物向好的方向发展的可能性就越大，反之就越小。可见，群众的关注度对于农业安全发展具有十分重要的作用。但是，当前我国民众对于农业安全的了解程度普遍不高，关注度不大。

第一，个体认识不高。我国当前阶段，农业产业和农业安全作

---

① 张晶，周海川，张利庠：《农业"走出去"的经验分析、机遇和挑战》，《农业经济》，2012 年第 11 期。

① 何君，陈瑞剑，杨易：《中国农业"走出去"的成效及政策建议》，《世界农业》，2013 年第 1 期。

为国民经济的重要组成部分未引起国民个体的足够认识，即便农业从业人员对农业的认识程度也不高，因此，其对农业产业及其安全的关注意识、关注能力与相关问题的现实需要仍有差距。个体认识程度较低的表现主要有：首先，农业安全的内涵和表现形式未引起个体层面的关注；其次，农业产业的吸引力不足，优秀的人才从事农业生产的意愿不足，对于农业领域展现价值的认同感不强；最后，农业产业政策、形式、安全现状宣传教育不到位，个体认知渠道不通畅，无法形成正确的农业价值观念和责任感。个体认识程度相对较低直接导致农业安全发展所受关注度不够，动力不足，后劲较差，其现代化发展前景堪忧。

第二，群体意识不强。普通群众的关注力量是以群体的形式表现出来的，如果群体普遍认识到农业安全的重要性非同小可，整个社会对于农业的关注度就会高，就个体而言，就会在平时的工作、生活中更加关注该类事件，同时规范自己的行为。反之，国民关注度越低，其在日常生活中的行为也会越随意。农业安全是个听起来很高深的话题，对于百姓来说，谈论农业安全似乎很遥远。因此，群众对于农业安全直接的关注也会比较少，大家会对与农业安全相关的食品安全关注更高。每次出现食品安全问题时，大部分的人民群众都会指责无良商人的道德缺失以及政府工作的不到位，但是，很少会有人去反省自己的所作所为是否也会影响到这些安全问题。就拿农业生态问题来说，水资源过度开发以及浪费问题都会直接影响农业安全，作为普通市民，可以从自身做起节约用水，这也是为农业安全贡献力量。但是，目前来看，很多家庭还是没有做到节约用水。这就从一个侧面反映出当前人民群众对农业安全的认识程度还是远远不够的，因此，在未来的时间里，国家对于人民群众的相关思想引导还有待加强。

第二节　产业供需失衡

发展农业的最初目标和最终目的都是维护人类福祉,种植作物、生产粮食都旨在满足人类生存的需要。因此,探讨农业安全问题,不能忽略人口在农业方面所起的作用。当前,我国农业安全面临诸多问题,这些问题从根本上讲,都是因为无法满足人类需要而出现的。我国是人口大国,人口数量多是我国农业生产的优势,同时也对农业安全的发展构成了挑战。人口基数大,从事农业生产的劳动力应该相对来说比较充裕,这是对于农业生产十分有利的方面。但是,不可忽视的是,人口数量大也给农业生产带来了很大压力,造成了农业安全的一些困扰。

一、人口众多使农业供应压力增大

(一)粮食供应挑战大

正如前文所说,劳动力充裕可以帮助我们更好地开展农业生产,可是也表明,我们国家需要生产更多的粮食才能满足如此庞大的人口需要。当前,中国人口仍在增加,人口城镇化进程加快,人均收入水平持续增长,膳食结构升级,这些因素共同作用连年推高了粮食需求。2013 年,中国人口增至 13.6 亿,比 2000 年增加了 9000万人,人口绝对量增长增加了粮食消费;城镇化率达到 53.7%,比2000 年提高了 17.5 个百分点,城镇人口增加了 2.7 亿。[①]

第一,生活水平提高,需求多元化,对粮食供应的挑战增大。一般来说,城镇人口的膳食结构对粮食的需求更大,城镇人口虽然口粮消费少于农村人,但肉、蛋、奶等需要粮食转化的食物消费高

[①] 张云华:《读懂中国农业》,上海远东出版社 2015 年版,第 32 页。

于农村人，而这些食物需要消耗更多的粮食，如 3 公斤多粮食才能转化为 1 公斤猪肉。与此同时，自改革开放以来，我国居民收入水平连续增长，20 世纪 90 年代中期至 21 世纪第一个 10 年，城镇居民人均可支配收入由 4200 余元增长至近 6000 元，年均增长超过 9 个百分点。随着人均收入水平的逐年提高，20 世纪 90 年代中期以来，我国城乡居民家庭恩格尔系数连续下降，但 2000 年以后下降趋势明显放缓。2010 年，我国城镇与乡村家庭的恩格尔系数分别为 35.7%、41.1%，从国际比较角度来看，仍处于较高水平。[①]

第二，粮食自给不足、人均寿命延长、人口老龄化，都对粮食供应提出了新挑战。在人均收入水平持续较快增长与恩格尔系数缓慢下降的共同作用下，我国的粮食需求水平将进一步提升。可以说，在粮食供应上，我们国家正面临着许多问题，自给自足能力的下降给农业安全带来了很多不安定的因素，由人口数量多而带来的农业生产红利在逐渐缩小，而带给粮食生产的压力却越来越大。我国在实行了多年的计划生育政策之后，现在又推出了新的人口政策，与过去相比，人口增长的加速度还是放缓了，可是我国人口基数大的问题依然存在着，随着医疗水平的提升，我国的人均寿命也在延长，我国现在已经进入老龄化社会，这表明在未来，我国很有可能会出现劳动力短缺的情况，所以，需要我们尽快提升农业生产效率以解决好粮食供应量的问题。

（二）农产品供应压力大

需求和供给是市场的基本关系，也是食品安全战略的基础。国际经验表明，食品安全的风险受消费水平的影响，高水平需求决定高质量供给。[②]我国人口众多，在人口基数大和人均寿命不断延长的前提下，虽然人口增长速度放缓，但是人口的绝对数在不断增长。

---

① 董志龙：《舌尖上的安全：破解食品安全危局》，中国纺织出版社 2014 年版，第 207 页。
② 陈晓华：《完善农产品质量安全监管的思路和举措》，《行政管理改革》，2011 年第 6 期。

不断增长的人口规模给农产品供给带来了巨大压力。随着经济社会的不断发展，人民生活水平的不断提高，人民对于农产品的需求呈现出多样化的发展趋势，农产品供应的质量受到挑战。人口的不断增长给农产品带来较大挑战，也给农产品生产水平和农业监管水平带来新的课题。

第一，不断增长的人口规模对农产品生产能力提出新的要求。国民经济中，人以生产者和消费者双重身份而存在，人既从事生产劳动为社会创造经济价值，同时也要消耗社会经济财富，故此，不断增长的人口规模对农业生产能力提出了新的要求。农业生产能力既包括单位资源所生产出价值的能力，也包括资源的供给能力。近年来，我国频繁地爆发农产品中抽检出违禁药物、产品重金属超标、奶制品的源头污染和蔬菜的农药残留等农产品质量安全问题，凸显出我国农产品的质量安全面临的严峻形势和隐藏的重大危机。[1]人口的增长，一方面对农业资源的供给造成压力，尤其是在我国耕地面积较少的情况下，这种压力更加明显；另一方面对单位资源农产品的生产能力提出了新的要求。人口的不断增长，使农产品安全问题日益凸显。

第二，不断提高的生活水平为农产品的多样化和创新提出新的要求。农业发展的动力来自群众，农业发展的价值是满足群众需求。大力发展农产品的根本目的就是为了满足广大人民群众日益增长的生活需要。改革开放以来，人民群众的生活水平得到了大幅提高，对于农业产业的需要从以前的"填饱肚子"到现在的"满足味蕾"，农产品的多样化需求日益增长。初级农产品（不含粮食）多样化内容十分丰富，国家规定的初级农产品主要是指种植业、畜牧业和渔业等产品，不包括经过后续加工的各类产品，初级农产品主要包括

---

① 张蓓，黄志平，杨炳成：《农产品供应链核心企业质量安全控制意愿实证分析——基于广东省 214 家农产品生产企业的调查数据》，《中国农村经济》，2014 年第 1 期。

水产品、瓜果蔬菜、各种花卉、各种药材、其他植物等。不断增长的人口和不断提高的生活水平给农产品的安全带来新的压力。

中国是个美食的国度，也是个食品产业大国。根据国家统计局的相关统计数据，全国居民日均消费食品达 20 亿公斤，品种达 19000多种。2015 年食品工业企业主营业务收入达 11.34 万亿元，占全国工业总产值比重的 10％以上，成为国内的第一大工业行业和国民经济的重要支柱产业。[①]

第三，高品质的需求也对农产品的相关产业提出新挑战。高品质的农产品需求是人民生活水平提高的必然要求和基本表现。保障农产品的高品质有两个方面的基础条件，一方面是在农业生产环节，通过加强监管，提高生产水平，提高农产品的质量；另一方面是在农产品的流通环节，通过改善和创新流通过程当中的技术，优化流通链条，确保农产品的品质不受影响。高品质的需求对农产品供应链提出了新的要求，尤其是在物联网升级换代的今天，加强产品流通环节的管理，成为农产品安全风险管理的重要措施和手段。

二、农业产业吸引力不足

行业发展最根本的要素在于生产者，足够数量和素质的生产者是行业发展的重要保障。我国是农业大国，足够的、高素质的新时代农民是实现农业持续安全发展的必要前提。由于我国国民经济发展失衡，三大产业发展不均衡，农业产业的吸引力正在逐年下降，进而造成农业安全问题得不到根本解决。

（一）从业人员逐年减少

2012 年底，中国大陆总人口为 13.5 亿，根据公安部的统计，全国农业户口人口所占比重为 65％，数量大约为 8.8 亿。按国家统计局的数据，户籍农民中常年（6 个月以上）居住在农村的农业人口

---

① 胡颖廉：《国家食品安全战略基本框架》，《中国软科学》，2016 年第 9 期。

约 6.4 亿人，占总人口的 47%。也就是说，农村常住人口比户籍人口在绝对值上约少 2.4 亿。在这 6.4 亿农民中，劳动力数量近 4 亿，其中农业就业人数 2.6 亿，既包括专业农民也包括兼业农民，而且兼业农民数量更多。近 30 年来，中国农业就业人员的绝对量和在总就业人员中的占比都呈下降趋势，尤其是农业就业人员占比的下降趋势更加明显，已从 1981 年的 68% 下降至 2010 年的 37%。①根据《中国农村住户调查年鉴》（2008—2016）、《2010 年国民经济和社会发展统计公报》和《2016 年农民工监测调查报告》的数据，进城务工人员总数已由 2008 年的 2.25 亿人增加到 2016 年的约 2.82 亿人，详见图 3.1。

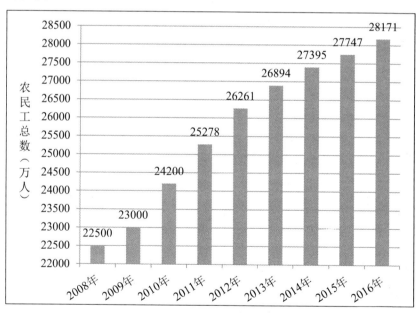

图 3.1　2008—2016 年全国进城务工人员人数统计

资料来源：《中国农村住户调查年鉴》（2008—2016）、《2010 年国民经济和社会发展统计公报》《2016 年农民工监测调查报告》。

---

① 张云华：《读懂中国农业》，上海远东出版社 2015 年版，第 151 页。

在农资价格上涨、人工费用增加的情况下，农业生产成本呈逐步上升的趋势，农民种粮成本不断增加，而农产品价格尤其是粮食价格涨幅并不够高，并且低于成本增幅，再加上农业种粮收益和比较效益长期偏低，农业的利润空间比较小，农业易受气候等不可控因素的影响，在这种情况下，愿意从事农业生产的人数在逐渐减少。例如，一些地区已出现粮食生产口粮化、兼业化的趋势，影响了未来粮食增产潜力的发挥。数据显示，在2002年，全国小麦、稻谷、玉米三种粮食的平均净利润每亩只有4.86元，2004年各种农业补贴政策出台之后，其净利润才开始有所增加，2010年达到了每亩227.16元[①]，一户农民按户均种植10来亩土地计算，其粮食收益只有2000多元，也就相当于一个劳动力打工一个月的工资。[②]扣除物价上涨因素，种粮收益远低于种植经济作物以及外出务工的收入。粮农在权衡种粮绝对收益、种经济作物的相对收益、打工相对收益之后，其种粮积极性并不太高。在非农产业收益普遍高于农业的情况下，农业投资持续下降，农业增产不增收，农民从事农业能够得到社会平均利润的希望仍然十分渺茫。在这种情况下，一方面，许多农民种地多是为了口粮，甚至有部分农民连口粮地都没种够；另一方面，一些地区的农民用减少复种指数的方法来应对农业劳动力不足的问题，越来越多的农民选择进城务工。不管近年来从农村转移出去的劳动力是不是剩余劳动力，也不论这些劳动力是不是由于劳动生产率提高而释放出的，约3亿农民在非农产业就业成为进城务工人员之后，意味着中国农业或者已经受到农业劳动力减少的影响，或者正面临这一挑战。

（二）从业人员素质亟待提高

科技是第一生产力，科学技术的进步是行业发展的强有力因素；

---

① 刘志雄：《开放条件下中国农业安全问题研究》，首都经济贸易大学出版社2014年版，第274页。

② 张云华：《读懂中国农业》，上海远东出版社2015年版，第34页。

掌握科学技术的人才是行业发展的直接推动力。对于农业而言，足够的从业人员为农业产业的繁荣发展提供了可能，但是高素质的科技人才才是解决农业安全的最直接力量。但目前来看，由于农业产业整体呈现衰退趋势，从业者社会价值和自我价值的实现难度日益增大，农业对于高素质科技人才的吸引力更加有限。

第一，从业人员平均年龄呈现增长趋势。农业劳动力除了在数量上不断减少外，其质量也令人担忧。由于工业发展的速度优势十分明显，从事工业所取得的报酬明显高于农业，近年来，农业从业者呈现出"净流出"态势，在青壮年劳动者层面表现得更加突出。农村青壮年劳动力大多外出务工，农村留守的劳动力年龄较大，劳动能力相对较弱。农村劳动力中 51 岁以上的劳动力比重达到了33％。有调查数据显示，近年来，中国农村劳动力转移率接近50％，而留守的劳动力年龄多在 40 岁以上，平均年龄为 57 岁。按照现有劳动力总量和年龄的推移，到 2020 年前后 50 岁以上劳动力的比重将达到 50％左右。[①]

第二，从业人员的受教育程度未得到有效提高，农业从业者素质未得到根本改变。近年来，我国国民教育水平有了明显变化，青壮年劳动者受教育程度有了根本性的改善，但是城乡二元结构的经济体制并没有变革，随着经济发展的不断深化，这种二元经济体制越发明显，导致了一系列问题的出现。除此之外，导致农村劳动力素质没有发生根本性变化的因素还包括：一是农村经济落后，优质人力资源大多不愿意从事农村农业工作，一有机会就去城市发展；二是国家在农业劳动者素质提高方面的投入较少，现有劳动力的素质得不到提高，因此，直接导致农业生产水平低下，制约了农业现代化进程的推进。

农业吸引力逐年减退，导致从业人员整体素质较低，与农业产

---

① 董志龙：《舌尖上的安全：破解食品安全危局》，中国纺织出版社 2014 年版，第 209 页。

业发展现状的要求不相匹配，最终为农业安全带来潜在的风险。解决这一问题需要国家层面采取相应措施，完善国家治理体系提升国家治理能力，为农业安全提供有效解决路径。

三、农业生态遭到破坏

生态是指生物资源（植、动、农、微、林、牧）与环境（土、水、生、气、废污）相互依存的关系，简单来说，就是生物对环境的存在状态。[①]农业系统是由一定的自然资源和环境条件作为基本组成部分，并由人类所控制和管理的生态系统。因此，农业结构调整是农业和农村经济发展的永恒主题。[②]2014 年发布的《关于全面深化农村改革加快推进农业现代化的若干意见》明确提出了：一是促进生态友好型农业发展，二是建立农业资源休养生息试点，三是加大生态保护建设力度等措施，以建立农业可持续发展长效机制。我国农业的发展已经到了从仅重视产量和经济效益的阶段，转向兼顾农业社会效益、生态环境效益和经济效益的阶段。[③]可见，农业生态更加关注人与自然的和谐，其以持续发展为目标。当前，我国在农业生态方面也采取了一系列措施，取得了一些明显的进步，但是存在的问题仍然严重，是农业安全必须面对和解决的问题。

（一）人口数量给农业生态带来的影响

第一，人口数量大，生态压力明显。从目前情况来看，人口越是集中的地区，生态环境情况就越是不容乐观。人口众多的地方，开发力度比较大，对生态环境的破坏就会更严重。同时，为了满足人们的需要，在各种资源和能源的开发使用上，也会造成很大压力。

---

① 赵其国等：《中国生态安全、农业安全及"三农"建设研究》，《农林经济管理学报》，2014 年第 3 期。

② 王静，张洁瑕，段瑞娟：《区域农业生态系统研究进展》，《生态经济》第 31 卷第 2 期。

③ 骆世明：《构建我国农业生态转型的政策法规体系》，《生态学报》，第 35 卷第 6 期。

久而久之，这样的生态环境必然会影响到农业生产和发展。另外，人口增多还会产生一个很现实的问题，就是垃圾量上升。现在我们的垃圾处理技术还不完善，很多垃圾无法做到合理处理，就直接运到农村、郊区等一些离城市相对较远的地方，直接堆放或掩埋。这些垃圾的长期渗透，使得土壤垃圾化情况明显加剧，直接影响农作物的生长，不利于农业生产。

第二，正确看待我国人口对农业生态所带来的影响。这里探讨人口，并不是要将农业安全存在的问题全部归咎于无法快速改变的人口问题上，而是要承认人口在农业安全中所扮演的重要角色。我国是一个人口大国，过去是，在未来的一段时间内应该还是。我们虽然无法快速缩减庞大的人口基数所带来的各种问题，但应该去认真反思如何提升我国人口的综合素质，以及积极培养专业的农业人才，全面提升我国的生态环境质量，提升农业生产的专业水平，从而使我国的农业产业朝着一个更加合理、更加美好的方向发展。所以，目前的人口压力，我们是需要正确面对的，一方面不能任由人口压力带来的各种问题持续下去；另一方面也要积极寻找相应的对策措施，将人口压力转化成农业生产的发展动力，促进农业安全的平稳进步。

（二）农业生态安全面临的主要挑战

由于我国的农业生态安全长期以来没有得到足够的关注，农业生态系统遭到严重破坏，主要表现在以下三个方面。

第一，水资源短缺、耕地退化现象严重。我国是世界上生态系统退化最严重的国家之一，退化的生态系统所涉区域约占我国国土陆地面积的 40%。[1]水土流失和环境污染是退化生态系统中最常见的类型。[2]水对农业的意义和影响显而易见，其对农业安全具有决

---

① 虞依娜，彭少麟：《生态恢复经济学》，《生态学报》，2009 年第 8 期。
② 朱鹏颐：《农业生态经济发展模式与战术探讨》，《中国软科学》，2015 年第 1 期。

定性的作用。中国的水资源严重紧缺，中国是世界上人均占有淡水资源比重最小的国家之一：我国水资源的人均占有量仅为世界人均占有量平均水平的25%左右，水资源短缺现象十分明显。水资源短缺严重包括几个方面内容，其中尤以农业水资源短缺最为突出。其主要原因包括三个方面：首先，工业用水需求急剧增加，挤占了农业用水的基础份额；其次，农业用水方式落后，效率低下，水利基础设施老化严重，致使农业用水的效率低下，水资源浪费很严重；最后，水资源污染日趋严重，无法作为农业用水而使用，进一步加剧了用水短缺。除此之外，由于水土流失严重、土地荒漠化、土壤污染、耕地被挤占等农业生态安全问题呈现上升态势，农用耕地资源损耗严重，数量大幅减少，质量也呈现下降态势。因此，守住耕地面积的底线对于我国这样的人口大国来说极其重要，是保障农业安全的基本前提。

第二，气候变化冲击严重。气候变化异常是生态被破坏的重要表现之一，在工业化进程中，大量的化石燃料被燃烧，有毒有害气体被排放，尤其是化工气体的排放，使大气环境受到很大影响，臭氧层遭到严重破坏，全球变暖态势严峻。在这样的大背景下，我国气候变暖的情况也渐趋明显。气候变暖已经是不争的事实，在气候变暖的影响下，我国极端天气频频发生，极端降水天气、极端降雪天气和由此而生的洪涝灾害时有发生。与此同时，干旱事件发生的频率也呈现出增加的态势，干旱和高温天气已经成为北方天气的极端特点，给人们的生产生活带来相当大的影响。更为重要的是，气候变暖会对农作物的生长、发育造成重大影响。气候变暖导致高温和干旱，使我国农业生产的不稳定性加剧，农作物的产量波动十分明显。气候变化严重影响到农业生态安全，农业产业安全也因此受到严重威胁。

第三，农业环境污染严重。目前，农业污染严重是我国农业生态恶化的重要表现之一。在广大的农村地区，农业从业人员由于受到意识和习惯的影响，在生产和生活过程中会大量产生有毒有害的气体和污水，由于我们目前处置这些有毒有害物质的能力达不到环境的要求，这些未经处置或者处理不力的污染物质对水体、土壤和空气以及农产品造成了严重的损害。而且，这些污染物数量不确定，随机性大，发布范围广，防治难度大，给预防和治理带来较大困难。污染物按照来源分类，可分为两个方面，即农村农作物生产带来的废物和农村居民生活产生的废物。就农业生产当中产生的污染物而言，主要包括农业生产过程中过度使用农药和化肥，无限制地使用塑料产品，等等。这些过度使用的生产资料会造成农药和化肥的残留，造成农作物污染，或者流入地下水中造成水污染；而塑料等农用资料，由于降解的问题，也会带来土地的污染等。再加上，近年来畜牧业、养殖业迅猛发展，带来的负面问题也逐渐显现，畜牧粪便造成的农业污染也呈现加重的态势。科技水平低以及人们的观念、意识等问题，致使许多畜禽养殖缺乏废物处理能力，养殖户往往将垃圾和粪便直接倒入河流或者随意堆放。粪便进入水体或者渗入浅层的地下水以后，会大量地消耗氧气，以致水中的其他微生物存活困难，从而产生"有机污染"。造成农业生态环境污染的原因有很多，主要包括两个方面内容，一方面，农业生产者在生产中片面追求降低成本，大量使用低廉、高毒、高残留的农药；另一方面，受种植习惯的影响，在进行温室生产的时候，施底肥往往要加拌乐果等高毒、高残留农药，以杀死地下的害虫，这也导致了农产品中农药残留居高不下。

第三节　产业经营竞争力不足

对于当前我国农业发展遇到的各种问题而言，相关产业技术发展的不到位是一个很大的消极因素。正如前文所述，当前，我国无论是国家还是社会都已进入了一个高速发展的现代化阶段，而农业的发展水平还处于一个比较初级的阶段，不论是在产业化方面，还是在农业种植水平方面，相对于世界的农业发展，我国农业仍处于比较落后阶段，这些技术水平的短板也会制约农业的未来发展。

一、产业化水平低

近年来，我国农业产业化水平有了一定的提升，但从总体上看发展程度仍远远不够。一方面，我国现阶段农业经营仍以个户经营为主，与规模化种植方式相比，农户分散经营占比仍较大，这使得农业生产经营成本较高，经济效益较差；[①]另一方面，工业技术与农业生产的融合程度较低，很多地区生产工具仍很落后，机械化生产方式普及程度较低。

（一）农业生产规模化水平低

当今世界先进国家的农业生产大多依靠大型的产业工业化方式来开展，其农业不再是以前的家家户户各自为战的发展局面，大型的农业生产、加工公司都是以集中的产业化模式来发展生产的。

目前，在这种大趋势下，我国的农业集约化水平还比较低，农业规模化种植的生产水平还比较低。大多数情况下，我国农业还是使用最原始的分散化经营模式，这样的生产经营方式存在很多弊端，对于各种自然灾害的抵御水平比较低，受到各种灾害影响的可能性也比较大。过于依赖不可控的自然条件，会使农业生产率大幅降低。各种现代化的机械技术也无法得到使用，人工操作不仅速度更慢，还需要投入大量的人力成本，从经济效益上来说，这样做不是一件有效率的事情，而且也不利于农业的快速发展。

---

① 宋向党：《系统化视角下的农业产业安全问题探讨》，《河北经贸大学学报》，2016 年第 37 卷第 5 期。

（二）工业上的技术壁垒对我国农业发展的影响

相对于国外的先进技术水平，我国在农业生产方面的技术存在很大不足。要实现农业的产业化推进，使用相应的机械工具是必不可少的环节，当前我国在相关农业机械工具的制造和使用上仍不够先进。

对于这些机械工具所需要的相关零部件，我国目前还不能自己生产，国内生产的大多数零部件的规格、耐用性都远远低于国际水平，这就造成了我国在制造这些机械的零部件上就存在对国外的依赖，生产的也大多是仿制品。[①]在使用这些先进机械的人才培养上，国家也无法提供更多保障。能够熟练使用这些机械的人工不足，机械的制作水平存在很大差距，农业集约化发展的产业模式不到位，这些因素都会使得我国农业发展水平落后，无法与国际水平齐平，同样也带来了我国农业目前发展水平有限的问题。

二、创新动力不足

创新是长期以来国家都在大力倡导的事情，针对农业发展，国家也是提出了同样的希望与要求。事实上，不管是在哪个行业，只有市场受欢迎，在市场的强大驱动力之下，大家的创新动力才会被积极调动起来。而在创新是以市场为导向的前提下，这样创新的主体就应该是企业，因为企业才是为市场而生存的，企业的成败与否都要取决于市场。[②]

在我国，能够具备相当的实力来进行农业设备生产的多是国有企业，私营企业在经济实力、人才配备上都会有所欠缺，特别在研发创新的领域，研发创新是一项需要有充足准备才能开展的工作，

① 曹秋菊：《开放贸易下中国农业安全问题研究》，《农业现代化研究》，2010 年第 31 卷第 3 期。

② 朱广其，赵家风：《进一步提高我国农产品国际竞争力》，《宏观经济管理》，2007 年第 5 期；郑宝华，李东：《国内农业产业安全问题研究综述》，《农业经济问题》，2008 年第 1 期。

不论是在硬件条件下，还是在软件配备上，私营企业都很少会有自愿开展创新的意愿和动力。通常来看，我国的国有企业在这方面会更有优势。然而，在我国，国有企业中仍存在一些问题，首先，国有企业的机构设置在过去的很长一段时间里都是政企不分家的，政府的干预会使得市场的导向作用有所降低，企业对于市场的依赖性有所减弱。其次，在国有企业中，法人的概念是相对模糊的，在经营方面，对于企业效益的追求没有那么强烈，因此，在创新方面，主观意愿也就有所下降，对于科研创新的投入力度也比较弱，往往为了更快实现眼前的经济利益，采用引进国外现成的技术设备来实现企业规模的扩大。在引进新型技术设备之后，企业还需要投入很大的人力物力来理解吸收这些技术，更加没有精力来进行更进一步的研发、创新，如此一来，创新能力就更弱了，企业生存于其他现成技术的阴影之下，创新能力就会大大减弱。[①]

三、外资渗透严重

对于农业安全来说，最重要的就是饭碗要时刻掌握在自己手中，不论是从事农业生产时的各项技术能力，还是农业发展需要的各项硬件设备，这些都应该由国人自己来掌握。现在，世界各国的贸易往来不断增多，这种贸易的紧密性使得各国之间的信息技术融合变得更为方便、容易。但是，对于国家安全如此重要的信息和手段来说，不论是在什么样的情况下，还是应该由我国自己来掌握。在我国的粮食生产储备行业，活跃着许多跨国公司。我们承认这些跨国公司为我国的农业技术发展提供了很多的支持和帮助，使得我们也学习了解到很多国际上的先进技术，促进了国内农业生产水平的发展；但是，跨国公司在我国的蓬勃发展，也带了一个值得注意

---

① 韩连贵：《关于探讨农业产业化经营安全保障体系建设方略规程的思路》，《经济研究参考》，2013 年第 3 期。

的问题，就是外资过多地渗入我国的农业市场，也会直接影响我国的农业安全。

（一）通过核心技术掌控我国农产品技术生产的关键环节

国外资本在最初进入我国农业生产领域时，其拥有的优于我国农业发展水平的资金和核心技术，使得他们在国内市场占据绝对优势地位。大多数外商投资几乎不在国内设立科技研发机构或研发中心，极少进行研发活动，其投资活动多集中在在华建设生产、加工型工厂。这些在华外资企业通过集中规模控股，将生产过程中的关键环节所涉及的相关技术掌控在自己手中，这在很大程度上封堵了技术扩散，对我国相关企业的学习、借鉴形成壁垒。[①] 虽有少部分企业在华设立了技术研发机构，也只是进行辅助环节技术的改进优化，其基础技术与核心技术的研发仍旧在其母国总公司进行，这种对核心技术的垄断非常不利于我国农业的产业发展。

（二）通过投资对国内投资产生挤出效应

与国内尚不成熟发达的农业体系相比，外商投资雄厚的资本实力，使其在国内农业发展中占据主动地位，例如其能轻易联合国内农业生产企业进行合资经营，甚至直接收购吞并国内生产企业。同时，其雄厚的资金基础，结合我国相对廉价的劳动力及其他资源成本，使得外资企业能率先进行企业规模的扩大与产业升级更迭，由此逐渐占据行业主导地位，这就会挤压本土企业的生存空间，增加本土企业在技术更新过程中"体力不支"最终掉队的风险，由此可能造成民族品牌的消失。此外，从宏观经济运行来看，外商直接投资会在金融市场上从利率、信贷供给、资金供给三大途径对国内投资产生挤出效应。

---

① 吕勇斌：《外资并购与中国农业产业安全：效应与政策》，《农业经济问题》，2009 年第 11 期；李连成，张玉波《FDI 对我国产业安全的影响和对策探讨》，《云南财经学院学报》，2002 年第 2 期。

（三）通过并购垄断、占领农产品市场

外资并购是区别于新建投资的一种投资方式，该方式不会产生新的固定资产投资，其实质是对企业产权交易与控制权进行转移的一种方式，这也是外资进入并占领新的市场的一种十分快捷、有效的投资方式。

大多数外资企业在并购我国农业生产中的龙头企业后，并不会将实质性的技术传授给我国企业，而只是将其作为母公司拓展全球产业链环节中的廉价材料获取和加工基地。外资借助我国国内对农业产业发展的扶持政策、低廉的生产成本大力进行基础物质的生产加工，使本土的龙头企业沦为跨国企业的原料加工厂。其产品中的大部分在我国销售，这样，不仅阻碍了我国企业的技术进步，其产品相对较低的价格在占领市场多数份额的同时，也会对本国农业市场造成较大冲击。[①]

（四）通过资本优势占领技术创新的制高点

跨国公司一方面为我国农业生产、储备，提供了很多技术支持；另一方面，跨国公司在我国吸收了很多研发资源，使得我国本身的自主创新研发能力有所减弱。[②]通过为技术人才提供更高的薪资待遇、更好的工作环境，其吸收了我国许多优秀的科研人才，这些人才的流失削弱了我国研发、创新的能力，同时，也会使之前我国的部分保密技术遭到泄露。在这样的局面之下，国内粮油市场的机械设备和加工设备更加依赖于国外的进口和研发。这就使得整个市场的大部分份额都成为了跨国公司的天下，其在排挤了国内企业市场份额的基础上，增加了我国农业市场对跨国公司的依赖。在看到了技术研发创新的重要性之后，许多跨国公司更是希望能够进一步地吸引优秀人才，因此，很多跨国公司不仅从科研机构中高薪聘请科

---

① 董运来，谢作诗，刘志雄，等：《开放条件下中国农业安全面临的机遇与挑战》，《亚太经济》，2012 年第 5 期。

② 张碧琼：《国际资本扩张与经济安全》，《中国经贸导刊》，2003 年第 6 期。

研人才，同时还在高校中招聘优秀毕业生加入研发队伍中，以充实科研队伍力量，而我国本土的科研力量则受到严重制约，竞争力大幅下降。

四、信息化技术欠缺

谈到技术水平，当今时代，最重要的技术就是信息化技术。针对农业市场而言，信息化就是要在农业生产、农业设备、农业管理等方面都实现数字化、信息化管理。[①]整个市场链条的信息化不是一件容易的事情，要想完成这些关键技术的信息化建设，需要很充足的资金、人才、技术支持。就现在的农业市场来看，我国绝大多数的经营企业是中小企业，通常情况下，这些企业采用的经营方式都是传统的经营方式。他们对于企业发展和对未来的认知方面大都有所欠缺，因此，多数没有进行信息化建设和管理。

此外，信息化建设最重要的意义就是分享。其通过对系统数据的分享，有助于企业更加了解相关农作物的生长发展情况，掌握市场交易的相关信息数据，为整个市场的顺利发展提供更多便利条件。目前，我国建立信息系统的企业本就是少数，大部分企业并没有进行相关的投资、建设。由于大家建立的信息系统存在口径不一、标准不同的情况，想要实现信息的共享就十分困难。这些企业所建立的信息系统也都变成了一个个独立的单位，没有充分发挥信息化的作用。其对于企业决策所需要的相关数据也无法给予准确的信息，没有起到为企业科学决策提供帮助的作用。

五、资金投入偏低

科技水平的提升需要大量的资金投入作为支撑，农作物种植生

---

① 赵国杰，王立飞：《浅谈信息化在农业产业化过程中的作用及对策》，《农业经济》，2011年第6期。

长也对自然条件的依赖很大。我国的自然气候状况复杂，而且降水通常集中在一年中的一段时间，地域情况也比较复杂，不同地域的自然气候也有着很大差别。由此，我国的农业产业对于农业设施的要求就会很高。目前，我国的农业设施还比较落后，各种基础设施都存在老化、失修的情况，对这些设施的修补、更新工作是我国农业发展急需解决的问题。然而，这项工作的完成需要大量的经济投入。科研水平提升也是如此，唯有经济的支持才能让研发工作继续下去。不管是在人员聘请上还是在科学研究的设备提供上，资金都是不可缺少的一个重要内容。在这方面，我国的投入还比较少，创新费用的投入、分配、应用都还存在不合理现象。

因此，要想实现我国农业生产、加工技术方面的大幅提升，使其更加具备国际竞争力，就必须尽快提升我国企业的创新开发能力，同时要加大科研创新各方面的资金投入。[1]这些资金的一般来源项有政府投入、银行贷款、企业融资等，其中，由于科技研发的高投入、低回报的特征，政府的资金支持自然成为主力军。从当前来看，政府投入力度还比较低，农业产业的社会融资困难是主要问题。[2]

第四节　农业法律监管机制不科学

法治是我国近几年来都在倡导的社会治理模式。法律的尊严神圣不可侵犯，其地位应该是高于一切的。不论是在社会生活的哪个方面，法治都应该成为主要的管理方式。对于农业安全而言，法治

---

① 曹秋菊：《开放贸易下中国农业安全问题研究》，《农业现代化研究》，2010 年第 31 卷第 3 期。

② 宋向党：《系统化视角下的农业产业安全问题探讨》，《河北经贸大学学报》，2016 年第 37 卷第 5 期。

就显得更为重要。种子安全、食品安全等都是农业安全中十分重要的内容，当前，在这些方面，我们还存在很多问题，因法治化管理工作推行得不到位，许多违规乱象丛生，严重影响了农业安全和人民的生命健康安全。谈到法治化管理，我们先要明确法律的重要性，同时，也应该注意到，在我国，法治化管理工作还存在很多欠缺。就农业安全问题而言，不论是在法律制度建设中，还是在执行法律规定的过程中，都尚有不少漏洞。

一、法治观念缺失

我们想要通过法治来处理好现今农业安全所面临的问题，首当其冲就应当具备法治观念。我国历史悠久，封建制度形成的人治的思想观念流传已久。现在，我们生活在新时代的国家里，建设法治社会，用法律来约束人民的行为是必不可少的。因此，人治的想法就应该被摒弃，取而代之的应该是法治的观念。在现实生活中，我们的国家取得了长足的进步，人民的思想也在不断地获得解放，政治意识、法治观念也在不断加强，但是，与我们追求的目标还有很大差距。虽然在如今的社会中，"法治"一词已并不陌生，可是对于人民群众来说，"法治"更多的时候只是一个口号，并未发挥太多实际作用。而我国的农业安全问题情况更加不容乐观。面对许多影响农业安全的行为和做法，很多人都没意识到甚至不知道应该用法律来保护自己的合法权益。大部分人对于相关法律知识了解甚少，对于自己影响农业安全的违法行为没有充分的认识，这些行为和做法都反映了我国民众目前相关法治观念薄弱的问题，在面对农业安全时，法治应该起到的作用没有体现出来。

二、法律制度不完善

法治的基本原则之一就是要做到有法可依，这是建设法治化社会的前提和首要条件，只有在法律制度完善的基础上，法治才有继续推行下去的可能。针对农业安全问题，我国相关的法律制度尚存在不完善的情况。[①]《种子法》是近期才进行过修改完善的法律，其对之前不适合现实需要的部分作了调整和修改，但是，我们现在来看它，还是存在一些问题。比如在限制外资进入种子市场方面，其还存在一些漏洞。关于种子的重要性，我们在前几章中已作过相应说明，在如此重要的种子市场中，我们对于外资的渗透比例应该严格加以控制，这是直接影响农业安全根基的大事。但是，在现行法律中，我们对于外资的准入制度还是相对宽松的，没有提出更高、更明确的要求，这将不利于日后种子市场的民族化和安全性。[②]此外，为保证种子市场的安全可靠，提高种子公司的申报标准是理所应当的事情。在《种子法》中，我们已经对此进行了说明，但还存在一些规定方面的漏洞。

此外，对于转基因农作物，我们还存在一些法律上的不完善，我国目前颁布的多是管理条例和地方性法规，尚没有一部明确的法律来作为转基因农作物管理的基本准则。虽然，当前学界对于转基因作物还是争议较多，没有形成一个统一意见，但是，转基因作物已经进入了我国的农作物市场，在这样的情况下，法律制度的缺失将会导致转基因市场混乱的局面。[③]而说到这个问题，就不得不再次提到《种子法》。自从《种子法》颁布之后，种子市场得以放开，转基因种子也随着市场的放开开始流入国内市场，虽然我国在法律上对于种子生产经营方面作了一些规定，以严肃种子市场，但是法律中所作的规定没有起到相应的作用，使得最终法律所期望收到的效果与现实的差距较大。转基因种子现在已经在种子市场中混迹多

---

① 杜文骄：《农业产业安全综述》，《安徽农业科学》，2013 年第 41 卷第 23 期。

② 金赛美，曹秋菊：《开放经济下我国农业安全度测算与对策研究》，《农业现代化研究》，2011 年第 32 卷第 3 期。

③ 伍瑛：《我国转基因生物技术安全管理问题研究》，《北京农业》，2016 年 3 期；崔卫杰：《开放形势下的中国农业产业安全》，《国际经济合作》，2015 年第 1 期。

时，我们现在面临的困境就是想治都难以根治。农民因为转基因种子的某些特质，如可以用更少的农药，以更多的产量来获得更高的利润，而更加喜欢使用转基因种子。而种子公司也通过各种非法程序，私自生产、销售转基因种子，使得转基因种子不断在市面上传播开来。农民的需求再配合种子公司的买卖，就会使规范种子市场变得更加困难。然而，更加棘手的问题还不是转基因种子的大量使用，而是这些种子与非转基因种子混杂，有时很难直接区分井来，这种无法明确将转基因作物区分开来的局面才是我们更应该担忧的事情。由此可见，法律制度的不完善会为农业生产带来诸多安全隐患。

法律制度的不完善还表现在一个方面，就是对相关违法行为的惩罚力度上。目前，影响农业安全的违法行为如此之多，屡禁不止，也是由于违法成本和非法获得的利润之间有着巨大的空间。经营者职业道德和社会公德的缺失，导致他们只看利润、不顾良知的本质暴露无遗。经济利益成为他们唯一的评判标准。在这样的情况下，如果对于违法行为的处罚力度不够，一方面无法让他们认识到违法行为所带来的严重后果，另一方面也会变相地纵容这些违法行为的延续。农业市场对国家民族的生存至关重要，任何违法、违规行为都有可能会对人民的人身安全、自然生活的生态状况、社会的稳定和谐以及国家的安全保障产生非常严重的影响。因此，面对这些违法行为时，法律应该更加公正、明确，加大惩罚力度。让违法行为所可能带来的经济利益完全无法弥补惩罚所带来的经济损失，这样也许就可以从源头上消除这些经营者的违法动机，避免再出现违规操作的情况。

法律制度还有一定的滞后性，这是法制建设中普遍存在的问题。通常情况下，对于从来没有发生的侵权行为，法律制度中很少会明令禁止，因为也无法预测未来究竟会发生什么事情。事关农业安全的许多法律制度也是如此，只有当一些行为的发生会影响到农业安全时，国家才会通过立法来阻止这些行为的继续。法律制度本身所具有滞后性，也会给不法经营者提供一些漏洞。在无法避免这种滞后性所带来的后果时，我们应当努力提升法律制度的严谨性，用更加严谨细致的法律制度内容，来杜绝法律"空子"的存在。同时，加强法制的前瞻性也至关重要，对于以后可能会出现的问题，及时进行规范，也是保证农业安全的重要措施。此外，在日后颁布新规时，我们还应该组织力量进行多次论证，对于可能出现的情况进行沟通，使法律更有权威，弱化其滞后性所带来的问题。

农业安全是事关人民吃饭的大问题，法治是解决这个问题的关键所在，而法治的基础就是法制。现在，人民群众的法治思想有了提高，法律制度也在不断完善，但是距离理想的法治国家还存在很大差距，这还需要几十年，甚至几代人的共同努力。农业的法制化管理也是如此，通过法治的理论来管理未来农业的方方面面，这是一个必然趋势。只有当法治化管理真正能够实现的时候，现在所面临的很多农业安全问题才会得到真正的解决，农业也才是一个能够真正得到大家信任和肯定的重要产业。

三、责任体制不清晰

在一个国家中，任何环节的正常运行除了需要法律外，还需要一个适当合理的管理体制，农业安全问题也是如此。农业作为第一产业，是我国所有产业的发展基础。农业安全有其特殊性，粮食质量的好坏会直接关系到人民群众的身体健康，因此，做好农业管理工作，不仅能够促进农业发展，更重要的是可对人民群众的人身安全负责。管理工作，其核心还是对人的工作，因此，谈到管理，不得不讨论的就是人员。从事管理工作的人员素质，监督管理人员的方式方法，这些应该都是管理体制中所包含的重要内容。前文的论述已经涉及了在农业管理的各个环节中出现的问题，这些问题的存在必然会影响到农业安全，导致这些问题出现的有以下几方面原因。

　　事关农业生产的管理工作，我们应该更加注重明确管理制度中的责任体制。[①]农业生产和食品安全是紧密相连的两个环节，农业生产中如果出现偏差会直接导致食品安全问题的出现，不管是粮食供应量上还是食品质量上的问题，一旦出现任何情况，都会直接对社会稳定产生影响。[②]在责任体制如此重要的当今社会，各级政府也清醒地认识到了建设责任政府的重要性，因此，其在社会管理的许多层面都设置了问责制。问责制设置的主要目的是为了防止出现问题，并不只是单纯地为了追究责任，部分政府工作人员对于责任制的认知还存在偏差，没有真正认识到责任制的重要性和必要性，因此，在开展管理工作的过程中，还存在得过且过的心态，使管理监督工作没有起到真正的作用。

　　目前的责任体制也存在一定的问题。我们通常情况下设置的都是一把手问责制，对于从事监督管理工作的工作人员而言，没有真正设置相关的责任问责制以及工作绩效制。因此，在具体的监督管理工作中，尚存在不作为情况，对于已经出现的问题，或者预见到未来可能出现的问题，有些工作人员没有尽到责任，这种不作为的做法也从侧面纵容了一些违规行为的持续发展。[③]

　　此外，农业安全的监督管理工作需要更加专业的技术人员来开展，至少是对农业知识有相关了解，并且具备一定学历水平的人员。当前，在政府招聘这些专业人员时还存在一些不合理的情况，对其专业水平的测试还有待加强。另外，在入职之后，各项培训工作也存在不到位的情况，因此，在工作态度、工作方式以及职业道德方面，部分工作人员还存在问题，这些人不但影响到政府的形象，更

　　① 谢翀：《农业产业安全观下的外资并购风险与法律防范》，《华中农业大学学报》（社会科学版），2012 年 2 期。

　　② 张士康，山丽杰，吴林海：《中国农产品消费的形态特征、关注度与农产品质的安全供给分析》，《世界农业》，2010 年第 8 期。

　　③ 崔卫杰：《开放形势下的中国农业产业安全》，《国际经济合作》，2015 年第 1 期。

重要的是给农业安全带来了危险信号，所以，我们说管理工作，还需要从人抓起。

四、监督渠道不通畅

农业安全的监督管理工作，一方面需要政府提供相应的监督管理支持，以规范农业市场；另一方面也需要有更加公开透明的渠道来督促政府管理工作，只有在民众的公开监督下，政府的管理工作效率才能得到大幅度提升。然而，从目前情况来看，我国对于农业的监督渠道还是相对比较少的。很少有地方政府会为了农业安全而专门安排相应的监督组织。政府在农业安全上所作出的各项努力是值得肯定的，只是农业的管理工作方面还存在一些不尽如人意的地方。在一些违法违规操作上，政府没有完全尽到规范管理责任，而企业也没有真正地做到诚信营业。这种情况普遍存在，我们要深刻认识到这些会给农业安全带来的严重后果，特别是有些种子公司为谋取更大利益，而谎报种子生产基地，销售假冒劣质种子，一些地区的农民为追求高产量而违规使用农药，部分地方政府为追求政绩及业绩过度占用耕地、林地时，民众都可以充分利用监督渠道，对于各种违法行为进行积极举报。目前，网络信息通信渠道十分便利，我们可以通过这些渠道加大宣传，提升人民群众的责任意识，宣传农业安全的重要性和必要性，让更多的群众了解农业安全。同时，还可以利用一些公众平台、网络平台，建立网络公众号，充分发挥人民群众的作用，积极推进相关管理工作。农业安全事关重大，由任何一个个人或者任何一个单位机构来承担责任，都显得力不从心，因此，人民群众都应该尽到一份责任，坚决抵制任何侵害农业安全的行为，共同规范管理农业市场，让真正安全可靠的农副产品走进千家万户，全面实现更加绿色环保的健康生活方式。

第四章 农业安全对国家治理现代化提出的要求

　　国家就其本质而言，是实现阶级统治、巩固阶级基础的工具，作为社会形态存在的一个重要方面，其有着独特的属性。马克思主义认为，"这些经济利益互相冲突的阶级，不致在无谓的斗争中把自己和社会消灭，就需要有一种表面上凌驾于社会之上的力量，这种力量应当缓和冲突，把冲突保持在'秩序'的范围以内……就是国家"①。国家治理就其本质而言，是实现其阶级属性的方式，因而国家治理的现代化，就是国家实现其阶级属性的现代化。国家治理体系和治理能力是一个复杂的综合体系，包含政治、经济、文化、社会、生态文明等诸多方面，而制度一定是居于国家治理体系中心位置的重要内容，国家治理能力就是运用制度管理社会方方面面事务的能力。②国家治理现代化，要求国家治理要符合社会发展规律，体现科学、民主、法治，治理方式要求实现规范化、制度化、程序化，达到工具理性与价值理性的统一。农业安全问题作为国家治理的一个重要方面，其国家治理现代化主要体现在以下几个方面：第一，农业政策制定要体现科学性。农业安全政策的科学性既是农业安全本身的需要，也是国家治理现代化的价值追求，脱离了农业安全政策的科学性，国家治理现代化的科学性就会大打折扣，不能称之为真正意义上的现代化治理。第二，农业政策抉择要体现民主化。

---

① 《马克思恩格斯文集》第4卷，人民出版社2009年版，第189页。
② 程同顺：《党内法规体系建设与国家治理现代化》，《甘肃理论学刊》，2016年第6期。

政策抉择的民主化既有利于农业安全政策的科学性和可执行性，也是国家治理现代化的题中应有之义，因此，在有关农业安全的政策抉择过程当中要坚持民主原则。第三，农业政策执行要体现法治化。政策执行必须要坚持法治化，这一方面有利于政策的落实，另一方面也是国家发展的方向和准绳的体现。第四，农业政策落实要体现责任制。责任制是解决政策落实的先决条件之一，责任不明晰或者没有责任主体，政策都将无法得到有效落实。

第一节　农业政策制定要体现科学性

国家治理是国家诉求实现的基本方式，有效性是衡量国家治理能力的基本准则。有效性的实现要以政策制定的科学性为前提。政策的制定与实施是国家治理的重要方式。国家治理能力现代化体现了政府在治理过程中是否能够坚持理性思维，贯彻科学精神。现代社会对治理科学化提出愈来愈高的要求，只有实现科学治理，才能最大限度地实现社会经济效益，促进社会稳定和推动社会发展。[①]因此，如何科学地制定政策，对于国家治理而言十分重要。政策制定的科学性是国家治理能力的重要体现，进而也是国家治理现代化的重要体现。在市场经济日益深化的今天，为保证社会经济的健康发展，政策制定的正确与否尤为重要，一项好的政策能为国民经济的发展奠定良好的基础，一项坏的政策可能会给国民经济的发展埋下重大隐患。政策制定作为国家治理能力的重要体现，国家治理现代化必然要求其体现科学性。对于解决农业安全问题而言，政策制定的科学性主要反映在以下几个方面：其一，政策制定要以科学的理

[①] 程同顺，李畅：《十八大以来中国政治学需要回应的重大问题》，《理论与改革》，2017年第5期。

论为指导；其二，政策制定要以客观事实为依据；其三，政策制定要体现系统化的思维。

一、政策制定要以科学的理论为指导

政策制定的科学性要以正确的认知为前提，科学的理论指导是正确认知的基础。针对日益复杂的经济社会形式，制定科学有效的政策，必须要以科学的、系统化的理论为指导。中国特色的社会主义是在马克思主义理论指导下的现实实践，但就认知对象而言，马克思主义理论是认知现实、理解现实的基础。同样，现实的实践也证明了作为指导思想的马克思主义理论是科学的。马克思主义理论作为科学的世界观和方法论，是辩证唯物主义和历史唯物主义的统一，其揭示了人类社会发展的一般规律，为人类认识世界、改造世界提供了系统化的方法论。就农业安全问题而言，马克思主义理论为理解和认识农业安全问题提供指导的同时，也为解决农业安全问题提供了方法论的指导。具体的内容包含以下两个方面：其一，理解和认知农业安全问题层面；其二，解决农业安全问题层面。

（一）理解和认知农业安全问题层面

"但另一方面，决不可忽视和忘记的是：实践也是需要理论指导的，没有科学理论指导的实践，是危险的、短视的也是短命的。"[①]马克思主义理论为我们理解整个国民经济的运行，把握和分析农业安全问题形成的内在机理提供了理论基础。马克思主义政治经济学系统地分析了整个资本主义生产方式的内在运行机制，揭示了市场经济体制下资本运动的逻辑，为我们理解市场经济下的农业发展问题提供了理论基础。马克思主义认为市场经济体制下，资本具有逐利性，产业是资本增殖的载体，产业结构的变动只是资本逐利的外

---

① 胡伟：《理论、制度与方法：党的建设科学化取向》，《南京师大学报（社会科学版）》，2012 年第 1 期。

在表现形式，这就为我们理解和分析农业安全问题提供了指导，进而为政策制定的科学性提供了支持。在农业安全的问题方面，我们一方面要认识和利用市场规律，通过市场的手段进行资源的配置来解决农业安全的问题，更要利用科学的理论作为指导解决农业安全领域中更深层次的问题；另一方面，马克思主义的哲学理论也为分析农业安全问题的内在形成机理提供了方法论的指导。比如，马克思主义认为"具体总是多样性的统一"，农业安全问题是多种因素共同作用的结果，这对我们理解农业安全问题的一般性和多样性，提供了方法论的指导；马克思主义认为，"现实在展开的过程中表明为必然性"，这为我们认识和把握农业安全问题提供了研究的切入点。科学的理论指导是科学认知的重要保证，马克思主义的理论指导为正确理解和认知农业安全问题提供了理论保证。

当前，我国正处于高速发展的阶段，政治、经济、文化、社会等各个领域都处在高速变革的时期，各种价值观念也处于颠覆、变化、发展、重塑当中。这种社会化大思潮一方面带来了新理念、新思维、新方法，有利于各种发展问题的分析和解决；另一方面也带来了新诉求、新方向，诱导出各种新问题和新矛盾。因此，我们在认知和理解农业安全问题时，应当坚持马克思主义哲学的观点和方法，要坚持"去粗取精、去伪存真"，深刻认识和把握农业安全问题的实质，全面掌握农业安全的外延、影响农业安全的要素、各要素之间的关系等。农业安全问题涉及领域十分广泛，其价值冲突也十分复杂，全面正确地把握农业安全问题尤为困难。因此，我们必须要有一整套科学理论作为指导，进而为农业安全发展提供切实保障。我国目前农业安全体系的科学性应当涵盖：解决农业安全问题就必须要坚持走中国特色社会主义道路，摸索、建立、完善国家治理体系，全面推进国家治理现代化发展进程，以国家治理现代化的不断深化来解决农业安全存在的问题，同时，不断完善农业安全领域内的各种规则、制度、体系、机制，来推进国家治理现代化的发展，促进两者之间的良性循环。

（二）解决农业安全问题层面

马克思主义为解决农业安全问题提供了系统的方法论。历史唯物主义认为，人类社会是历史实践的结果，人们不仅能够认识世界，而且可以改造世界。现实性在展开的过程中表现为必然性，强调了任何现实存在都有其内在的必然规律性，这就告诉我们解决农业安全问题，必须遵循客观的规律。马克思主义同时强调具体总是多样性的统一，任何具体的存在都是多种必然性共同作用的结果，这就告诉我们解决农业安全问题，要综合考察其内在的影响因素，利用其内在的规律性，创造一种自为的存在。科学的理论指导是政策制定科学性的理论前提，也是解决农业安全问题的重要保障。在解决农业安全问题层面，我们应当坚持以下面这两方面理论作为指导。

第一，我国农业安全具有特定的发展规律。"国家安全有传统安全与非传统安全之分，随着爆发大规模战争可能性的逐步降低，非传统安全问题就越来越成为影响国家安全的重要因素。对中国来说，在这些非传统安全因素中，农业安全尤其值得关注。"[①]解决当前中国农业安全问题就必须要把握好三个方面的问题。首先，我国有着特殊的国情，是农业大国，也是人口大国，解决好农业安全问题就必须把握好人口众多、农业基础薄弱、农村经济发展落后、农业科技不强等特点，处理好农业本身存在的问题是解决农业安全问题最为直接的前提。其次，解决好农业安全问题就必须充分把握我国所处的历史阶段以及该历史阶段对农业安全问题的要求。我国目前处于社会主义初级阶段，处在经济社会高速发展的时期。处理好社会主义市场经济与农业安全问题之间的关系是实现农业安全的前提条件。农业安全必须秉持社会主义市场经济条件下的农业安全，

---

① 程同顺，赫永超：《当前中国农业安全隐患及其战略选择》，《中共中央党校学报》，2014年第 18 卷第 3 期。

坚持政府对农业安全政策制定和落实的有效把控和全面领导。最后，在农业安全问题的解决层面上还要把握我国农业安全自身的发展规律。我国农业安全问题具有自身的发展规律，解决农业安全问题就是要利用其自身发展规律，改变发展规律的作用要素，使其与既定目标相向而行，推动农业安全结果的实现。

第二，农业安全问题的解决具有严峻性、长远性和复杂性的特点。加入世界贸易组织之后，特别是入世过渡期结束后，由于我国农业在世界体系中处于相当不利的竞争地位，农业面临依赖性发展和边缘化的风险。[①]农业安全政策的科学性在执行过程当中表现为它的长远性要求。目前，中国社会所面临的诸多问题的共性原因在于急功近利的短视行为，这种短视行为虽然具有历史的合理性，但是造成的后果影响深远。以农业生态安全为例，在过去的很长一段时间里，我们对农业生态安全关注度不够，对农业价值的要求仅仅体现在供给食物、提供饲料与纤维的方面，没有关注到其美化环境、水土保持、生态平衡、野生动植物栖息地、生物多样性等涵养生态的价值，从而使得农业生态安全遭到破坏，发展形势不容乐观。所以，在农业安全问题上，我们一定要处理好短期效益与长远利益的关系，应当坚持长远利益为先的政策制定理念，摒弃"只管眼前，不问长远"的短视行为。故此，在农业安全政策的制定方面必须要有预见性和前瞻性，把握农业安全的历史走向，提前做好政策上的谋篇布局，进而实现政策的科学、有效，为农业安全问题提供坚实的保障。

二、政策制定要以客观现实为依据

政策的制定要不唯上而唯实，客观现实是政策制定的根本出发点。国家治理现代化强调政策制定要以客观现实为依据，即政策的

---

① 郑宝华，李东：《国内农业产业安全问题研究综述》，《经济问题》，2008 年第 1 期。

制定一定要立足于具体的现实情况和特点，一切从实际出发，实事求是，确保政策制定的针对性和有效性。列宁曾指出："马克思主义者只能以确切的、有凭有据的事实作为自己的政策前提。"马克思主义者不是从原则而是从事实出发，以客观现实为依据制定政策，才能确保政策的针对性和有效性。纵观我国的社会主义道路探索，无数次的历史实践告诉我们，政策的制定必须从客观现实出发，"教条主义""本本主义"抑或"拿来主义"等脱离中国客观现实的政策制定注定是要失败的。就农业安全问题而言，一切从实际出发，以客观现实为依据的政策制定主要体现在以下两个方面：其一，解决农业安全问题的政策制定要立足于中国的具体实际和特点；其二，解决农业安全问题的政策制定要着眼于国际环境的发展趋势。

（一）立足中国客观实际

中国农业安全问题的政策制定要本着实事求是的原则，立足于中国的具体实际和特点。习近平指出："马克思、恩格斯没有直接用过'实事求是'这个词汇，但他们创立的辩证唯物主义和历史唯物主义，突出强调的就是实事求是。"[①]中国特有的"市场经济+公有制+社会主义"的经济社会运行体制注定中国的问题具有自己的特点，任何"拿来主义""教条主义"等脱离中国具体实际和特点的政策制定，注定不可能在中国的历史实践中生根发芽。走中国特色的社会主义道路，就是中国最大的客观现实，任何政策的制定和事实都不能脱离现实，其具体的内容涉及政治、经济、文化、社会等各个方面。就农业安全问题而言，它涉及我国特有的所有制结构、经济运行体制、宏观调控方式以及社会发展的整体目标等多个方面。具体到解决农业安全问题的内容，主要包括以下几个方面：

第一，解决农业安全问题不能脱离农业现代化的发展方向。"农

---

① 习近平：《2012 年 5 月 16 日在中央党校春季学期第二批入学学员开学典礼上的讲话》，《学习时报》，2012 年 5 月 28 日。

业现代化是一个动态概念，具有明显的时代特征，不同时期最具历史意义的技术进步推动了农业现代化。"[1]我们的时代特征是国家从战略的高度提出了农业现代化的构想，党的十九大报告提出，实施乡村振兴的战略，"加快推进农业农村的现代化"。农业现代化还面临着诸多挑战，当前我国的农业自主性较差，"改革开放以来，中国农业生产取得了巨大成就，特别是21世纪以来粮食产量多年稳居世界第一，但保障粮食供求总量平衡的压力越来越大，突出表现在粮食进口激增上"[2]。农业现代化，事关我国全面建成小康社会以及建设社会主义现代化强国的大局。农业现代化是农业发展的方向之一，具体表现在市场化、规模化、科技化、精细化、从业人员素质化、农业生态可持续化等。

农业安全是农业现代化的题中应有之义，只有农业产业实现安全发展才是农业现代化；农业安全也是农业现代化的发展保障，农业安全有助于农业现代化的实现，两者统一于农业现代化这个范畴。我国农业安全问题还有诸多隐患，粮食安全和种子安全十分复杂，"因而，我们必须要认识到，当前中国农业安全面临的风险是复杂而多重的"[3]。农业现代化是发展的大趋势，这就决定了农业安全问题绝不能偏离农业现代化的发展趋势，而是应当为其提供助力和服务，我们要解决好农业现代化过程当中产生的影响农业安全的各种问题，探讨农业市场化、规模化、集团化、公司化、科技化、人才化等，加快推进农业现代化，加快解决三农问题，筑牢安全堤坝，预防和解决农业产业现代化过程当中出现的各种安全隐患，为农业现代化发展保驾护航。

---

① 西奥多·W.舒尔茨：《报酬递增的源泉》，姚志勇，刘群艺，译，北京大学出版社2001年版，第125页。

② 张红宇，张海阳，李伟毅，李冠佑：《中国特色农业现代化：目标定位与改革创新》，《中国农村经济》，2015年第1期。

③ 程同顺，赫永超：《当前中国农业安全隐患及其战略选择》，《中共中央党校学报》，2014年第18卷第3期。

第二，解决农业安全问题不能与社会主义市场经济相背离。社会主义是中国最大的实际，任何背离社会主义的做法都不是以客观事实为依据的做法，因而都是行不通的。社会主义市场经济是由我国国情决定的，偏离社会主义市场经济就不是社会主义经济，这是关键之所在，故此，解决农业安全问题不能背离社会主义市场经济。首先，解决农业安全问题应置身于社会主义经济的框架下，应当以社会主义的价值来衡量农业安全政策是否遵循了实事求是这个基本原则，也就是说社会主义是解决农业安全问题的基本前提。其次，解决农业安全问题应当遵循市场经济规律。市场是资源配置的有效手段，市场经济并没有政治属性，它是配置资源的方式。我国是社会主义市场经济，所以，在坚持政府宏观调控的同时，更要坚持以市场作为农业安全调整的重要因素。社会主义市场经济是农业安全政策制定和执行的背景、前提和条件，是农业安全问题所面临的基本实际，因此，农业安全问题必须要坚持国家调控和市场配置，只有如此，才能确保农业安全政策的科学性。

第三，解决农业安全问题要在实现方式和手段上凸显政府的作用。众所周知，社会主义初级阶段是我国目前最大的国情。社会主义市场经济是社会主义发展到今天的正确选择，国家治理现代化是基于社会主义市场经济基础上的管理方法和制度的变革。国家治理现代化的责任主体具有多元化特征，包括政府、团体、公民、企事业单位等，多元化主体当中，政府的作用至关重要，是国家治理现代化的主要主体。农业安全是国家治理现代化的目标之一，其责任主体也具有多元化的特征，政府在诸多主体当中作用最为明显，是农业安全治理的主要力量。同时，我们也应当认识到，中国特色社会主义市场经济当中，政府的作用十分明显，这也是我国经济社会发展的基本事实，所以，在农业安全领域当中，更应该发挥政府的主导作用，以保证农业安全政策以及农业安全诉求的正确发展方向。综上，在农业安全问题研究和解决过程当中，进一步发挥政府的主导作用是对我国客观实际的最大尊重，是解决农业安全问题的前提和基础。

第四，解决农业安全问题，要坚持"以人民为中心"。"以人民为中心"是党的十九大提出的"新时代中国特色社会主义思想"的重要内容。"以人民为中心"是以我国今天的社会发展客观情况为基点的，是我们党的发展思维的新阶段，也是中国当前社会的基本设计。"一切为了群众，一切依靠群众"揭示了我们发展的目的和力量。解决农业安全问题，究其根本就是为了满足广大人民群众对于农业产业的需求，就是要满足越来越多、越来越广泛的需求，"把是否给人民带来利益作为发展成效的检验标准"[①]。因而，可以说，农业安全问题就是解决好老百姓的"胃"的问题，是"以人民为中心"的最佳诠释。同时，中国政权是人民的政权，是人民管理的政权，中国社会发展是由人民群众推动的。在农业安全问题上，我们既要充分发挥政府的主导作用，也要依靠广大人民群众，在政策的制定和落实上，要保障人民群众的参与，激发他们的热情，从而推动农业安全问题的合理解决。综上，我们在解决农业安全问题当中，对于"以客观实际为前提"的最佳落实，就是要坚持"以人民为中心"这个宗旨，解决好"为了谁，依靠谁"的问题，进而推动农业安全问题的合理解决。

（二）着眼国际发展趋势

我国农业发展的国际化趋势十分明显，受到国际化的影响也很大。"伴随着进口增加，国际农产品市场波动通过各种渠道更加直接、更加迅速地向国内传导，给中国农业发展带来不可预知的挑战和风险。"[②]解决农业安全问题的政策制定要着眼于国际环境的发展

---

① 姜淑萍：《"以人民为中心的发展思想"的深刻内涵和重大意义》，《党的文献》，2016年第6期。

② 张红宇，张海阳，李伟毅，李冠佑：《中国特色农业现代化：目标定位与改革创新》，《中国农村经济》，2015年第1期。

趋势，既要主动与国际社会接轨，利用好国际社会的有利条件；又要立足自身，规避国际化给我国农业安全带来的不利影响。

第一，农业安全问题受到国际化影响。随着全球一体化的推进，当今世界国与国之间的相互交流、相互影响日益密切，尤其是我国的市场经济发展已经实现与国际市场的接轨，这是我们目前的客观实际情况。因此，我国在考虑问题、办事情、制定政策时，就不能忽视国际环境对我们的影响，而应充分考虑和估量国际发展现状与趋势给我们提出的新挑战和新机遇。特别是农业安全问题，"农产品主权威胁逼近"[①]，农业已作为一种国际竞争的手段走上了历史的舞台。就其根本原因而言，农业安全问题是农业生产国际化的必然结果，由此，解决农业安全问题的政策制定更不可忽视国际环境带来的影响，而是要充分考虑国际社会对我国农业安全所带来的影响，充分利用国际规则加快我国农业安全政策的制定和落实。解决农业安全问题，要着眼于国际环境的发展趋势，着眼于国际环境的特点，就其具体的内容而言，主要包括国际农产品的国际竞争环境、农产品技术性贸易壁垒、转基因食品安全等诸多因素的发展趋势，我们要审时度势保障政策的有效性。这些国际环境的现状和发展趋势对我国农业安全的影响十分深远，我们必须要加以重视。

第二，合理利用国际化规则。农业安全问题具有十分复杂的内容，这些复杂内容产生于国际化规则。古代社会相对比较封闭，因而农业安全问题相对比较简单。随着政治、经济、文化等的国际化进程加速，各国之间的竞争与合作进入新的阶段，农业安全问题的复杂性逐渐显现。更有国家提出要将农业作为战争的新武器给国际社会带来新的威胁。面对这种复杂的国际形势，在农业安全领域我们必须要合理利用国际规则来解决我国的农业安全问题。同时，更应当认识到农业安全的国际化是不可逆的发展状态，我们必须千方

---

① 顾益康，袁海平：《中国农业安全问题思考》，《农业经济问题》2010 年第 4 期。

百计地了解、参与农业安全国际规则的制定，最大限度地体现本国农业安全的诉求，最大限度地保护本国农业的安全。正如黄季焜所说，"因此，必须要在参与制定国际贸易环境和全球食物安全治理机制的过程中积极发挥作用"①。合理利用国际化规则还要求我们在处理农业安全问题时不能"闭关锁国"，应当在立足中国农业安全客观实际的前提下，借鉴、消化、吸收他国的经验，转变为我们自己的做法，进而推进农业安全的实现。

第三，充分利用国际化，就要走出自己的发展之路。任何国家的性质、特点、背景、道路都不同，尊重不同是国际化过程中的基本前提，更是国际化不可逾越的原则，离开自身特点的国际化不是真正意义上的国际化。就我国而言，我们的国体、政体、治国理念、思考方式、基本制度与西方国家存在着明显差异。尤为重要的是，我国经济社会所处的历史阶段是任何国家都没有经历过的，14亿人口、8亿农村人口都给我们的农业安全问题烙下了中国特色的印记。我们面临的问题是任何国家都没有也不会有的问题，这些问题的解决必须要依靠我们自己"独立思考"。正如崔卫杰所说，"把确保农业产业安全与构建开放型经济新体制相统一"②，而不能照搬照抄西方的做法。历史证明，西方的做法在当前中国会水土不服，无法达到我们预期的效果。同时，我们也必须注意到，国际化也存在着不同的声音，"将农业作为武器"的思想依然存在，且在一定阶段内还十分明显。因此，农业国际化的进程在给农业安全带来机遇的同时，也会给农业安全带来严重挑战。应对国际化给农业安全带来的挑战最有效的办法就是充分利用国际化规则，坚定不移地走自主化发展道路。

---

① 黄季焜：《新时期我国农业发展的战略选择》，《农业科技与信息》，2013年第23期。
② 崔卫杰：《开放形势下的中国农业产业安全》，《研究与探讨》，2015年第1期。

三、政策制定要体现系统思维

所谓政策制定要体现系统性思维，是指政策制定要从事物的系统性特征出发，考察政策实施的整体性效果，以达到实施效果的整体性最优。伴随社会演进而来的是分工的细化和功能的不断分化，这必然会引致管理或者治理的"碎片化"问题。治理整体性思维是应对治理"碎片化"问题的重要思路，这就需要公共治理的机构和部门之间树立整体性思维，在信息、机构、规划和决策等治理过程中充分体现协调和整合的原则，加强治理现代化的整体性建设。①

（一）农业安全应坚持"整体最优"

农业政策的制定涉及政治、经济、社会等诸多方面，就解决农业安全问题而言，并不能就单纯的农业问题而谈农业问题。一项政策的制定要考察问题的诸多方面，应当穷尽所有可能的情况，考虑到各种情况之间的矛盾与冲突，给出最为科学的解决办法。

"整体最优"的表现有很多方面。就农业安全问题而言，它涉及农民问题、农业现代化问题等诸多方面，政策的制定不能顾此失彼。我们既要考虑到粮食安全的基础性，也要考虑到粮食安全与对外开放之间的关系；既要考虑到种子安全的关键性问题，大力发展我国自主种业，也要关注种子安全与知识产权的关系，进而关注种子安全与法治建设之间的关系；既要关注食品安全问题的复杂性，也要关注食品安全与其他行业之间的关系，甚至关注食品安全与转基因之间的关系；等等。解决农业安全问题的政策制定要体现系统性思维，以实现实施效果的整体性最优。"整体最优"原则不仅体现在农业安全自身领域，也体现在农业之外的其他领域，即农业政策的"整体最优"还应当包括处理农业安全与其他价值取向之间的关系。农业安全作为一种价值观念要与其他价值观念构成的系统实现"整体

---

① 程同顺、邢西敬：《从政治系统论认识国家治理现代化》，《行政论坛》，2017 年第 3 期。

最优"，在具体的政策安排上要权衡各种矛盾和各种利益，作出最优的选择。

国家治理现代化背景下的农业安全政策的"最优选择"，一方面要关注农业安全政策在确保农业安全方面所发挥的根本性作用，切实保障农业安全基本目标的实现，保障我国农业免受自然和他国的影响，能够独立发展且满足本国经济社会发展的现实需要；另一方面，还要将国家治理现代化的基本价值观念体现在农业安全政策的制定和实施当中，农业安全政策的制定应当体现国家治理现代化的诉求，以现代化的理念、价值和做法指导农业安全政策的制定。

（二）农业安全政策应当更具系统性

第一，农业安全政策要具有全局性。全局是针对局部而言的，与全局思维相对的是局部思维。全局思维要求我们处理具体事物应当坚持宏观全面性和微观联系性两个角度。农业安全问题的全局性就是将农业安全放在整体安全观的背景下进行综合考量，正如崔卫杰所言，"农业安全事关国家安全，亟须树立大农业安全观"[1]。即农业安全问题不光是农业安全自身的问题，更是整体安全体系下的重要构成，其处理和解决必须服从于整体安全的要求，在处理农业安全问题的过程当中，必须坚持"局部服从整体"的要求。从这个角度出发，探讨农业安全问题就必须从国民经济的宏观层面出发，要具有全局的总揽性。在具体政策的安排方面，农业安全的全局性应当体现在政策安排的总体设计上，在农业安全政策的设计和安排方面要体现社会发展的大方向、大背景、大趋势。农业安全政策的制定要全面考虑当前社会错综复杂的基本情况，全面考虑社会发展的历史背景，全面考虑历史、当前、今后发展的总规律，在此基础上制定和安全农业安全的政策、法律、制度、机制等，才能确保农业安全问题的全局性、有效性和科学性。

---

① 崔卫杰：《开放形势下的中国农业产业安全》，《研究与探讨》，2015 年第 1 期。

第二，农业安全政策要坚持"联系"的观点。农业安全政策的"联系"的观点是指农业安全政策所涵盖的诸多事项之间是相互作用、有机结合的整体，统一于农业安全问题的节点上。首先，农业安全政策本身应当坚持联系的观点。农业安全政策的联系的落脚点在于"相互作用"和"有机结合"，这就要求农业安全政策必须是综合的、交互的、相向的。国家治理现代化大背景下的农业安全问题绝不是孤立的课题，不能以就事论事的方法解决农业安全所面临的错综复杂的问题。其次，影响农业安全的诸多问题彼此交错、相互作用，各个问题都是作为一个点或环节而存在，如何解决、解决的好与坏都影响农业安全的结果，因此，必须将农业安全问题放在国民经济整体系统当中去，进而寻求妥善解决的方法和路径。系统性解决农业安全的问题就是将粮食安全、食品安全、种子安全和农业生态安全等问题放在国家治理现代化的大背景之下，寻求推进相关问题解决的措施和方法，进而处理好粮食安全、食品安全、种子安全和生态安全之间，以及相关问题与政治、经济、文化、社会、自然之间的关系，实现农业安全与其他社会主题之间的和谐共生。

第二节　农业政策抉择民主化

"民主通常被理解为'人民的统治'，通俗的说法就是人民当家作主。"[①]民主就其内涵而言是一种按照平等、少数服从多数的原则管理国家事务的政治制度，在其具体内容上体现为两方面的内容：其一，程序形式的民主；其二，价值取向上的民主。民主要求参与主体的妥协与包容，正如张成福、李丹婷所言："当今社会，公共治理中的'大多数'意味着公平、共享、包容、减少社会排斥，通过

---

① 燕继荣：《民主及民主的质量》，《经济社会体制比较》，2014 年第 3 期。

'包容性增长'和'包容性发展'来实现公共利益。"[①]

在现代化的社会条件下，政策决策所面临的复杂性和困难性远大于过往的任何时代，国家治理的政策抉择必然要求体现现代化的特征。民主化作为政策抉择的现代化的特征，体现为以下两方面。其一，现代社会政策抉择的复杂性和困难性，政策抉择科学性的实现要求体现现代化的特征，民主是政策抉择科学性实现的重要方式。国家治理主体吸收民意并整合成政策建议的能力，是直接体现建构现代国家合法性的能力[②]；其二，现代社会的信息化条件，为民主化的政策抉择提供了现代化的实现条件。就解决农业安全问题而言，政策抉择要体现民主化主要体现在以下两个方面：第一，政策抉择在程序形式上的民主；第二，政策抉择在价值取向上的民主。

一、政策抉择在程序上的民主

政策抉择在程序上的民主是国家治理理论的必然要求，也是国家治理理论的重要组成部分。农业安全问题的提出和解决无法回避国家治理现代化的大背景，而应充分体现其价值内涵，在政策的制定和执行层面要体现国家治理现代化的民主价值目标，在政策制定、选择及执行的程序方面要以民主为先导。

（一）农业政策选择的形式民主

民主主要探讨两个最为基础性的问题：权力来自何处、权力如何行使。[③]农业政策抉择上的民主是国家治理现代化的重要特征，也是通过一系列的制度安排，确保政策抉择过程的科学性与合理性的最终实现。

---

① 张成福，李丹婷：《公共利益与公共治理》，《中国人民大学学报》，2012 年第 2 期。

② 程同顺，李畅：《十八大以来中国政治学需要回应的重大问题》，《理论与改革》，2017 年第 5 期。

③ 张明军，陈朋：《中国特色社会主义政治发展的实践前提与创新逻辑》，《中国社会科学》，2014 年第 5 期。

　　第一，政策抉择的形式民主是治理现代化的重要特征。为全面深化改革，党的十八届三中全会明确提出："完善和发展中国特色社会主义制度，推进国家治理能力和国家治理体系现代化。"国家治理现代化包含两个方面：国家治理体系现代化和国家治理能力现代化，无论是体系还是能力的现代化其基本价值观念都包括民主、法治、稳定、和谐、安全等。国家治理现代化的基本价值观念已经融入我国政治、经济、社会、文化中，被经济社会治理广泛接受。其中，民主是国家治理现代化的基本价值观念，也是发现和解决农业安全问题必须坚持的价值理念。民主的作用体现在国家治理的方方面面，也体现在农业政策的抉择过程。政策抉择过程中的民主表现在政策选择的过程管控上，即农业政策抉择在程序形式上的民主，这种程序形式上的民主是政策抉择的理性工具，是治理现代化的特征。政策抉择要体现民主化，意在强调政策抉择的科学性和价值指向。民主作为国家治理现代化的基本价值观念在当前的我国政府、团体、企事业、公民等社会参与主体所接受和推崇，成为国家治理现代化的主要特征。

　　第二，政策抉择过程的科学性与合理性是程序民主的追求。现代化的政策抉择以科学和民主为基本取向。程序形式上的民主是指在政治、经济、社会等活动当中，通过提供参与主体的平等、参与过程的透明等措施，确保各个主体都能够表达自己的意见和想法，并将这种意见和想法充分作用于活动的结果，从而确保抉择的科学性与合理性。政策抉择以科学为基本取向是强调以解决问题为目标导向，通过系统的理论、程序、方法和手段实现政策抉择的有效性。政策抉择以民主为基本取向则是在政策决策的程序进程中，强调广泛的参与性，以实现政策抉择的科学性和合理性。程序形式上的民主是抉择科学性实现的手段，其作为一种工具理性可为政策解决问题的有效性提供科学性和合理性的支持。程序形式上的民主是以为政策抉择提供科学性和合理性支持为内容的。任何程序形式上的民主一旦脱离这个内容，就只能是相关利益者博弈的手段，进而变成纯粹的形式民主。农业安全的政策抉择必须坚持程序形式民主的价值观念，唯有如此，才能够保障政策抉择过程当中的科学性与合理性，才能避免程序形式民主沦落为纯粹意义上的民主，导致农业安全政策选择过程"为了民主而民主"。

第三，政策抉择民主的内在规定性。正是程序形式上的民主在内容上的这种规定性，使政策抉择的民主实现具有了内在的规定性：其一，政策抉择者的代表性。政策抉择者是广泛参与的体现者，要能够真实地体现广泛参与。代表的资格一定是民主选择的结果，并且能够真正地体现相关利益者的民主权利。所谓"人民代表人民选，人民代表为人民"，就是要求政策的抉择者要真正体现相关利益者的意志，为人民行使权利。其二，政策抉择者的抉择能力。民主作为科学性、合理性实现的条件，两者并不是必然统一的。真理既可以掌握在大多数人的手里，也可以掌握在少数人的手里，程序形式上的民主决策既可能是科学的、合理的，也可能是错误的、不合理的。政策形式上的民主只是决定了政策抉择产生的形式。政策抉择能够在多大程度上反映科学性和合理性，完全取决于决策者的综合素质，具体体现在决策者的政治素质、文化素质、民主科学的精神、实事求是的作风等多个方面的内容。

（二）农业政策抉择民主程序的困境

政策抉择程序形式上的民主是国家治理现代化的基本要求，这种民主从应然到实然的过程就是民主发挥作用的过程。政策抉择民主程序从理念到规定再到有效发挥作用需要诸多因素，即客观实际情况要满足民主实然化的一般条件。就农业政策抉择程序上的民主而言，这种抉择程序的民主是否发挥作用应当具备诸多要素。这些要素是否具备，一方面影响了农业安全政策抉择的科学性、有效性与合理性，另一方面也体现了农业安全政策抉择对国家治理现代化提出的挑战和要求。

第一，农业政策抉择程序主体参与能力不足。民主，简单而言就是多数人当家作主，换句话说，民主就是多数人"说了算"，民主的结果就是多数人意见的表达。从这个角度出发，影响民主结果的因素当中，参与民主的主体的参与意愿和参与能力尤为重要。当前中国社会发展不均衡，农业、农村、农民整体水平非常落后。农业的落后不仅体现在农业生产力的落后，也体现在农业的发展模式、农业相关产业的互补能力、农业发展的有关平台等多个方面，这种落后的最直接体现就是农村的落后。农村落后的最直接体现就是农村经济的落后，间接的体现就是农村政治的落后。当前，农村政治落后体现在两个层面上：一是有关农村参与政治的法律规定科学性不高，无法保障相关主体能够参与到政策抉择的程序当中；二是农民的参与意识以及参与能力不高，即便参与到相关的政策抉择当中，由于受知识、认识等相关能力的影响，也不能对政策抉择结果承担相关责任。因而，农业政策抉择程序由于受到参与主体的意识和能力的影响，仍然存在民主从"应然"向"实然"结果转变不充分的危险，这为农业安全政策的选择带来了严重影响，为国家治理现代化提出了新挑战和新要求。

第二，农业政策抉择程序立法水平不高。良法是善治的前提，国家治理现代化要求制度创新要遵循法治原则，即建立符合道德理性和公平正义的现代法治体系。以种子立法为例，在现行法律中，我们对于外资的准入制度还是相对宽松的，没有提出更高、更明确的要求，这将不利于日后种子市场的民族化和安全性。农业产业的落后体现在法律建设上就是农业决策程序立法水平不高，其体现在两个方面。一是参与主体范围设置不科学。马克思认为："人们为之奋斗的一切，都同他们的利益有关。"[1]目前，我国农业安全政策抉择的参与主体不够广泛，利益相关主体充分表达意见的渠道不够通

---

[1]《马克思恩格斯全集》第 1 卷，人民出版社 1995 年版，第 187 页。

畅，政策的最终抉择未能穷尽相关利益诉求，农业安全立法有待加强。二是农业安全政策抉择程序立法不健全。农业安全政策立法程序不健全将导致由此而产生的农业政策的合理性受到挑战。综上，当前我国农业政策决策程序立法水平不高，农业安全结果保障性不强，因此，相关立法水平对国家治理现代化提出了更高要求。

二、政策抉择在价值取向上的民主

政策抉择体现民主化，不仅体现为程序形式上的民主，而且体现为价值取向上的民主。政策抉择在价值取向上的民主体现为两个方面的内容：其一，政策抉择在解决问题的目标导向性上体现民主意识；其二，政策抉择在解决问题的方式方法上坚持以人为本。

（一）政策抉择在解决问题的目标导向性上体现民主意识

政策抉择在解决问题的目标导向性上体现民主意识，是指解决问题的目标导向性由绝大多数人说了算，在尊重少数的基础上，少数服从多数。

第一，解决问题是程序民主的目标导向。国家治理现代化背景下的民主分类标准复杂多样，按照民主形式不同可以分为程序民主和实质民主。程序民主更加注重行为结果对参与人意见的反映程度。一般而言，程序民主不为实质民主负责，即程序民主不必然产生实质民主。农业安全政策的制定和执行要着眼于农业安全问题的解决，粮食安全、农产品安全、种子安全和农业生态安全问题应当通过农业政策的抉择加以解决，否则，从经验上看，单纯追求民主的实现并无意义。因此，解决问题是农业安全政策抉择程序的目标导向，农业安全政策抉择的程序安排都应当为解决农业安全问题而设定，围绕农业安全的实现而展开。是否解决问题与程序的科学性与有效性并无必然关联，而与利益相关者的参与有关。解决问题的目标导向是必须体现民主意识，否则，农业安全政策抉择就会陷入纯粹的民主。如何将该民主意识体现在农业安全政策抉择的目标导向上，是国家治理现代化应当关注和解决的问题。

第二，广泛参与是目标导向民主意识的诉求。政策抉择在解决问题的目标导向上体现民主意识是一种价值取向上的民主，这种价值取向上的民主统一于程序形式上的民主，是程序民主发展的必然。同时，这种民主意识的价值体现无关政策抉择的科学性，只是体现在抉择目标的导向性上。因此，这种民主抉择的抉择者必须是政策的相关利益方，而非独立于政策之外的非相关方。在农业安全政策抉择过程当中，程序民主的推进不容忽视，这不光是因为程序民主本身的问题还亟待解决，也因为程序民主的重要意义仍很突出。同时，在政策解决目标价值取向上体现民主意识还存在诸多困难，当前，我国农业安全保障体系尚未建立，各种政策、法律、法规的规定还未形成体系，农业政策利益相关方的确定本身还存在理论上和技术上的困难，再加上利益相关方在参与和表达方面仍需改善，因此如何理清利益相关方以及如何确保利益相关方通过民主的程序充分参与政策的制定并表达自己的意愿，是国家治理现代化关注也是需要解决的重要课题。

第三，民主意识有助于政策抉择。为了能够更为广泛、准确地体现民主意识，程序形式上的民主要能够切实地保证利益相关方参与的广泛性和结构性，若不能真实全面地反映利益相关方的意志，民主就会仅仅体现为形式上的民主。少数民主政策的抉择者，不作为、乱作为的现象凸显，对"人民代表为人民"的质疑就是这种政策抉择不能体现民主意识的现实写照。民主意识有助于问题的解决，只有充分发挥民主意识、尊重民主意识、激发民主意识，广大的利益相关方更加积极地参与到民主的程序当中来，才会使各种想法、观点、诉求在抉择程序过程当中得以充分的表达，才能确保问题得以有效解决。就解决农业安全问题而言，就是要充分发挥民主意识，引导农业安全政策的相关主体参与到农业安全政策的决策当中来，提高相关利益主体表达利益诉求的能力和水平，真切地反映农业问题相关方的意志，尊重他们的想法，使政策抉择能够体现民主。这一课题不仅是农业安全领域当中的问题，更是国家治理理论当中的问题，随着国家治理现代化程度的不断深入，农业安全政策抉择将不断得以优化和提高。

（二）政策抉择要在解决问题的方式方法上坚持以人为本

政策抉择要在解决问题的方式方法上坚持以人为本是指，政策抉择将以人为本作为根本出发点，充分尊重个体意见的表达，充分保障个体利益不受侵犯。区别于目标导向上的民主价值，这种民主价值独立于程序形式上的民主，是政策抉择的根本出发点和终极目标，是科学性与价值性的统一。程序形式上的民主在某种层面上只是为民主意识的实现提供了条件，制定出来的政策能否反映民主意识，政策的实施能否实现抉择者想要达到的效果，都是一个未知数，其有效性和科学性的实现要依赖抉择者的综合素质。政策抉择以人为本的民主价值取向，要求将以人为本作为根本出发点，将指导思想和根本目标贯彻到解决问题的全过程。其不仅体现在解决问题的目标上，而且体现在方式、方法的选择上，要求将政策抉择作为贯彻和落实以人为本政策的一部分。这种以人为本的民主价值取向从根本上回答了怎样制定政策、怎样体现民主的问题。农业安全政策抉择影响范围较广，涉及国民经济的诸多领域，与其他产业政策相比，其影响的群体庞大，因而，政策的科学性、有效性都十分重要。农业政策抉择结果一方面要求能够体现解决问题的价值，另一方面要求关注抉择过程是否坚持了以人为本的民主理念。

第一,政策抉择过程坚持以人为本是坚持民主政治的重要体现。以人为本"它是一种对人在社会历史发展中的主体地位和目的地位的肯定。它既强调人在社会历史发展中的主体地位和目的地位，又强调人在社会历史发展中的主体作用"[1]。以人为本的价值观念是

---

[1] 顾东辉：《国家治理现代化的多重解读》，《中共浙江省委党校学报》，2014 年 5 期。

民主政治在中国的进一步发展，是民主政治的基础。"以人为本作为价值理念，为民主制度的创新、法律规则的应用，为激活人们的政治参与搭建了理论共识和实践契合的桥梁。"[1]以人为本的思想是社会主义民主政治的关键因素，是关乎社会发展"为了谁"和"依靠谁"的问题。农业安全政策抉择过程要遵循人本思想，是发扬社会主义民主政治的重要体现。以人为本，充分激发利益相关方参与政策决策的过程，不仅可确保解决问题价值取向的科学性，而且能通过过程的平等参与和表达推进程序民主实现更好更快发展。可见，决策过程的以人为本是中国特色民主政治的表现形式，是国家治理现代化应当予以关注和解决的问题之一。

第二，农业安全政策抉择过程体现以人为本是程序民主的内在要求。民主是国家治理现代化的基本价值目标。一般来说，民主政治既有其实体性规定，又有其程序性设计，程序民主是民主政治的重要范畴。[2]"程序民主论主张民主是一种过程或一种程序，个人的自由平等权利只有在这种过程或程序中才能实现。后果对民主政治而言不是最重要的，最重要的是民主政治的程序。"[3]程序民主作为民主的一种形式，是通过"管控"过程来诠释民主精神的方式方法，其具有独立的内涵价值。程序民主除却体现自身的民主价值外，还关注通过程序而产生的结果，虽然这种结果并不总体现在问题解决的层面，但却是以问题解决为价值导向的。程序民主在农业安全政策抉择领域，必须确保政策抉择过程体现民主精神和理念，充分尊重每个个体的意见和利益，唯有如此，才能确保"看得见"的民主真正被执行，切实保障农业安全政策决策过程的民主。

第三，农业安全政策抉择过程坚持以人为本是解决问题的客观

① 周玉芝，邓如辛：《以人为本：中国特色社会主义民主和法制建设的新理念》，《理论探讨》，2011 年第 1 期。

② 张书林：《十六大到十八大：程序民主十年研究综述》，《湖湘论坛》，2013 年 2 期。

③ 俞可平：《权利政治与公益政治》，社会科学文献出版社 2005 年版，第 56 页。

需要。韩强指出，程序民主就是"程序民主化与民主程序化的结合，指的是在实现民主过程中的先后顺序、步骤、方式及其有关制度性规定"①。程序民主更加关注民主实现过程的顺序、步骤和方式，认为程序民主是民主得以实现的前提条件。"实质民主的内容需要按照程序设计的规则和步骤逐步实施，实质民主的有关问题必须在程序民主设计的框架和范围之内进行处理，没有一系列规则、程序构成的民主的实现形式，实质民主只能是抽象的、脱离实际的乌托邦。"②在一定意义上说，解决问题是实质民主的表现形式之一，而问题的解决一方面要靠目标涉及的合理性，另一方面要靠"过程管控"。就农业安全政策决策过程而言，我们应当通过一系列的规章制度的设定，将程序民主制度化，确保参与人员、参与过程符合民主精神的诉求，确保政策抉择的结果更加科学、更加有效、更加符合发展现状和实际情况。

第三节　农业政策体系法治化

习近平总书记指出，依法治国是党领导人民治理国家的基本方略，法治是治国理政的基本方略，法治是治理国家的基本方式。党的十九大明确提出要全面推进依法治国，加快建设社会主义法治建设。法治是国家治理现代化的重要特征。国家治理现代化尽管涉及公平化、民主化、科学化、高效化和法治化等多项指标，但是制度建设和法治化毫无疑问是国家治理现代化的重要内容和核心指标。在推动国家治理现代化的进程中，法治化在很大程度上是公平化、

---

① 韩强：《论民主政治和程序化问题》，《中共浙江省委党校学报》，2002 年第 5 期。
② 芮绍阳，方同义：《程序民主：我国社会主义民主建设的路径选择》，《浙江师范大学学报》，2011 年第 1 期。

民主化、科学化和高效化的前提和基础、支撑和保障。[①]解决农业安全问题作为国家治理现代化的一个方面，政策体系必然要体现法治化，以形成完备的农业法律法规体系、高效的农业执法体系、健全的乡村治理体系、有效的依法行政工作机制和科学的法治宣传教育机制为重点，[②]为农业安全提供有力保障。解决农业安全问题政策体系法治化主要体现以下三个方面：其一，解决农业安全问题政策体系体现法治化的基本出发点是转制度优势为治理效能；其二，解决农业安全问题政策体系体现法治化的基本立足点之一是政策体系的法制化；其三，解决农业安全问题政策体系体现法治化的基本立足点之二是政策执行的法治化。

一、转制度优势为治理效能

转制度优势为治理效能是政策体系体现法治化的基本出发点。法治作为国家治理现代化的重要标志，其基本路径就是通过推进国家治理的各项规章制度建设，健全和完善国家治理的制度体系，依靠法治实现国家治理水平和能力的提高。就其本质意义而言，就是将体现在制度层面的优势转化为提高国家治理水平的效能。就中国特色社会主义的国家治理层面而言，其主要体现在以人为本、依法治理、公共治理三个方面上由制度优势到治理效能的转变，即现代法治实现了国家治理由人治到法治再到善治的理性诉求。

（一）以人为本

就以人为本而言，其作为一种制度优势贯穿了中国特色社会主义实践的全过程，体现并反映了社会发展的客观规律以及中华民族和中国人民的根本利益。现代国家治理的目标应该是以人为本，追求人的可持续、健康、自由、全面发展。无论是政治、经济、社会、

---

① 程同顺：《党内法规体系建设与国家治理现代化》，《甘肃理论学刊》，2016 年第 6 期。
② 农业部产业政策与法规司：《做好新形势下的农业法治工作》，见中国农业新闻网，http://www.farmer.com.cn，2017 年 12 月 28 日。

文化，还是生态环境的治理，最终目标都应该体现为国民的福祉。离开了人的可持续发展、自由、幸福，发展和秩序都必然异化。从以人为本到治理效能的实现，使法治不再仅仅是治理方式方法的表征，同时使国家治理具有了规律上的合法性和道德上的正当性。以人为本的制度优势在法治体系中的贯彻和执行，从根本上纠正了经济社会发展的种种问题，其将尊重和保障人民的主体地位、增进人民的福祉、实现人的全面发展等作为国家治理的终极目标，进而使法治化表征为国家治理从人治到法治再到善治理性诉求的实现。因此，农业安全政策的制定要体现以人为本，一方面，要以农民为本，关注农业生产安全，坚持农民主体地位，增进农民福祉；另一方面，要以消费者为本，关注粮食安全、农产品质量，尊重和关爱消费者的健康[①]。

（二）依法治理

邓小平同志多次指出："一个国家的命运建立在一两个人的声望上面，是很不健康的，是很危险的。不出事没问题，一出事就不可收拾"，"还是要搞法治，搞法治靠得住些。"[②]依法治理作为中国特色社会主义治理制度层面的优势主要体现在以下三个方面：其一，保证了执政党在执政理念、执政路线以及执政方针上的联系性和稳定性；其二，依法治理是规则之治、程序之治，具有可预期性、可操作性、可救济性，因而能够使人民群众对经济社会生活的规划形成合理预期和一定的安全感，确保治理的公信力；其三，依法治理由国家强制力保证实施，确保了治理制度体系的运行效能。中国特色的社会主义制度安排，不仅超越了人治，更是超越了多党轮流执政的偶然性，从法律层面确立了中国共产党的执政地位，最大限度地确保了执政理念、思路、方针政策的延续性，进而也确保了从人

---

① 姜玉桂：《做农业也要以人为本》，《农产品市场周刊》，2017 年第 27 期。
② 《邓小平文选》第三卷，人民出版社 1993 年版，第 311 页。

治到法治再到善治理性诉求的实现。

我们要巩固农业基础地位，提高农业支持保护水平，就必须要依靠法治建设予以保障。从农业产业发展的角度看，当前我国农业已经由产量导向转为质量效益导向，为实现农业增效、农民增收、农村发展，构建保障农业农村经济高质量发展的长效机制，我们需要强化法治，以法律的明确性、稳定性和强制力，进一步打击违法生产经营、非法添加、套牌侵权等行为，保护农业资源环境，推动绿色发展，深化农村改革。从维护农民权益的角度看，随着农村社会结构的深刻变动，利益格局的深刻调整，各群体利益取向日益多元化，不同群体间的利益冲突也更加频繁，我们必须依靠法治调整各种利益关系，保护农民权益，有效预防和依法化解农村社会矛盾纠纷。[①]

（三）公共治理

就公共治理而言，中国特色的社会主义制度安排确立和强化了各民主党派和社会公众参与国家治理的制度安排，其优势主要体现在以下三个方面：第一，将民主融入国家治理之中，可最大限度地保障公众参与国家治理的话语权和决定权，使国家治理真正体现人民当家作主；第二，多党协商的政治安排，可最大限度地凝聚共识，多方面地反应社会各阶层的诉求，确保社会和谐稳定的同时，实现了治理效能的最优化；第三，多元主体共治，可使公共治理与社会治理相结合，进而从治理能力和水平上确保了治理的效果。

在农业安全问题上，我们要破解农村食品安全监管困境，就必须选择多元治理路径，从完善治理主体结构、明晰治理主体权责、建立契约治理为主的新型法律关系等方面构建农村食品安全多元治理模式。同时，为确保多元治理模式的顺利实施，还需有日常监督、

---

① 农业部产业政策与法规司：《做好新形势下的农业法治工作》，见中国农业新闻网，http://www.farmer.com.cn，2017 年 12 月 28 日。

利益驱动、考评奖惩、信息公开、争端解决等机制与之配套。[①]要解决农业生态安全问题，加强农村生态环境治理，同样也需要多元参与、社会共治。除了由各级、各地政府进行主导，一个良好有序的环境治理体系还应该包括企业、非政府组织、农民群体等众多组成部分，只有将各方的力量进行组织和配合，才能增强农村生态环境保护的效果，提高农村生态环境的治理效率。[②]在农业技术推广体制上，也应建立公共治理模式。在充分发挥政府"元治理"作用的同时，我们还应注重发挥协会、农民专业合作社、涉农企业、农户等自治组织的作用，建立一个有序、高效、多元、相互协作的推广体系。

二、政策体系的法制化

政策体系体现法治化的基本立足点之一是政策体系的法制化。治理体系的法制化是国家治理现代化的重要标志，是国家治理法治化的重要前提。中国特色的社会主义制度下的治理体系由一整套的政策制度体系构成，包括以党章为统领的党内法规制度体系、以基本路线为统领的政策制度体系、以宪法为统领的法律制度体系，涉及治理的主体、治理的客体、治理的权能、治理的事务、治理的程序、治理的评价等各个方面。但作为国家治理现代化的重要标志，这些政策制度都要汇总成为"法治"的"法"之依据，以实现治理体系的法制化。同时，政策制度只有通过法制化，成为"法治"的"法"之依据，才可以由国家强制力保障其执行，进而实现政策制度的治理效能。因此，解决农业安全问题也可以看作是解决农业安全问题政策体系的法制化。

---

① 张志勋：《论农村食品安全多元治理模式之构建》，《法学论坛》，2017 年第 4 期。

② 黄玮凡：《公共治理视角下农村生态环境保护问题研究》，东北财经大学硕士学位论文，2016 年。

（一）实现政策体系向法律制度的转变

政策制度转变为法律制度是指，其由党章或基本路线为统领的政策制度体系向以宪法为统领的法律制度体系的转变，一方面，在其方式路径的一般性上表现为：先是以党内法规和政策形式予以宣示，确认其在政策制度体系上的有效性，通过在治理实践中进一步检验成熟，然后通过立法程序将其上升为法律制度，以宪法或法律的形成加以确认、完善和定型，进而成为构成法律制度中的一部分。另一方面，在其内容上是一个系统向另一个系统的转变。法律体系以宪法为统领，由宪法确认其地位并保证其协调运行。具体到农业安全问题上，就是将解决农业安全问题的政策体系通过立法程序将其上升为法律制度，以宪法或法律的形式加以确认、完善和定型，最终，将解决农业安全问题的政策体系以法律的形式确认下来。农业安全是一个战略性问题，那么，相关的政策也应是一个战略性的而不应是年度性或临时性的政策，因此，应该将成熟的农业政策法律化，即从"政策治理"向"法律治理"转变。

我国作为一个农业大国，政府制定和实施的农业政策对于中国的农业发展和农民生活水平的提高都具有重要作用。但目前，我国的农业政策仍存在立法依据不完善、政策执行力不够等问题，农业法制化建设仍然相对落后，对于法律手段的使用远远不足，多项对农业有效的政策都以政府发布条例的方式公布，未以法律的形式加以确认。因此，我国应大力加强农业政策法制化建设，提高立法质量，尽快形成以《农业法》为中心、各项政策配套实施细则相对应、适应社会主义经济发展要求的农业法律体系。[①]当前，我们要大力推动《农村土地承包法》《农民专业合作社法》《渔业法》《生猪屠宰管理条例》《农作物病虫害防治条例》《植物新品种保护条例》等法

---

① 陈阵，张海英：《美国〈农场法案〉对中国农业政策法制化建设的启示》，《经济研究导刊》，2013 年第 12 期。

律法规的制定及修订工作，积极推进粮食安全保障立法、农业支持保护立法，完善农业生产经营秩序立法，加强农业资源保护立法，加快完善农村基本经营制度相关法律。

（二）全面加强农业法律实施

当前，我们应积极确立农业安全相关政策制度的法律地位，使农业安全领域的法律制度能够在宪法的统领下协调运行，确保法律制度的有效实施，切实地将政策制度转化为解决农业安全问题的效能。

2017年，我国的农业立法取得新进展，《农药管理条例》和《水污染防治法》全面修订并颁布实施，《农村土地承包法》（修订）、《农民专业合作社法》（修订）、《土壤污染防治法》《农作物病虫害防治条例》《生猪屠宰管理条例》（修订）等重要农业法律法规的制修订工作深入推进，农业部共制定出台了10部规章。在党中央、国务院、全国人大常委会的高度重视下，农业法律法规日益完善，目前农业领域共制定现行有效法律15部、行政法规29部、部门规章150部、地方性农业法规规章600多部。[①]但是，与法律制定相比，当前我国农业法律的实施仍是薄弱环节。因此，我们应抓好农业法律实施，研究解决制约法律效能发挥的各种障碍，补齐短板，确保法律实施效果。

党的十八届四中全会审议通过的《中共中央关于全面推进依法治国若干重大问题的决定》明确提出，将农林水利作为推进综合执法的重点领域，有条件的领域可以推进跨部门综合执法。要建立健全权责统一、权威高效的农业行政执法体制，扭转分散执法、多头执法的局面，严格规范执法行为。要加强农业法治宣传教育，提高农业干部的法治观念和意识，完善农业部门学法、用法制度。把宪

---

① 农业部产业政策与法规司：《做好新形势下的农业法治工作》，中国农业新闻网，2017年12月28日。

法、国家基本法律和与农业农村工作密切相关的法律法规列入农业部门党委（党组）中心组学习的重要内容，作为工作人员培训的必修课。[1]加大对农民普法教育力度，通过宣讲、展览、新闻宣传媒体、信息发布平台等通俗易懂、喜闻乐见的方式在农村开展普法宣传教育，广泛宣传与农业、农村和农民生产生活密切相关的法律法规，如农业投入品管理、农产品质量安全管理、农村土地承包、农业资源环境保护等方面的法律法规，引导农民群众合法合规生产，在遇到纠纷时用合法手段维护自身权益，不断增强农村干部群众和涉农生产经营者守法用法的意识和能力，全面加强农业法律实施。

三、政策执行的法治化

政策体系体现法治化的基本立足点之二是政策执行的法治化。习近平总书记指出："必须适应国家现代化总进程，提高党科学执政、民主执政、依法执政水平，提高国家机构履职能力，提高人民群众依法管理国家事务、经济社会文化事务、自身事务的能力，实现党、国家、社会各项事务治理制度化、规范化、程序化，不断提高运用中国特色社会主义制度有效治理国家的能力。"[2]将法治当作治国理政的基本方式，最重要的是要运用法治思维和法治方式的能力，解决法治缺位情况下治理动力不足和能力不够的问题。[3]我们要实现运用中国特色社会主义制度治理国家的现代化，不仅强调要用法治的方式将现有的法律治理体系转化成治理国家的效能，而且强调用法治的思维和法治的方式，去解决法制缺位的情况下治理动力不足和治理能力不够的问题，不断完善、健全社会主义法制体系。

---

①《农业部关于贯彻党的十八届四中全会精神深入推进农业法治建设的意见》，见国家农业部网站，http://www.moa.gov.cn，2015 年 3 月 17 日。

② 习近平：《完善和发展中国特色社会主义制度　推进国家治理体系和治理能力现代化》，《人民日报》，2014 年 2 月 18 日第 1 版。

③ 张文显：《法治与国家治理现代化》，《中国法学》，2014 年第 4 期。

（一）强化农业执法

在农业安全问题上，政策执行的法治化，就是要强化农业执法，将解决农业安全问题的政策体系，用法治的方式转化为解决问题的效能，保障政策的执行力。

加强农业执法规范化建设。加强农业执法规范化建设，是开展农业综合执法的重要条件，是提高农业执法人员执政能力的重要保证，是提高农业部门整体实力，维护农业基础地位，增强农业部门权威性的重要举措。[①]我们要明确农业执法目标，建立一个政治可靠、业务精湛、作风过硬的专职执法队伍，确保执法力量与执法任务相适应。要建立健全执法规章制度，如办案制度、执法人员管理制度、档案管理制度、监督与廉政制度、举报投诉受理和举报奖励制度等，以确保执法人员严格、规范、公正、文明执法，做到有权必有责、用权受监督、违法要追究。要完善和建立农业执法的保障体系。政府和农业主管部门要高度重视农业执法，对于农业执法日常工作中存在的问题要采取有效措施积极解决。要加大对人力、财力、物力的投入，配备相应的执法设施，改善执法条件，保障各项执法工作的有效开展。

深入推进农业综合执法。即整合农业执法职能，健全综合执法体系，坚定不移推进农业综合执法。我们要按照权责一致的要求，理顺综合执法机构和行业管理机构的关系，综合执法机构主要承担执法检查、行政处罚等职能，行业管理机构主要承担规划制定、产业指导、行政审批、日常管理等职能，充分发挥各自优势，强化协作配合。要加强部门及区域协作与对接，完善信息共享机制，提高执法办案效率，建立各级农业执法联动机制，形成农业执法信息互通、资源共享、团结协作、行动协调的格局。建立健全全国上下农

---

① 罗海军，余辉：《加强农业执法规范化 推进现代农业发展》，《现代园艺》，2015 年第 11 期。

业行政执法信息互动、资源共享机制。农业部及有关单位要通过官方网站、手机短信查询等方式及时全面发布、更新对有关农药、肥料、种子等农资的审批、登记、审定以及标签等信息情况，以便基层执法人员及时掌握农资信息动态，增强农资打假的针对性和有效性，提高执法办案效率。[①]

加大农业执法力度，切实提升执法力度和执法效果。我们要继续健全农业执法方式，强化日常执法，完善以随机抽查为重点的监督检查制度。当前，我们要进一步规范农资经营市场准入制度，着力整顿和规范种子、农药、肥料等农资产品市场秩序，查处假冒伪劣农资和不合格不安全农产品，加大农业投入品和农产品质量安全执法力度，严厉打击生产假劣农资、侵犯农业知识产权和破坏农业资源环境等违法行为。坚持处罚与教育相结合，努力实现办理一案、规范一片的效果，坚决杜绝一罚了之、以罚代管现象。健全农业执法与刑事司法的衔接机制，坚决杜绝有案不移、以罚代刑现象。

（二）提高农业部门依法行政能力

农业执法部门要充分发挥职能作用。作为贯彻执行法律法规的主力军，农业执法部门要树立农业投入品安全和农产品质量安全的法律权威，将农业执法监管的重心由过去主要关注农产品生产转变到关注农产品生产和农产品消费并重上来。[②]一方面，要加大对农业投入品市场秩序的规范力度，使生产者的正当利益得到充分保障，切实维护农民权益；另一方面，要切实承担农产品质量安全执法责任，严格规范农业生产者对农业投入品的使用，确保农产品质量安全，维护消费者健康。

要深入推进农业部门政务公开。围绕农业产业扶贫、农产品市场和质量安全、重大农业基本建设投资项目、农村改革、行政审批、

---

① 张利宝：《加强农业综合执法体系建设的探析》，《农业与技术》，2014 年第 5 期。
② 田培仁：《把握新时代农业执法新要求》，《江苏农村经济》，2018 年第 3 期。

行政处罚等重点领域加大信息公开力度，注重运用技术手段使公开的信息能检索、能核查、能利用。充分利用农业部门网站、新闻发布会、政务微博微信、移动客户端等途径发布信息，并做好相关政策的解读工作。加强与广播电视、报纸杂志、网络媒体的交流互动，扩大信息发布覆盖面。健全涉农突发事件信息发布机制，对于社会关注的相关问题及时作出回应。

要坚持依法科学民主决策。在制定重大政策或进行重大决策时，应当广泛听取相关部门、涉农生产经营主体和专家的意见，必要时向社会公开征求意见，将专家论证、风险评估、合法性审查、公共参与、集体讨论决定作为农业部门重大决策必经程序。严格执行重大事项集体决策制度。对于涉及面广、容易引发社会稳定问题的重大决策事项，应当进行社会稳定风险评估。加强重大决策合法性审查，未经合法性审查或经审查不合法的决策，不得提交讨论。①

第四节　农业政策落实强化责任制

治理现代化包括治理体系与治理能力的现代化，两者统一于治理效果的现代化。治理体系与治理能力的好与坏，现代化水平的高与低，最终的评价标准仍要体现在是否具有治理效果上。治理体系与治理能力的现代化，是治理效果现代化的重要保证亦是其前提条件，但并不构成必然条件。治理体系与治理能力的现代化同治理效果的现代化之间有一个政策落实的问题，可以起到关键作用。如果落实的问题得不到保障，治理体系与治理能力的现代化对于治理效果而言必将是形同虚设，对解决问题而言毫无意义。政策体系的落

---

① 《农业部关于贯彻党的十八届四中全会精神深入推进农业法治建设的意见》，见国家农业部网站，http://www.moa.gov.cn，2015 年 3 月 17 日。

实是否切实到位决定着治理效果的好与坏。进而，对于治理现代化而言，除了现代化的治理体系与治理能力，切实有效的落实也是必不可少的。因此，治理现代化强调政策的落实要体现责任制，以责任制确保政策体系落实到位，进而确保治理效果是治理体系与治理能力的客观体现。具体到解决农业安全问题而言，就是要落实责任制，确保解决农业安全问题的各项政策制度落实到位。具体的内容包含以下三个方面：其一，政策制定层面的责任制；其二，政策执行层面的责任制；其三，政策监管层面的责任制。

一、政策制定层面的责任制

落实责任制是确保治理现代化的重要保障，它涉及从政策制定到政策实施的全过程。就政策制定层面的责任制而言，就是要切实保障政策制定的科学性及有效性，这是治理现代化的首要保障，涉及政策制定的现实依据、理论论证、可行性分析三个方面。[①]就农业政策的实施而言，要落实责任制体现农业安全治理的现代化，就是要把落实责任制贯彻到农业政策实施的全过程，首要的就是要从现实依据、理论论证、可行性分析三个方面落实农业政策制定层面的责任制。

（一）政策制定的现实依据

就政策制定的现实依据而言，就是要强调制定政策一定要从实际出发，从具体的现实情况出发，确保政策制定的针对性和有效性。政策制定要以充分的调查研究为依据，没有调查研究就没有发言权，只有以充分的调查研究为依据，才能从根本上确保政策制定的针对性和有效性。[②]对于农业政策的实施而言，就是要在政策制定层面严格把控调研责任，从政策制定的前提依据着手，落实责任制，

---

① 张勇：《公共政策执行步骤和方法的研究与论证》，复旦大学博士学位论文，2004 年。

② 张建荣：《统筹兼顾：公共政策制定的方法论依据》，《大连理工大学学报（社会科学版）》，2011 年第 1 期。

确保农业政策制定的各类依据的真实性，进而确保政策的制定具有真实的现实依据。农业政策的制定是重要性和复杂性的统一，在政策制定层面尤其要重视调研的责任落实问题，确保政策制定的现实依据具有真实性，避免政策的制定脱离现实依据。[①]从现实依据方面落实政策层面的责任制，就是要确保政策的制定有一个正确的出发点，这是确保政策有效性的前提保障。

（二）政策制定的理论论证

就政策制定的理论论证而言，就是要强调政策制定要依据完善的科学理论和经过科学的理论论证，只有保证了这两个方面，政策的制定才具有科学性。如果没有完善的科学理论依据和经过科学的理论论证，政策还没实施就注定是要失败的。[②]政策制定要以科学理论为依据，并经过科学的理论论证才能保证政策的实施效果。就农业政策的制定而言，理论论证是农业政策制定实现科学性的重要保障，在农业政策制定层面严格落实理论论证层面的责任制，就是要确保农业政策是建立在完善的农业科学知识和科学理论论证之上的，即在内容上符合农业科学的规律，在理论论证上是完善的。农业政策的制定既是一个科学性的工程，又是一个体系性的工程。只有以科学的农业专业知识为依据，农业政策的制定才能在因和果上实现统一；只有在逻辑上经过系统的理论论证，农业政策的制定才能实现政策在体系上的一致性。[③]这方面的责任落实，主要是严格把控政策生成的过程，确保政策制定的过程是严谨性和科学性的统一。

（三）政策制定的可行性分析

政策制定层面要严格落实责任制，切实保障政策的制定具有以充分的调查研究为基础的现实依据和科学理论为基础的理论依据，以及完善的理论论证和可行性分析论证，从而保障政策制定层面的科学性和有效性。

就可行性分析而言，就是要强调对政策实施条件的分析。任何政策的实施都需要依赖一定的现实客观条件，如果忽略这个问题，一个政策即使从理论上看是科学的，也必然对解决问题毫无意义。可行性分析是政策制定有效性的基础，要充分考虑实施的主体、实施的物质基础和客观条件，只有保证了政策是可行的，才能保障政策制定层面的有效性。[①]就农业政策的制定而言，可行性是科学性与有效性在理论层面的统一。可行性是农业政策在制定层面的预演，它不仅涉及政策内容本身，而且涉及政策实施的外部条件，考察的是外部条件约束下政策有效性和科学性的统一。农业政策涉及国计民生的各个方面，对于农业政策的制定而言，它的可行性会受到诸多外部实施条件的限制，一个农业政策即使在理论层面通过了科学性的论证，也存在由于外部条件的限制丧失其有效性、进而失去其可行性的可能。在农业制定层面，严格落实可行性方面的责任制，就是要通过政策实施在理论层面的预演，确保政策制定在外部实施条件约束下的科学性和有效性的统一。

政策制定层面的责任制，就其内容而言就是通过现实依据方面的责任制，确保政策的制定有一个准确的现实出发点；通过理论论证方面的责任制，确保政策的制定具有一个科学的生成途径；通过可行性分析方面的责任制，确保政策的制定具有一个可实施性的预演。由此，通过现实依据、理论论证和可行性分析三个方面推动政策制定层面责任制的落实，切实保障政策制定层面的科学性和有效性。

---

① 邵晶晶：《政策方案可行性论证程式的研究》，复旦大学博士学位论文，2005 年。

二、政策执行层面的责任制

政策的执行是治理效果的重要保障，同时也是检验政策制定科学性和有效性的重要方式。就政策执行层面的责任制而言，就是要确保政策实施效果是政策制定的客观体现，涉及政策实施执行的全过程。切实有效的政策执行是政策实施效果的重要保障。只有政策在执行层面得到了彻底和严格的落实，才能保障相关政策和措施的有效性，进而保证政策实施之后所带来的效果。政策的执行就政策实施效果而言，具有决定性作用。一个科学有效的政策制定，如果没有良好的政策执行为依托，其实施效果必然脱离政策制定目标。切实有效的政策执行是政策设计与政策实施效果相统一的基础。只有依赖于切实有效的政策执行，才能确保政策实施效果是政策设计的客观体现。政策执行层面要严格落实责任制，就是确保政策执行过程要符合政策制定之初的原则要求，严格遵守政策执行的标准，确保政策实施效果是政策设计的客观体现，进而确保政策实施的效果的完全呈现。

（一）完善政策执行机制

我们要制定严格的政策执行细则和政策执行评价标准，建立一个完善的政策执行制度体系。在政策执行前，要做好相关的宣传工作。可通过讲座宣讲、广播电视、板报展览等方式进行宣传，让农民充分了解政策，认识到政策与他们的切身利益紧密相关，只有这样，相关政策才能被农民主动、积极地接受，为政策的顺利执行创造一个有利的环境。在具体实施过程中，首先，要制定执行计划。一般来说，政策本身只是一种原则性的规定，不包括具体的行动环节，因此，执行政策必须结合不同的实际情况把这些行动原则具体化，包括要达到的预期目标、可能遇到的问题及解决方法、实现目标的最佳方式、确定政策执行过程中各项分解任务的先后次序和日程、谋划时间及资源的分配与使用等。[①]其次，要切实做好组织落实工作。在政策执行方式上，我们应当采取多种手段相结合的办法。当前中国农业政策执行方式大多采取单一的行政命令的方法，容易使农业从业者产生反感和抵触的情绪，因此，在执行效果层面往往大打折扣。基于此，政府在执行相关的农业政策之时，应综合运用多种手法，把法律、经济、思想、政治等方法融入进来，尽量消除命令化的影响。[②]再次，要定期对政策执行情况进行检查。要通过经常性的检查、必要的定期专项大检查来检验政策执行的状况和效果。对于政策执行过程的问题和不足要作出科学、准确、具体的分析。对于先进经验，要予以总结和推广。最后，要做好政策执行信息的反馈工作。要将政策实施效果及时向上级反映。要建立完善的信息控制系统，各级领导应注意反馈信息的收集、加工和传递工作。政策执行过程是一个决策、执行、反馈、再决策、再执行、再反馈，循环往复、不断前进的过程，只有这样才能使政策经常处于完好状态之中。相反，如果不及时进行信息反馈，政策的贯彻执行就不能做到有效的控制，甚至失控，产生预料不到的后果。[③]

（二）严格落实政策执行责任

要按照制度体系严格落实责任到人，确保责任机制有效落地。按照"谁执行、谁负责"的标准来制定责任认定原则。在作出影响重大的执行决定时，如果出现了重大的执行失误，执行责任应当由相应的负责人来承担。同理，在一个执行系统的内部也要细化责任分工。总负责人应当确定执行环节的负责人，将执行责任层层分解和落实，确定各主体应承担的责任。这样既能提高每个执行人的风险意识、责任意识，也有效避免了出现执行失误时无人负责的被动

---

① 杨学成，史建民，曲福田等：《农业政策学》，江苏人民出版社1990年版，第94页。
② 许霞：《我国惠农政策执行研究》，湘潭大学硕士学位论文，2011年。
③ 杨学成，史建民，曲福田等：《农业政策学》，江苏人民出版社1990年版，第94页。

局面。①可将贯彻执行农业政策的力度和执行效果作为考核、提拔、奖惩乡镇干部的重要依据，提高其严格落实政策执行的责任意识和积极性。在执行农业政策过程中，农村基层干部要有高度的责任感。农村基层干部先要把相关政策学习好、领会好，正确理解农业政策的目标、程序和方法，要最大限度地把党的各项方针政策和法律法规告知农民。要防止执行过程当中的截留现象和越界行为，对具体工作要以"公开监督、以法处理、严格界限"的标准来要求。农村干部开展农村各项工作，都应把严格执行政策放在首位，以政策作为依据，以政策作为指导。②要建立和健全责任追究的制度，现代化管理制度的要求之一就是责权的统一。为避免行政负责人、行政工作人员不计后果地滥用、乱用权力，在政策执行过程当中只顾利用公权力为个人谋取私利，而忽视公众、集体得利益，最终影响政策执行的行为，必须要建立和健全责任追究制度。③在政策执行的整个过程中，要有专门的机构和工作人员进行跟踪监察，对政策执行过程中存在的失职或违法行为要根据严重程度,追究其相应责任。

三、政策监管层面的责任制

为保障政策执行合法到位，确保责任机制落到实处，我们在政策落实过程中有必要实行严格的监管。政策监管层面的责任机制同时也是责任联带机制，如果因监管不到位出现实施效果偏差，在追究政策制定或是政策执行层面的责任时，同时要追究监管责任。

（一）监管者要增强责任意识

政策监管者对政策要有准确的理解，对创造性地执行政策要有

---

① 朱志强，姚璐：《论我国政策执行监督机制的完善》，《内蒙古农业大学学报（社会科学版）》，2010年第6期。

② 黄世贤：《解决"三农"问题必须有效执行农业政策》，《国家行政学院学报》，2003年第6期。

③ 朱志强，姚璐：《论我国政策执行监督机制的完善》，《内蒙古农业大学学报（社会科学版）》，2010年第6期。

正确的把握。要有高度的责任感，在监管过程中坚持客观公正、独立监督、全面监督等原则，将监管落到实处，不能让监管沦为形式。政策监督涉及方方面面，监督的正确与否将直接关系到各方的利益，因此，我们在监督中必须做到客观公正。监督机关或监督者要实事求是地反映政策执行的真实情况，在监管过程中，要不掺杂任何个人情感或受其他外在因素的影响和干扰，独立自主地以第三方的立场对政策落实的整个过程进行监督。此外，还要进行全面监督，对政策的监督是个全面的过程，包括对政策执行前所做准备的监督，对政策执行过程以及执行结果的监督。所谓执行准备的监督是指政策执行的条件是否具备、是否成熟，政策执行所涉及的人财物方面的资源是否完备，以及是否有良好的、保证政策顺利实施的外在环境，监督中，我们要做到尽早发现和解决问题，及时发现政策执行过程中可能出现的各种隐患，做到防微杜渐。执行过程中的监督则主要是检查政策执行主体是否按照政策的内容要求、采用科学合理的方式方法来执行相关政策，在执行过程中是否存在违法乱纪的现象。对政策结果的监督主要是为了检验政策目标是否得以实现，以达到对政策执行三位一体的全面监控，从而为政策的执行按照既定方向和目标发展提供有力的保障，达到政策预期的结果。[①]此外，监管者还要加强自我监督。基层政府是农业政策执行的重要主体，其对政策执行的各个环节相对熟悉，监督起来也比较方便和容易，但为避免监督的随意性，可以通过建立责任制和激励机制等措施来提高自我监督的效率。[②]

（二）加强监管失职追责

在政策落实过程当中出现的很多问题，诸如政策执行方式的强制性、随意性、一刀切，执行成本过高，贯彻落实有偏差，侵害农

---

① 朱志强，姚璐：《论我国政策执行监督机制的完善》，《内蒙古农业大学学报（社会科学版）》，2010 年第 6 期。

② 许霞：《我国惠农政策执行研究》，湘潭大学硕士学位论文，2011 年。

民权益，等等，都是由于监管主体失职渎职、滥用职权造成的。在大多数情况下，对于失职的监管人员的责任追究是对其进行批评教育，或给予行政处分，或者是监管部门的有关领导引咎辞职，再无其他形式的责任追究和处罚措施。实际上，对失职和渎职的监管主体的责任追究，不仅包括引咎辞职等政治责任或行政责任，而且包括司法责任，如刑事责任、民事或者经济赔偿等责任。但在实践中，通常做法是以行政责任和政治责任的承担来代替司法责任的追究，这样做使得监管主体的失职违法成本较小，起不到威慑和警示的作用，所以，也就无法控制和约束监管相关人员的失职违法行为。[①]因此，在明确监管主体的监管权限和责任的基础上，我们应加强监管失职追责。在责任追究机制中，司法具有最终的屏障作用，发挥着重要的外部监督和制约作用，这种作用效果是政治责任和行政处分的党政内部监督机制无法企及的。因此，在政策监管问责体系中，我们对于重大监管失职问题应该加大处罚力度，必要时要追究监管主体的司法责任，努力构建起行政责任、政治责任、司法责任追究并重的政策监管责任追究体系。

---

① 赵世鹏：《我国食品安全监管责任追究机制研究》，南京师范大学硕士学位论文，2013 年。

第五章　我国农业安全的战略选择与实现路径

　　2018 年中央农村工作会议精神指出，农业、农村、农民问题是关系国计民生的根本性问题。没有农业、农村的现代化，就没有国家的现代化。农业强不强、农村美不美、农民富不富，决定着亿万农民的获得感和幸福感，决定着我国全面建成小康社会的成色和社会主义现代化的质量。可以看出，农业对中国来说有着非常特殊的意义，因此，中国必须大力发展农业，深化农业供给侧结构性改革，提高农业综合实力。然而，当前我国农业仍处于一种较为脆弱、抗风险能力较差的状态，既面临着市场风险，又受到自然条件的制约，因此，发展农业绝对不能听天由命，任其自然发展，或仅仅遵从市场价格信号听任"看不见的手"来自行调节。所以，中国未来的农业发展，一定要站在全局的高度，加强顶层设计，同时，一定要有宏观战略，既发挥市场的决定性作用，也要充分发挥政府的调控作用，还要动员全员参与，构建社会共治网络，加快实现由农业大国向农业强国转变。

第一节　加强顶层设计

　　国家治理现代化是治理体系和治理能力的现代化，有效的国家治理必然要强化治理体系与治理方式的顶层设计。农业安全问题是经济社会运行中的一个有机组成部分，涉及政治、经济、民生、生态等各个方面。只有强调政策的顶层设计，才能从根本上解决农业安全问题。解决农业安全政策的顶层设计要把握好以下四个方面的问题：其一，从战略高度重视农业；其二，正确认识农业安全问题；其三，解决农业安全问题的立足点；其四，解决农业安全问题的落脚点。

一、从战略高度重视农业

农业安全具有重要的政治意义，关系着国家的政治稳定与国家安全。农业安全关乎国计民生，涉及民生福祉，是国民的安身立命之本，具有重要的政治意义和战略价值，事关"人民安""社会安"和"国家安"。这是由农产品的商品特性和农业生产的特点决定的，一方面，农产品尤其是粮食作为一种特殊的商品，需求缺乏弹性，需要长期稳定的供应，一旦出现短缺，就会危及民众的基本需求，产生社会恐慌；另一方面，由于农业生产需要一定的季节和周期，所以，当农产品出现短缺时，往往就无法依靠本国的力量快速组织生产，只能依赖国际市场，这就有可能受制于人，危及国家安全。中国是一个人口大国，粮食安全和农业安全的压力更加突出，农业在国家政治和安全战略方面的重要意义就更加特殊了。因此，中国必须要重视农业，不仅仅是从农业产业的角度来重视，而且应该把农业提升到国家安全的战略高度来重视。实际上，不仅是中国重视农业，发达国家同样也非常重视农业。如在美国，农业人口的比例已经下降到人口总数的1%—2%，但农业部却是雇员人数最多的联邦机构之一。[①]并且，美国政府一直给予农业充足的财政支持，其联邦政府用于农业支持的经费，最高时每年超过了250亿美元。[②]美

---

① 程同顺，赫永超：《当前中国农业安全隐患及其战略选择》，《中共中央党校学报》，2014年第3期。

②《美国农业发展现状》，见国家财政部网站，http://gjs.mof.gov.cn/pindaoliebiao/cjgj/201407/t20140708_1109872.html，2014年7月。

国 2014 年的农业法案虽然降低了农业直接补贴额度,但仍通过农业保险补贴等途径加强了对农业的支持与保护，这样不仅没有削弱农业补贴力度，还有一定程度的加强。2016 年其保费补贴额度达 58.2 亿美元，由农场主承担的保费比重从 20 世纪 90 年代的 74%下降到 2016 年的 37%。[①]日本更是非常重视保护农业，不遗余力地为农业提供大量补贴，其形形色色的补贴项目高达约 470 种，从农田保护和灾害防治、土地改良、基础水利、森林病虫害防治等一应俱全，因此，日本的农业被称为"宠坏了的农业"。[②]如前所述，由于农业对于中国的特殊性,我们必须始终从战略高度来认识和对待中国农业。

农业安全有利于保护资源和生态环境，促进农业可持续发展，走出一条发展生产和保护环境相结合的新路子。20 世纪 50 年代以来，我国农业逐渐步入粗放式的经济增长方式，由于存在生产规模小、科技含量低的问题，农业生产经营一度呈现"高污染、高能耗、高浪费、低效率"特征，其结果是形成了农业生产的恶性循环，在种植业、林业、草原牧业、渔业等领域，不同程度地存在竭泽而渔的情形。更为严重的是，农业生产活动中普遍存在过量施用农药、化肥等问题，这不但加剧了环境的污染，而且打破了农业生产链之间原有的生态平衡系统，威胁到了农业的可持续发展。[③]此外，农业污染问题还会导致农产品中化学药品残留严重超标，致使产品质量下降，危害人体健康。

农业生态安全是"三农"建设的基础和前提，只有确保农业生态安全，才能确保实现农民的合法权益，也才能推进农业、农村的可持续发展并实现农业生态安全。良好的农业生态安全要求具备良

① 张晶：《新常态下完善农业支持政策的总体思考》,《世界农业》，2018 年第 6 期。

② 《国外如何优化农业补贴》，见新华网，http://www.xinhuanet.com/herald/2015-04/07/c_134130494.htm，2015 年 4 月 7 日。

③ 赵其国，黄国勤，王礼献：《中国生态安全、农业安全及"三农"建设研究》,《农林经济管理学报》，2014 年第 3 期。

好的自然环境与丰富的自然资源，要求兼具各种环境要素的安全性。[①]众所周知，生态农业是采用品种或者物种轮替种植或者生产的方式，通过充分发挥微生物、动植物和人类的相互作用，依托利用天敌防治害虫的有效方式，大幅度地减少化肥和农药的使用剂量，从而生产出有益于健康的无污染、无公害的绿色产品。我国当前只有通过发展生态农业等多种方式，从源头上确保农业安全，才能走出一条发展生产和保护环境相结合的新路子，促进农业可持续发展。2017 年，中央一号文件指出要推进推动城乡融合发展，实现农业可持续发展，这就要求从战略高度重视农业生态安全工作，统筹农业经济发展与生态环境保护，走出一条农业可持续发展的路子。

农业安全事关国民经济的协调与可持续发展。毋庸赘言，农业是一个国家经济发展的基础，农业经济发展状况决定着国民经济全局的发展。农业为工业的发展提供了重要原材料与广阔市场，也为国民经济其他部门的发展提供了人力资源以及其他要素支持。然而，当前中国农业安全的隐患对国民经济的发展提出了严峻挑战，由于中国农业缺乏足够的吸引力，当前中国农民还很难通过市场化的行为实现自身经济利益的最大化，因而引发了农民对农业生产普遍缺乏兴趣，很多农民仅仅为了自己生活的需要种植少量农作物，因此，农民更愿意遵循短期市场信号进行农业生产决策，[②]这就改变了既有的农业生产的结构，对国民经济基础产生了深刻影响。

党的十八大以来，我国开放型经济水平得到全面提升，农产品融入世界市场的程度也在不断加深，在这种历史条件下，保证和加强农产品安全既是增强农产品国际竞争力的前提，也是国家市场提升农产品份额的必然要求，保障农产品安全有利于冲破"绿色壁垒"，

① 余谋昌：《论生态安全的概念及其主要特点》，《清华大学学报》（哲学社会科学版），2004 年第 2 期。

② 程同顺，赫永超：《当前中国农业安全隐患及其战略选择》，《中共中央党校学报》，2014年第 6 期。

扩大农产品出口份额，提升我国农产品国际竞争力。客观而言，我国加入世界贸易组织后，如何使我国的农产品在出口中适应技术性贸易壁垒是摆在我国农业发展面前的重大现实问题，从世界范围的经验来看，解决这个问题的关键是提高农产品的质量安全水平，从而为国民经济的协调和可持续发展奠定坚实基础。

综上所述，从战略高度重视农业是实现农业农村现代化的战略保障。农业发展具有多功能性，从古至今，农业在中国历来被认为是安天下、稳民心的战略产业。改革开放以来，中国的农业发展取得了历史性突破，带动和促进了中国经济体制改革的全面展开，成为中国经济高速增长的推进器。党的十九大报告指出，要建立健全城乡融合发展体制机制和政策体系，加快推进农业农村现代化，构建现代农业产业体系、生产体系、经营体系，完善农业支持保护制度。[①]从世界各国的成功经验以及我国的现实情况来看，我们需要从战略高度重视农业生产、农业安全。

二、正确认识农业安全问题

解决问题要以认识问题为前提，要解决农业安全问题，必然要对农业安全问题作全面准确的把握。农业安全问题虽然涉及经济社会生活的各个方面，但就其根本而言，仍是一个经济问题。农业安全问题是对国民获取农业生活资料的能力和稳定性的衡量，属于生产关系的范畴。因此，农业安全问题是一个经济问题。立足于经济学的分析视角，考察农业安全问题，主要包含以下三个方面的内容。

第一，市场经济体制下的农业问题。市场经济体制就其本质而言是一个市场选择、优胜劣汰的竞争机制，其产业生产格局的形成及产业资本的分布遵循资本增殖的逻辑。一个产业的发展有赖于资本的投入，而资本投入的前提就是其在增殖能力上具有优越性。在

[①]《中国共产党第十九次全国代表大会大会文件汇编》，人民出版社 2017 年版，第 26 页。

市场经济体制的运行条件下，产业异化是资本增殖的载体。一种产业只有服务于资本的增殖，才可以成为一种产业。农业作为国民经济之根本，是人类获取生活资本的基本来源，它在国民经济中的地位是由其自然属性决定的。作为问题的另一个层面，在市场经济体制下，农业是作为资本增殖的载体而存在的，农业的地位是由其服务于增殖能力决定的。农业问题，就其根本而言，是由于两者所决定的农业生产的地位不统一而造成的，就其现实内容而言，表现为服务于资本增殖能力的农业产业布局能够在多大程度上满足人类农业生活资料的需求。

　　第二，农业安全问题的内在形成机制。服务于资本增殖的农业能够在多大程度上统一于人类农业生活资料的需要，对于一个封闭的市场体系而言，这两者是必然统一的，而对于一个开放的市场体系而言，两者的统一存在偶然性。正是由于这种必然性和偶然性的存在，经济学考察农业安全问题，有狭义和广义之分。狭义的农业安全问题，是指服务于资本增殖的农业生产不能满足人类农业生活资料的需要，它考察的是一个生产系统内部农业生活资料的需求是否能够实现自足。虽然就整个生产系统而言，服务于资本增殖的农业生产必然统一于人类对农业物质生活资料的需求，但就构成整个生产系统的单个有机体而言，这种统一却是偶然的。两者的不统一就构成了狭义的农业安全问题，其考察的内容是生产系统内部农业生产的自给能力。广义的农业安全，考察的内容是开放系统条件下，获取农业物质生活资料的稳定性。区别于狭义的农业安全，广义的农业安全问题考察的并不是生产系统内部农业生活资料的自给能力，而是考察获取农业生活资料这种手段的稳定性，并不单指自给能力。就市场的逻辑而言，由于农业生产自然禀赋分布的不均，农业产业布局的分布必然是不均的，对于开放的市场而言，市场选择下农业生活资料需求的实现必然是多方面的，而农业安全考察的则是获取农业生产资料的稳定性。

　　第三，影响农业安全的因素。狭义的农业安全考察的是农业生活资料的自足能力，而广义的农业安全考察的是获取农业生活资料的稳定性，两者考察的对象不同，因而，其影响因素也各有不同。就狭义的农业安全而言，农业生活资料能否实现自给取决于本国农业产业部门在世界上的地位，即能否在保持资本增殖能力优越性的同时，实现本国农业物质生活资料的自给。具体而言，影响农业安全的因素，是通过影响农业资本增殖能力实现的，因而，能够影响农业资本增殖能力的因素，就是影响农业安全的因素。影响农业资本增殖能力的因素涉及农业生产的全过程，既包括农业生产的自然禀赋又包括农业生产的生产力发展水平。农业生活资料的自给能力是多方面因素下的一个综合表现，集中地反映了服务于农业产业资本的增殖能力，具体而言，包括农业生产的自然禀赋、农业生产的现代化水平以及现代农业的服务水平等多方面的因素，这是狭义的农业安全考察。广义的农业安全考察的是开放的市场环境下，获取农业生活资料的稳定性，自给能力是实现稳定性的一个重要方面，但又不局限于自给能力。开放的市场环境下，获取农业生活资料的方式和手段也是多方面的，进而影响其稳定性、影响农业安全的因素也是多方面的，但其影响的方式都是通过强化（弱化）、完善（减少）获取农业生活资料的方式实现的，就具体的内容而言，可以分为三个方面：自身的供给能力、外围市场的供给能力，以及对外围供给市场的控制力（包括政治、经济、军事等）。

　　农业具有多功能性，具有经济、政治、生态、文化等多种功能与价值。正因如此，确保农业安全也就获取了农业本身以外的多种附加功能和价值。[1]比如，粮食安全是中国农业安全的重要一环，而粮食安全也构成国家安全的重要一环。众所周知，粮食是关系国计民生的重要战略产品，也是一种准公共物品，从这个意义上讲，

---

① 万宝瑞：《确保我国农业三大安全的建议》，《农业经济问题》，2015年第3期。

粮食就不仅仅是一种普通的商品，它还具有农业投入的外部性、粮食消费的非替代性、粮食产业的多功能性、粮食安全的公共性等几个层面的"准公共物品"特性。[1]切实确保粮食安全就需要制定明确、科学的宏观调控目标，构建科学、合理的政策支持体系，粮食是一种商品，但又不仅仅是一种普通的商品，而是一种具有高度战略性地位的特殊商品。当今，国际经济已全面进入全球化时代，处于全球市场中的粮食、种子等农作物，其属性早已超出本身的农业属性，而成为具有特殊附加值的特殊物品，确保粮食与种子安全已经成为保护国家利益的基础，我们必须从战略高度重视和加强农业安全工作，确保全球化时代国家利益和民族利益不受侵害。

农业安全问题事关社会和谐与稳定。马克思主义政治学认为国家衍生于社会母体内部，社会的和谐与稳定对于国家治理具有重要推动作用，对于国家而言，既不能没有政治统治，也不能不执行社会职能。[2]国家能在多大程度上确保社会权利的发展，才能在多大程度上取得自身的自由，如果社会权益得不到切实保障，或者说不能奠定社会和谐稳定的基础，那么，推进国家治理现代化就会面临巨大的障碍。有鉴于此，确保社会和谐稳定就成为马克思主义政治学研究的重大课题之一，而农业安全则事关社会治理的效度，无论是在传统的农业时代，还是在工业化时代与后工业化时代，粮食之于社会稳定的意义并没有发生根本性的变化。当下，民以食为天、食以安为先的基本认知更是深入人心，并已成为社会稳定的基本法则之一，所以，只有确保粮食安全，保障农业生态安全，社会才具有稳定的基础，农业安全问题与社会和谐稳定紧密相关。

农产品安全与群众的日常生活紧密相关，农产品安全问题不仅

---

① 陈秋分，钟钰，刘玉等：《中国粮食安全治理现状与政策启示》，《农业现代化研究》，2014 年第 6 期。

② 王沪宁主编：《政治的逻辑——马克思主义政治学原理》，上海人民出版社 2004 年版，第 143 页。

与人民群众的身体健康息息相关，而且与国民经济发展全局有密切关系，若能合理解决农产品安全问题，则能降低社会风险，确保中国社会顺利转型。众所周知，当今社会中，风险的发生更加频繁、表现形式更加多样、波及范围更广、后果更加严重，风险已经成为当今时代人类社会的基本特征和重要主题。[①]毋庸赘言，由于食品的特殊属性，食品安全也被赋予了超出自身的独特价值与意义，从源头上确保食品安全不但与群众生命健康权利息息相关，而且能够在一定意义上减轻社会的焦虑心态。这是因为，确保农产品安全能够通过以食品为链接的扩散机制，传导至社会其他生产门类与部门，能够有效促进社会心理稳定，进而构建社会诚信机制，降低社会风险发生的概率，确保国家治理现代化背景下我国社会的顺利转型。

三、解决农业安全问题的立足点

农业安全问题作为一个经济问题，解决其问题的立足点也必然要着眼于经济运行。不同的经济运行机制解决问题的基本立足点也不尽相同，虽然资本主义国家和中国特色的社会主义国家都在实行市场经济体制，但在具体的运行机制上仍然有着巨大的差异，因此，在解决农业安全问题的立足点上也各有不同。具体的分析主要通过以下两个方面展开。

第一，资本主义市场经济体制下解决农业安全问题的基本立足点。资本主义的市场经济推崇自由、统一、开放，属于无政府的市场经济体制，其认为一切经济现象都是市场选择、优胜劣汰的结果，完善市场经济体制是解决一切经济问题的根本立足点。其对于农业安全问题的解决必然诉诸市场经济体制。资本主义市场经济体制承认农业发展是资本选择的结果，但认为农业安全问题并不归因于这

---

① 崔德华：《风险社会理论与我国社会主义和谐社会建构研究》，山东大学出版社 2013 年版，第 3 页。

种资本选择的逻辑，而应归因于市场经济体系的不完善。其认为资本选择的过程是一个优胜劣汰的自然过程，问题的产生是由于不完善的市场经济体制使这种自然过程产生了异化，因而解决问题的基本立足点必然是完善市场经济体制。其认为建立自由、统一、开放的市场经济体制是解决农业安全问题的根本立足点，就具体的内容而言，主要包括完善信息化建设、消除市场壁垒、加强法制建设等方面。全面地考察资本主义市场经济体制下解决农业安全问题的立足点，可发现其具有以下两个方面的特征：其一，对市场的认知，其认为市场的选择是一个优胜劣汰的自然过程；其二，对农业安全问题的认知，其认为通过市场获取农业生活资料的手段和方式是稳定、有效的，若忽视了这种稳定性和有效性实现的前提条件，则会产生相应的农业安全问题。

第二，中国特色社会主义市场经济体制下解决农业安全问题的基本立足点。中国特色社会主义市场经济体制是市场经济体制与社会主义制度的有机统一。社会主义市场经济体制不认为资本逻辑下的市场选择是一个自然过程，市场的选择与发展的方向并不是天然统一的。中国特色的社会主义经济体制在认可市场实现资源配置有效性的同时，强调发挥政府的作用。党的十八届三中全会通过的《中共中央关于全面深化改革若干重大问题的决定》指出，经济体制改革的核心问题是处理好政府和市场的关系，使市场在资源配置中起决定性作用并更好地发挥政府作用。①我们在肯定市场在资源配置中起决定性作用的同时，将更好发挥政府作用提到了同等重要的位置，认为这是实现资源配置的最优手段，但同时也指出要积极发挥社会主义制度的优越性，强调和突出政府的宏观调控作用，以防止市场调节的失灵。社会主义市场经济体制下，资本逻辑下的市场

---

① 中共中央文献研究室：《习近平关于全面深化改革论述摘编》，中央文献出版社 2014年版，第 55 页。

选择并不是经济发展的必然，市场的选择并不必然统一于人类社会发展的需要。习近平总书记在《中共中央关于全面深化改革若干重大问题的决定》中指出，我们要不断提高对市场规律的认识和驾驭能力，使宏观调控体系更为健全，以进一步完善社会主义市场经济体制建设的主客观条件。市场作用的逐步深化，是以政府宏观调控能力的增强为前提条件的，经济社会的发展并不是市场深化的必然结果。就农业安全问题而言，社会主义市场经济承认其是资本逻辑下市场选择的结果，但并不认为这是社会发展的必然，也不认为市场选择本身会自己解决问题，而是认为其是市场调节失灵的结果，需要"看得见的手"去调节。

　　社会主义市场经济体制解决农业安全问题主要立足于以下两个方面：其一，建立统一、开放、竞争有序的市场经济体系，强化市场优化资源配置的有效性。当前我国农业农村发展已经进入了一个新的发展阶段，2017 年，中共中央国务院《关于深入推进农业供给侧结构性改革加快培育农业农村发展新动能的若干意见》提出，要以市场为导向，紧跟消费需求变化，不仅要让人们吃饱、吃好，而且要吃得健康、吃出个性；不仅要满足对优质农产品的需求，而且要满足对农业观光休闲等的服务性需求，满足对青山绿水的生态化、绿色化需求。由此可以看出，农业供给侧改革背景下，考虑如何依托市场的力量优化产品产业结构，已成为农村工作的重要方面。

　　其二，提高对市场经济规律的认识，健全国家宏观调控体系，强化政府的调节作用，弥补市场失灵，积极发挥社会主义制度的优越性。就具体的内容而言，主要体现在以下两个方面：一是积极发挥政府的作用，切实提高农业资本的市场竞争力，完善农业生活资料的自给能力；二是积极完善相关制度体系以保障市场的稳定性。区别于资本主义市场经济体制下解决农业安全问题的立足点，社会主义市场经济体制下解决农业安全问题的立足点有以下两个方面的特征：一是在农业安全问题的认知上，认为农业安全问题是资本逻辑下市场选择的结果，但这种资源配置并不具有有效性，是市场调节失灵的表现；二是在解决农业安全问题的认知上，认为应在强化市场优化配置的同时，积极发挥政府的作用，通过多种方式和手段实现农业安全。

当前，我国农业的主要矛盾已由总量不足转变为结构性矛盾，突出表现在阶段性供不应求和总体供不应求的层面，其矛盾的主要方面在供给侧方面。党中央国务院对深入推进农业供给侧结构性改革作出了全面的部署，指明了发展方向，并明确了目标任务和工作重点，因此，农业供给侧结构性改革将贯彻落实相关的重要决策部署。

优化农业供给结构是农业供给侧改革的主攻方向，也是保障国家农产品安全的重要基础。推进农业供给结构转型必须充分发挥市场在资源配置中的决定性作用，让市场力量引领结构调整，减少无效供给，扩大有效供给。一般而言，"供给侧"是一个相对的概念，传统的农产品加工业当然是供给侧，然而，相对于农产品终端的需求而言，种植业、养殖业等方面又成为供给侧，所以，农业供给侧改革是农业全产业链的一个改革，其中包括农产品生产、加工、流通、运输和营销等诸多方面，农产品的加工、储运与流程也是农业供给侧改革的重要内容。

农业供给侧改革需要依托市场的力量，充分发挥市场在资源配置中的决定性作用。首先，要优化农业生产。确保国家粮食安全是农业供给侧结构性的底线，农业供给侧改革不能触及国家粮食安全底线，更不能危及国家产业安全，所以，需要我们优化农产品品种结构和区域布局，切实发挥各地方基于市场力量与资源禀赋所决定的市场竞争优势，建设好粮食功能区和主要农产品保护区。[①]此外，

---

① 谢家平，杨光：《基于农业供给侧改革的农业产业链转型升级研究》，《福建论坛》（人文社会科学版），2017 年第 10 期。

还要基于市场以增强消费者对农产品质量安全信心为重点，大力发展特色优势农产品生产，推动特色农产品优势产区建设，以此确保在优化农业生产的基础上，推进农业供给侧结构性改革。

其次，要通过市场的力量加大农产品价格形成机制改革，发挥价格在农业产业资源配置中的作用，促进劳动力、土地、技术、资本等农业农村生产要素的优化配置，完善农产品市场的调控，以此促进农产品市场的稳定。[①]此外，还要加大粮食等重要农产品收储制度改革，进一步依托市场的力量，完善最低收购价制度，通过市场与政府两只手的调节，确定合理的储备规模，这就需要以财政支农体制改革为切入点，整合涉农财政资金，其主攻方向是尽量减少财政对农业的直接投入，而要依托财政政策的杠杆作用，以市场为中介，积极吸引社会投资和金融资本进入"三农"领域，解决农业农村发展投入不足的难题，积极运用市场运行机制，不断提高财政支农效能。

最后，市场的有效运行需要及时、全面把握市场供求信号，农产品市场具有点多面广的特点，且受自然条件影响，所以，相对于其他产品市场而言，农产品市场信号是一系列复杂多变信息的组合，这就需要我们在推进农业供给侧结构性改革过程中，以更加专业的信息服务作为支撑，根据市场化运作的逻辑，积极培育并有效引导相关市场化主体，组织广大农业生产者根据市场信号合理安排生产经营活动，同时为政府相关部门的决策提供依据。

综上所述，中国农业安全治理已成为国家治理的关键一环，实现中国农业安全治理的现代化，同样也需要在推进国家治理现代化的进程中去探寻可能的路径。从我国农业农村建设的现实来看，解决中国农业安全问题，既要依托市场的力量，切实发挥市场在资源

---

① 许经勇：《农业供给侧改革与提高要素生产率》，《吉首大学学报（社会科学版）》，2016年第3期。

配置中的决定性作用，也要注重发挥政府的宏观调控的功能，确保通过政府和市场两只手来推动农业安全治理体系和治理能力建设，在推进国家治理现代化的进程中实现确保中国粮食安全的战略目标。

四、解决农业安全问题的落脚点

顶层设计作为治理现代化的一个重要方面，主要体现在其有明确的导向性和落脚点，政策的设计并非单纯地解决问题，而是在解决问题的同时，促进事物的发展。就农业安全问题而言，体现顶层设计的农业政策，要在解决农业安全问题的同时，促进农业的发展，即通过促进农业的发展解决农业安全的问题。农业安全问题，就其本质而言，就是人们获取农业生活资料的稳定性受到了威胁，而解决问题的基本方式就是要强化这种稳定性，强化稳定性的方式就是解决农业安全问题的落脚点。依据农业生活资料的供给方不同，我们可以将获取农业生活资料的稳定性分为自给市场的稳定性和外围市场的稳定性。依据供给市场方的不同，我们可将解决农业安全问题的落脚点分为：自给市场的落脚点和外围市场的落脚点。

第一，自给市场的落脚点。确立落脚点就是要明确解决农业安全问题政策的导向性，即通过政策的实施要达到一个什么样的效果。在之前的分析中，我们已经指出农业安全问题的产生是资本逻辑下市场选择的结果，要从根本上解决这个问题，就要切实提高农业在这种市场选择中的竞争力。要提高农业在这种选择中的竞争力，就必然要对资本的逻辑有一个准确的把握。马克思主义认为资本具有逐利性，资本会从利润率低的产业流向利润率高的产业。资本逻辑下的市场选择就其本质而言，就是资本逐利性的现实表现。因此，要提高农业在市场选择中的竞争力，就要提高农业资本的利润率。要提高农业的利润率，方式方法有很多种，而作为顶层设计的政策必然要通过促进农业发展来实现。因此，我们可以明确农业安全问题在自给市场的落脚点必然是发展现代农业。

第二，外围市场的落脚点。从外围市场考察农业安全问题，就是要分析外围市场的稳定性，而落脚点则是要强化、巩固、提高这种稳定性。我们通过分析发现影响外围市场稳定性的因素主要有两个方面：外围市场的数量以及对外围市场的控制力。首先，就外围市场的数量而言，数量越多，外围市场的稳定性就越高，安全性就越高。其次，就对外围市场的控制力而言，控制力越强，外围市场的稳定性就越高，农业安全水平也就越高，其内容包括政治、经济、文化等多方面的因素。但仅就经济层面而言，这种控制力若体现在经济相关性上，经济相关性越强的外围市场，其经济依赖性也越强，外围市场的稳定性也就越高，农业安全水平也就越高。综合两个方面的考察，作为解决农业安全问题顶层设计的落脚点必然是在提高外围市场供给多元性的同时，通过深化和提高外围市场经济的相关性来提高对外围市场的控制力。

当然，解决农业安全问题的落脚点，并非单方面立足于自给市场或是外围市场，而是要综合两方面的因素来解决农业安全问题。就其内容而言主要包括以下三个方面：其一，立足于自给市场发展现代农业；其二，立足于外围市场，提高外围市场供给方的多元性；其三，立足于外围市场，通过深化和提高外围市场经济的相关性提高多外围市场的控制力。

从世界各国的成功经验来看，要确保农业安全，我们还要做好以下工作。

明确农业产业安全的重要性。农业产业安全是农业安全的奠基石，也是确保农业安全的重要落脚点。随着我国社会主义市场经济的日趋成熟，市场在资源配置中的决定性作用日益凸显，标志着我国开放性经济水平的不断提升，我国农业产业与世界市场的联系日渐紧密，农业产业的问题也逐渐进入人们的视野，众所周知，农业产业安全不仅包括传统的粮食安全问题，还包括一系列非传统安全的问题，比如转基因、种子安全、外来物种入侵以及农业恐怖主义问题等。①党的十九大报告提出要实施乡村振兴战略，并提出了产业兴旺、生态宜居、乡风文明、治理有效、生活富裕的总要求，其中产业兴旺处于总要求的首位，究其原因，不仅因为农业产业是乡村振兴的基础，而且因为处于开放型经济环境下农业产业发展的艰巨性和复杂性。②所以，除了自给市场与外围市场之外，确保农业产业安全也是解决我国农业安全问题的重要立足点。

综合来看，我们必须从战略高度做好中国农业安全的顶层设计工作。要确保我国的农业产业安全，我们就要坚持发挥社会主义制度的优越性、发挥党和政府的积极作用。市场应在资源配置中起决定性作用，并不是起全部作用。③我们要从战略高度重视农业安全问题，既要充分发挥市场在资源配置中的重要作用，也要重视政府宏观调控的统筹功能，着力构建全方位、多层次的农业安全治理体系，筑牢我国农业安全的治理体系，提升农业安全的治理能力，加快实现我国由农业大国向农业强国转变，切实保障国家的农业安全。

第二节　构建现代农业治理体系

国家治理体系和治理能力是一个国家制度和制度执行能力的集中体现。④正因如此，一个国家的农业治理体系是指一个国家农业发展层面的制度体系的总和，农业治理体系蕴含的价值诉求决定了农业治理的效度，现代化的农业治理体系遵循着现代农业发展的内

①　崔卫杰：《开放形势下的中国农业产业安全》，《国际经济合作》，2015 年第 1 期。
②　朱启臻：《官员乡村产业兴旺问题的探讨》，《行政管理改革》，2018 年第 8 期。
③　中共中央文献研究室：《习近平关于全面深化改革论述摘编》，中央文献出版社 2014 年版，第 56 页。
④　中共中央文献研究室：《习近平关于全面深化改革论述摘编》，中央文献出版社 2014 年版，第 24 页。

在规律，体现了现代农业发展的价值诉求，是新时代推进农业农村现代化的重要基础，也是推进国家治理现代化的重要前提，党的十九大提出实施乡村振兴战略，在此背景下，我们要通过制度要素层面的"对接"和"嵌入"，大力构建现代农业治理体系，为推进农业农村现代化奠定坚实的基础。

一、构建现代农业产业体系

产业兴旺是乡村振兴战略总要求的逻辑起点，也是构建现代农业治理体系的出发点。党的十九大报告指出，我国当前社会主要矛盾已经转化为人民日益增长的美好生活需要和不平衡不充分的发展之间的矛盾。众所周知，我国社会主要矛盾在农村地区表现最为尖锐，所以依托现代农业产业体系，深入推进农业供给侧结构性改革，筑牢农村发展的经济基础，就成为新时代推进农村农业现代化的现实基础和必然要求。

（一）推动区域特色产业发展

抓好基地建设，发展主导产业。我们应加强产业培育，依托当地独特的资源禀赋打造主导产业，塑造优质品牌，引导经营主体集聚集群发展，形成主导产业与新型经营主体相互倚重、相互促进、产业融合的协同发展格局。[①]品牌化是农业产业发展的关键。各地区要以市场需求为导向，深入研究、探析本地特色，结合地区实际，优化调整农产品布局和产品结构，探索适应地区能力的产业发展方向，大力发展品质优良、特色明显和附加值高的名优特新农产品，打造地方独有的特色品牌，进而逐步扩大规模，形成地区产业链条，从而带动整个地区的经济发展。一是优化基地布局，实施区域化开发。以市场为依托，围绕龙头开发特色基地。通过基地的辐射作用，

---

① 王乐君，寇广增：《促进农村一二三产业融合发展的若干思考》，《农业经济问题》，2017年第6期。

有效带动农民进行规模化生产，促进区域化发展，形成专业化生产群体优势，逐步构建"一乡一业、一村一品"的产业发展格局。二是培育主导产业，实行规模化经营。我们应紧紧跟随市场的主导需求，助力优秀的农业企业建立市场化的生产基地，让优势产业作为"火车头"，带动整个地区农业生产行业的发展进步，同时，调整农产品的生产、销售模式，使得整个产业链更加合理、优化，增强辐射力、带动力和竞争力，提高规模效益，获取更好的经济效益。三是提升发展质量，推行标准化生产。要按照"统一、简化、协调、选优"原则制订和实施标准，把标准化注入农业生产的各个环节中。抓好农产品质量保障、消费保障安全体系，狠抓技术、检测、监管、培训"四大体系"建设主线，实现农产品"从土地到餐桌"全程质量规范化，切实提高农产品质量安全水平。同时，大力扶持农民专业合作组织和种养业大户等率先实施标准化生产，通过示范带动，由点及面，逐步推进，最终实现生产基地化和基地标准化。

（二）培育壮大农业产业化龙头企业

培育壮大农业产业化龙头企业群体，用龙头企业引领全产业链，可以从根本上解决农业"量大链短"问题。[①]农业龙头企业可凭借其技术优势、加工能力和销售渠道，通过土地流转自建生产基地或者带动农民合作社和农户，将产业链条向农业生产领域延伸。[②]我们要让一些农业企业发展壮大起来，成为可以引领整个行业进步的龙头企业，从而吸引更多的优势资源向这些企业靠拢，让这些龙头企业集聚发展从而打造区域化的发展链条。第一，要进一步加强帮扶力度。想要打造龙头企业，关键在于积极支持引导，特别是在

---

① 王金会：《完善三大体系 提升经营水平 推动现代化大农业提档升级》，见中国共产党新闻网，http://dangjian.people.com.cn/n1/2016/0705/c117092-28526826.html，2016 年 7 月 5 日。

② 王兴国：《推进农村一二三产业融合发展的思路与政策研究》，《东岳论丛》，2016 年第 2 期。

政府支持方面，一方面是要出台更好的政策，另一方面要给予其更多更好的实际支持，比如在财政投入方面、税收收取方面，都可以有所倾斜，尽力帮助这些优秀的农业企业发展壮大，这是助力农业企业发展的第一步，可以为这些企业的发展奠定十分重要的基础。第二，要在技术支持方面增加帮助。引导相关科研单位与这些优秀企业结成合作帮扶对子，科研单位负责研发技术、攻克各类技术难题；企业负责运用、转化这些科学技术成果，让这些技术有可用之地，而不是成为实验室中的观赏品。我们要通过技术扶持与帮助，真正让农业企业强大起来。同时，鼓励企业打造自己的技术团队，这样可以更加有针对性地解决企业内部问题，让农业企业成为一个自我发展进步的创新型团队。发挥这些企业的辐射带动作用，让本地区的农民一起学习先进技术，有助于解决当地农民的就业问题，同时也是促进地区三农共同发展的良好举措。第三，就是在市场投入方面加大力度，这可以说是实现农业产业化发展的关键环节，也是农业技术实现应用转化的重要步骤。不论是从事农业生产的企业，还是从事其他方面经营的企业，做好市场营销都是企业生存的根本。为促进这些农业企业的发展，政府可以出面搭桥，帮助开拓国内外的农业市场，真正打造属于我们自己的农产品知名品牌，提升农业企业的影响力和国内外知名度，从而帮助这些优秀企业真的"活"起来。

（三）促进农村一二三产业融合发展

2015 年 12 月，国务院办公厅印发《关于推进农村一二三产业融合发展的指导意见》，指出推进农村一二三产业（以下简称农村产业）融合发展，是拓宽农民增收渠道、构建现代农业产业体系的重要举措，是加快转变农业发展方式、探索中国特色农业现代化道路的必然要求。农村产业融合发展是以农业为基本依托，以新型经营主体为引领，以利益联结为纽带，通过产业链延伸、产业功能拓展和要素集聚、技术渗透及组织制度创新，跨界集约配置资本、技术和资源要素，促进农业生产、农产品加工流通、农资生产销售和休闲旅游等服务业有机整合、紧密相连的过程，借此可推进各产业协调发展和农业竞争力的提升，最终实现农业现代化、农村繁荣和农民增收。[①]

我们要通过"互联网+"农业新产业业态，借助电子商务网络平台，积极发展农产品电商、农资电商、农村互联网金融，推进农业产业融合发展。2016 年中央一号文件指出，"大力推进'互联网+'现代农业，应用物联网、云计算、大数据、移动互联等现代信息技术，推动农业全产业链改造升级"。2017 年中央一号文件首次单独提出"推进农村电商发展"，并将其与发展乡村休闲旅游、发展现代食品产业、培育宜居宜业特色村镇共同列入"壮大新产业新业态、拓展农业产业价值链"部分，充分体现了"互联网+"农业、农村电子商务既是提升农业产业链条、优化农村产业结构、培育农村新产业业态的重要方面，也是现代农业发展的新方向和新趋势。我们要加强农村互联网基础设施建设，建立健全农业数据采集、分析、发布、服务机制，加强农业大数据的开发利用，充分利用现代网络信息技术加强对农业信息的监测和预警，通过各类信息平台，如微博、微信、手机短信等，以信息推送等多种形式，将农产品的价格、市场供需以及气候变化情况及时、准确地传达给农户和经营者，推动政府、企业信息服务资源的共享开放，消除数据壁垒和信息孤岛，努力缩小工农、城乡之间的"数字鸿沟"。要完善农村物流网络体系，充分利用网络电商、电子商务，搭建农产品网络销售平台，通过线上线下的互动，拓宽农民经营范围，拓展农产品的销售空间。

要通过全方位开发农业产业，延伸农业产业链，推动农村产业融合发展。无论从供给还是从需求的角度看，农业都不是功能单一

---

① 国家发展改革委宏观院和农经司课题组：《推进我国农村一二三产业融合发展问题研究》，《经济参考研究》，2016 年第 4 期。

的产业，而是集经济、社会、生态、文化等功能于一体的产业。同时，广阔的地理空间、多样的生态环境、深厚的传统文化底蕴，则是农村发展的重要资源，这些自然生态和文化资源能够满足城乡居民对回归自然、乡村体验、休闲旅游等多方面的需求。因此，要充分发挥农村的资源优势，打造农村度假区、民俗农庄、民俗观光园，开发绿色有机农产品，发展乡村旅游、休闲农业。开发农业多功能性，发挥农村的资源优势，是推进农村产业融合发展的重要途径。[①]

我们要通过合理引导工商资本进入农业，推动农村产业融合发展。工商资本通常有着先进的技术和经营理念、强大的生产经营能力、雄厚的资本和专业的管理团队，是推动农村产业融合发展的重要力量。合理引导工商资本进入农业，有助于打破产业界限，促进农业多种功能的开发，使农业获取更高的附加值。在推进农村产业融合发展的过程中，我们应该引导工商资本进入资本、技术密集型领域，鼓励其从事农产品加工流通、农业社会化服务、乡村旅游及休闲农业等产业，以使其优势得到充分发挥。通过与专业大户、家庭农场、农民合作社、龙头企业等经营主体的分工协作，我们可以实现工商资本与农业传统经营主体的优势互补、共创共享，并将后者带动成长为运行规范、竞争力强、成长性高的规模经营主体。

二、构建现代农业生产体系

农业生产是农业产业的基础，从市场流通环节看，农业生产是分配、交换和消费环节的基础。从农产品安全层面看，生产质量决定农产品质量，农业生产的实际状况决定农产品安全的实际效果。2018 年 1 月 2 日，《中共中央国务院关于实施乡村振兴战略的意见》指出，要以农业供给侧结构性改革为主线，加快构建现代农业产业

[①] 王兴国：《推进农村一二三产业融合发展的思路与政策研究》，《东岳论丛》，2016 年第 2 期。

体系，促进小农户和现代农业发展有机衔接，从这个角度而言，加快构建现代农业生产体系是建构现代农业治理体系的基础和前提。

（一）改善农业生产条件

保护耕地始终是保障中国农业安全的根基，也是实现国家粮食安全的根本要素。长期以来，我国制定了一系列法律法规，如《农业法》《土地管理法》和《水土保持法》等，以遏制耕地锐减的趋势。应当说，中央政府的高度重视，使得耕地在一定程度上得到了有效保护。但是，随着中国工业化和城镇化进程的加快，整体社会发展对耕地的需求日益增加，农业产业面临的土地压力日益增大。这需要我国各级政府在战略上高度重视耕地保护，实行最严格的耕地保护制度和最严格的节约用地制度，坚守 18 亿亩耕地红线，稳定 15.5—16 亿亩的粮食种植面积。①要严格落实耕地保护责任制，在已划定的基本农田基础上，积极推进永久基本农田的划定，并严格管制土地用途。在工业发展和城镇建设的过程中，要尽量不占、少占基本农田，尤其是高代价、高投入建成的旱涝保收的高标准农田、城郊稻田和菜地等。耕地占补平衡，不仅要数量平衡，而且要质量平衡，严禁"占优补劣""占水田补旱地"。②除了数量上的严格管控外，还要特别重视加强耕地质量建设与管理，加大土地开发整理和建设用地复垦力度，加大建设旱涝保收高标准农田的力度，切实提高补充耕地能力。全面落实永久基本农田特殊保护制度，加快划定和建设粮食生产功能区、重要农产品生产保护区，完善相关农业支持政策。大规模推进农村土地整治和高标准农田建设，稳步提升耕地质量，强化监督考核和地方政府责任。③

---

① 丁声俊：《发展中大国的粮食安全策论——从粮食"喜中有忧"视角探讨"保粮安"之策》，《粮食问题研究》，2016 年第 5 期。

② 蒋和平，丁声俊，蒋黎：《论开创中国特色粮食安全道路》，《价格理论与实践》，2015年第 8 期。

③《中共中央国务院关于实施乡村振兴战略的意见》，见国家农业农村部网站，http://www.moa.gov.cn，2018 年 1 月 2 日。

旱涝灾害、水土流失和土壤盐碱化等因素很容易导致土地生产率下降。因此，要提升农业综合生产能力，提高农业生产效率，可根据不同地区的农业生产条件和环境特征，因地制宜、着重建设一批重要农产品（如粮、棉、油、糖）生产基地。在粮食种植方面，由于各地区都有责任确保粮食安全，因此，都需要建设一批粮食生产基地，以确保一定的粮食自给率；在棉花种植方面，我们要在长江流域和黄河流域，尤其是新疆产区，建设一批棉花生产基地；在油料种植方面，我们要在东北及内蒙古地区建设大豆生产基地，在长江流域建设一批油菜生产基地，在黄淮海流域建设一批花生生产基地，全面提高油料综合生产能力；在糖料种植方面，我们要在广西和云南地区建设甘蔗生产基地，在新疆地区建设甜菜生产基地，从而确保糖料生产能力稳步提升。[①]

提高农业综合生产能力除了要保护耕地、治理土地之外，还要提高水利用率，严格节约用水。目前，我国农业浇灌用水量约占总用水量的80%，而水的利用率只有30%—40%，与以色列、美国等国家比相差甚远。[②]可以说，我国发展节水农业、节约灌溉用水和提高水利用率具有非常大的潜力，其中较为有效而重要的措施有：兴修农田水利。2018年中央1号文件指出，我们要加强农田水利建设，提高抗旱防洪除涝能力。实施国家农业节水行动，加快灌区续建配套与现代化改造，推进小型农田水利设施达标、提质，建设一批重大高效节水灌溉工程。[③]

兴修农田水利是改善农业生产条件、提高农业综合生产能力的必由之路。自20世纪90年代起，我国对农业水利的投资一直保持

[①] 刘志雄：《开放条件下中国农业安全问题研究》，首都经济贸易大学出版社2014年版，第207页。

[②] 丁声俊：《发展中大国的粮食安全策论——从粮食"喜中有忧"视角探讨"保粮安"之策》，《粮食问题研究》，2016年第5期。

[③]《中共中央国务院关于实施乡村振兴战略的意见》，见国家农业农村部网站，http://www.moa.gov.cn，2018年1月2日。

较快的增长速度，这一点可从水利投资和灌溉面积均急剧增加可以看出。但是，我国未来扩大灌溉面积的边际成本将会很高，因为一些比较容易开发和建设的项目已经基本完成，而剩下的项目大都需要高成本和高标准的投入。未来发展节水农业，我们要本着因地制宜的原则，采用节水工程技术、农业节水技术和节水治理技术等，朝着综合利用工程技术、农业技术与治理技术有机组合的方向发展，形成节水高效的节水浇灌综合技术体系，并大面积推广应用。

（二）加快农业科技创新

科技是现代农业的根本出路。习近平总书记曾指出，要给农业插上科技的翅膀，加快构建适应高产、优质、高效、生态、安全农业发展要求的技术体系。我国农业发展面临着众多人口对粮食等农产品的大量需求以及耕地、水等农业自然资源短缺的双重压力。我们要长期实现农产品有效供给，确保国家粮食安全和农业安全，关键还要靠科技。农业科学技术创新是实现农业可持续发展的根本出路，也是解决农业问题、突破资源环境制约的必然选择。

第一，加大政府对农业科技创新的支持力度。保障粮食安全主要是政府的责任。政府要在农业科技创新中发挥主导作用，通过政策引导、资金扶持以及交易平台的完善等系统工程助力农业发展。首先，在政策支持方面，我们要在粮食生产补贴、粮食主产区利益补偿、重大技术推广补助等方面，不断丰富政策工具，加大政策实施力度，充分调动地方政府和农民重农抓粮的积极性，为粮食生产稳定发展提供有力的政策保障。[①]各级政府要站在调整国民收入分配全局的高度，切实将财政分配、资源配置向城市倾斜的政策，向重点支持农业、重点支持农村、重点让农民受益方面转变。我们应当以农业生产的科技含量为价值目标，以输送先进的科学技术和作

---

① 张红宇、张海洋、李伟毅、李冠佑：《中国特色农业现代化：目标定位与改革创新》，《中国农村经济》，2015 年第 1 期。

业方式为手段，进而制定符合当地实际情况的个性化政策，确保农村经济现代化运行机制的建立和健全。对于具有经营性质的专业化服务组织，要采取奖励补贴、政府采购、委托经营等方式，鼓励其制定出台有利于农村生产的经营策略。改革创新农业科技体制，打破体制桎梏，使农业科技的发展真正与农业生产的需要相匹配，满足农民对农业新技术的需求。[①]

其次，在资金支持方面，政府应当大力支持民间性投入主体的发展，给予相应的政策优惠和资金的支持。在财政支持方面，政府要加大力度，安排专项资金支持农民专业合作组织。金融部门应积极兑现其在科技开发贷款上的优惠政策。要通过多层次、多渠道增加科技投入，实现农业科技成果的研发与转化。加大对农科研机构的资金支持力度，对于科技应用性研究、推广、培训等机构和组织要给予资金倾斜，引导和组织生产经营性组织机构与高等院校、科研机构的合作，从而实现农科教的有机结合和农业科技成果的有效转化。加大基础设施方面的资金支持，组织和引导技术、资金、推广和物流等方面服务载体建设，加大对示范性组织的资金投入，在税收政策、水电政策和其他有关政策上给予支持。

最后，在硬件建设方面，我们应当以市场化为出发点，以农民受益为落脚点，加大市场流通所需要的硬件建设，建立健全有关机制，广建农产品交易市场，培育更多的农业产业骨干企业，从而鼓励从事农产品经营的市场主体。还要着力支持解决农业技术创新急需的公用基础设施建设，加大对大型水利浇灌设施、交通设施、电力和能源设施等的投资，支持、资助农民购买先进适用的农机设备，改善粮食生产条件和装备水平。

第二，促进农业科技成果转化。首先，要充分发挥分市场的示

---

① 赵其国，黄国勤，王礼献：《中国生态安全、农业安全及"三农"建设研究》，《农林经济管理学报》，2014年第3期。

范引领作用，建立以市场需求为导向的科研立项和成果评价机制，提高可转化的成果数量和质量，调动新型生产经营主体承接成果转化的积极性。科研成果必然来源于市场和企业需求，我们要"构建以市场为主体的技术转移机制。建立国家、省（市）、地方等不同层次的成果信息平台，及时提供农业成果信息。加快建立成果鉴定与评审机构、技术中介机构、管理机构和监督体系，完善相关制度、政策与法规，积极扶植和培育农业技术市场"①，通过政策引导和制度设计，充分发挥企业技术创新的主体作用。

其次，要在生产经营和科学技术研究成果的转化等方面提供帮助，这些支持、帮助涵盖许多方面，比如政策支持、技术支持、提供相关信息以及增加资金投入等，可进一步提升新型生产经营主体的生产能力及在市场中的生存能力，抵御市场风险。在转化农业产业技术方面，我们要明确新的发展方向，应将企业作为发展主体，实现新技术的创新与应用，打造新型发展联盟，共同应对目前在农业生产的各个方面出现的各种问题。技术研究的科研部门要与相关企业形成战略同盟，企业"出题"、科研单位"答题"，企业来支付"答题"经费、科研单位来认真做好技术攻关，最终成果由企业负责进行转化、应用，推向市场，两者互相配合，共同攻克难题，最终实现效益共享的双赢局面，以此来推动农业生产技术的发展进步，实现相关技术为产业化发展助力的良性循环。

最后，要注重科研成果的专利保护。专利保护在我国的制度建设中可以说是存在很大缺失一项内容，要让科研人员的辛劳付出得到相应的合法回报，这是对科研工作最起码的尊重，也是对科研人员的一种激励举措。此外，还要重点支持基础好、机制活、带动强、潜力大的龙头企业发展。在政府层面，要注重政策引导，与优秀企

---

① 夏涛：《以市场需求为导向　加快农业科技成果转化》，见中安在线网站，http://ah.anhuinews.com/system/2017/03/15/007582279.shtml。

业积极配合，引导市场的良性发展循环，发挥市场的主导作用，让更多的优质资源服务于农业产业的发展。要注重树立优秀的企业家形象，让优秀的榜样带动各类农业企业发展，最终实现整个行业的发展进步。

第三，推动农业产学研有机结合。充分利用科教资源，以农业专家为技术指导主体，开展科技特派员创业活动，通过技术指导培训，开展形式多样的产学研对接活动，开展企业技术难题与技术需求征集，实施产学研合作，推动科技成果转化。鼓励农学专业博士、博士后及院士服务农业科技创新工作，积极帮扶农业企业，兑现柔性人才政策奖励。充分发动社会服务组织的力量，共同为技术研发、技术推广等提供积极帮助与相关服务，整合区域农业科研院所、大专院校优势资源，积极参与现代农业技术示范与技术的市场推广，尝试成立地区性的相关专业机构，从事科研及研究资金的筹集工作，多角度、全方面地促进农业技术的研究与应用推广，进而组建更加高端的科技团队，提供更好的人力、科技支持。

充分发挥研究机构的人才、科技创新优势及企业的生产技术优势，实现科研技术的创新与应用，缩短农业生产技术转化应用的周期，促进新技术的研究与市场性转化，实行边研究、边生产、边示范推广，通过"小试→中试→产业化技术平台→工业化大规模生产"的路径，努力实现多项研究创新成果集成，建立完善"专家→农技人员→科技示范户"的成果转化快速通道，推动建立科技与生产相结合的长效机制，使所有农业科技力量以产业化发展的市场需求为导向向前发展，助力农业技术研究成果走出实验室，真正到田间地头发挥作用，让产业化市场需求与科学技术研究互为推动力，共同发展进步，打造新型的产学研良性循环，真正让实验室中的科研成果更为高效地投入市场中去。

鼓励农业龙头企业通过与高等院校、科研机构结对共建以提高自主创新能力和核心竞争力。同时，加大力度培育善经营、有才略的农业企业家，支持有条件、有实力的农业产业化龙头企业提高自身科技含量，使企业能够组建自己的研发队伍，更有针对性地开展技术研究，推动企业自身的"造血"能力。建立新的企业建设发展目标，鼓励企业不断提升自身的创造力、科学研究能力，研发一批附加值高的产品，带动上游农民和下游产业一起进步，让这些优秀的农业企业为农业和农村的可持续发展助力。

（三）培养现代职业农民

农业粮食产业中最积极、最活跃的因素就是农业劳动力。我们要跟上加快发展农业粮食现代化的步伐，就必须采用多种形式、通过多种途径大力培育"有文化、懂技术、会经营的新型农民"[1]，造就一支素质过硬、有志于振兴农业粮食产业的农业生产经营主体。

要加快农业人才培育，特别是对农村实用人才的培养。要强化技术培训，以家庭农场主、农民合作社负责人和返乡创业人员等为重点培训对象，打造一批农村科技人才。可通过广播电视讲座、现场讲授示范等方式，把农业科技送到千家万户，传授到田间地头，切实提高农民科学种田的意识和水平。农技人员要深入农村、深入田间地头，包乡镇、包村组、包农户、包田块，让老百姓在技术上有依靠、有主心骨，让广大群众成为技术明白人。要从农业发展的现状及趋势出发，针对农民分产分业的就业取向，因人而异进行培训，着重提高农民的科技意识、市场意识和互联网思维，全面提升农民的生产能力和信息技术水平，从而为加快农业科技推广力度、发展现代农业提供人才保障。政府要大力支持和鼓励高层次人才从事农业，投身现代农业建设。引进农业科技人才、返乡创业人才、高等院校毕业生到农村创业，制定信贷融资方面的优惠政策，给予财政资金支持。对那些在农村创业中作出突出贡献的农业专业技术人员要给予奖励，进一步增强他们投身农业和粮食产业的热情和积

---

[1] 蒋和平：《中国特色农业现代化的建设思路与建议》，《农业经济与管理》，2016 年第 4 期。

极性。

此外，还要大力发展农村专业技术协会，建立农村科普示范基地，通过发展产业化生产和经营，组织、带动广大农户发展生产，为农户提供产前、产中、产后一条龙服务，解决农户在生产过程中需要的技术、生产资料、加工、市场等多方面的需求，让更多的农户成为有专业化生产技能，会经营、能管理的新型职业农民，全面实现增收。[①]

三、构建现代农业经营体系

现代农业经营体系是对农村基本经营制度的丰富和发展。统分结合的双层经营体制是我国农村经济体制改革的重大历史性成果，其对于调动广大农民的积极性以及解放发展农村的生产力起到了重要推动作用。国际经验表明，现代农业需要与其相适应的经营方式，专业化、社会化、组织化与集约化构成了现代农业经营体系的基本特征。我国农村经济体制改革的整体规划是：坚持和完善农村基本经营制度，发展农民专业合作和股份合作，培育新型经营主体，发展多种形式规模经营，构建新型农业经营体系。这些都是建构现代农业治理体系的关键环节和重要举措。

（一）培育新型农业经营主体

2017 年颁布的《关于加快构建政策体系培育新型农业经营主体的意见》指出，在坚持家庭承包经营基础上，培育从事农业生产和服务的新型农业经营主体是关系我国农业现代化的重大战略。加快培育新型农业经营主体，加快形成以农户家庭经营为基础、合作与联合为纽带、社会化服务为支撑的立体式复合型现代农业经营体系，对于推进农业供给侧结构性改革、引领农业适度规模经营发展、带动农民就业增收、增强农业农村发展新动能具有十分重要的意义。

[①] 蒋和平：《中国特色农业现代化的建设思路与建议》，《农业经济与管理》，2016 年第 4 期。

　　新型农业经营主体是相对于传统的小规模、分散性家庭农户而言的，其具有相对较大的经营规模、较好的物质装备条件和经营管理能力，劳动生产、资源利用和土地产出率较高，以商品化生产为主要目标等特征，以种养大户、家庭农场、农民合作社及农业企业为代表。[①]这些经营主体多以市场为导向，从事专业化生产、集约化经营和社会化服务。培育新型农业经营主体是构建新型农业经营体系的根本，是发展现代农业的紧迫任务。当前各类新型农业经营主体还处在起步阶段，自身实力还不强，面临较多的发展问题，因此，我们应围绕新型农业经营主体发展面临的瓶颈问题，根据不同主体的特点，因地制宜进行指导，在农业补贴、资金奖补、项目建设、金融服务、农业保险及税务登记等方面加强扶持力度，不断提高其自身实力和发展活力。

　　要充分发挥各类经营主体的比较优势。种养大户和家庭农场的规模化经营特征显著，承担着农产品生产商品化的功能，要鼓励、引导、扶持其采用现代先进的生产技术和手段，不断提高集约化经营水平，以此对其他小农户的生产进行示范和带动。农民合作社具有组织散户、带动大户、对接企业、联结市场等多项功能，目前已具备了一定的发展规模和水平，可以成为引领农民进入市场的主要组织载体，发挥其提高农民组织化程度的功能。[②]农业龙头企业及工商企业在资金、技术、人才和物资等方面的优势比较明显，聚集了先进生产要素，我们要充分发挥其在产业链中承担农产品加工和市场营销等方面的社会化作用，重点投资发展种苗、饲料，农产品收购、储藏、保鲜、加工、销售，以及种养业副产品和废弃物加工处理等农业产前产后业务，延长农业产业链条，带动农户特别是规

---

　　① 张照新，赵海：《新型农业经营主体的困境摆脱及其体制机制创新》，《改革》，2013年第 2 期。

　　② 刘勇：《构建新型农业经营体系的现实困境与路径选择》，《内蒙古农业大学学报（社会科学版）》，2014 年第 3 期。

模种养农户，实现合理分工，增值增效，共生共赢。

发展新型农业经营主体，要以农民为主体，不能只是为了实现生产规模，而排斥、忽视广大农民。农民是"三农"的核心，发展现代农业、培养新型农业经营主体，既要解决农业问题，也要解决农民问题。我们鼓励工商企业进入农村、投资农业，但应着眼于服务、带动农民，与农民共同发展、共同富裕，与农民形成利益共同体，而不是取代农民、兼并土地，否则将会为维护公平、社会稳定带来严重隐患。[①]

（二）发展适度规模经营

我国现代农业发展面临的最大制约是农业经营规模普遍过小，目前我国户均耕地不到 0.5 公顷。无论是先进科技成果应用、金融服务提供，还是农产品质量提高、生产效益增加、市场竞争力提升，都要以一定的经营规模为前提。因此，构建现代农业经营体系，要大力发展多种形式的适度规模经营。[②]

要推进适度规模经营必须推进土地经营权有序、规范流转，特别是向种田能手流转。土地流转的前提是稳定家庭承包经营。家庭经营是当前各国农业经营的普遍形式，其既能适应以手工劳动为主的传统农业，也能适应采用先进科学技术和生产手段的现代农业。因此，要坚持和完善我国农村以家庭承包经营为基础、统分结合的双层经营体制，就需要扎实推进农村土地承包经营权确权登记颁证，完善土地所有权、承包权、经营权分置办法，强化土地承包经营权纠纷调解仲裁，积极利用专业合作、股份合作、土地流转、土地入股、土地托管等多种形式，发展农业适度规模经营。要完善促进土地流转的政策措施，建立健全土地流转市场和服务体系。土地

---

① 韩长赋：《推进新型农业经营体系建设重点把握四方面》，见中华人民共和国中央人民政府网站，http://www.gov.cn/gzdt/2013-08/07/content_2462754.html。

② 郭玮：《着力构建现代农业产业体系、生产体系、经营体系》，《农村实用技术》，2016年第 8 期。

流转的目的是发展现代农业而不是搞非农产业，要坚持适度、自愿、有偿的原则。土地流转要适应农村城镇化和农业劳动力转移的步伐，土地流转的主体是农户而不是干部，机制是市场导向而不是行政干预；要坚持依法自愿有偿原则，尊重农民的意愿，政府主要做好指导服务，绝不能包办代替，更不能强迫命令。[①]

农业规模经营不局限于土地的规模经营，还包括农业服务的规模化、农业设施利用的规模经济、农业综合经营的规模效应等。[②]要在坚持家庭经营基础性地位的基础上，推进家庭经营、集体经营、合作经营、企业经营等多种经营方式共同发展，积极探索龙头企业+农户、合作组织+农户、龙头企业+合作组织+农户等产业化经营模式，发展合作化生产，提高农业生产组织化程度，推动分散生产向规模经营转变。

（三）健全农业社会化服务体系

党的十九大报告提出，要健全农业社会化服务体系，实现小农户和现代农业发展有机衔接。农业社会化服务，是现代农业的重要支撑，是新型农业经营体系的重要内容。农业生产经营的最佳方式是家庭经营，但是家庭经营的最大劣势是抵御自然风险和市场风险的能力弱，因此，发达国家的农业生产虽然以家庭经营为主，但却辅之以非常强大的社会化服务体系。强大的社会化服务网络体系保障了农民所需要的产前、产中和产后所需要的供求信息、生产资料、技术支持、政府政策、贮存运输和市场买卖等一系列服务，确保了农业生产的顺利进行和农民利益的有效实现。[③]当前，中国农业基本上是以小规模的家庭经营为主，抵御自然风险和市场风险的能力都比较弱，再加上各类新型农业经营主体蓬勃兴起，因此，对于农

---

① 韩长赋：《积极推进新型农业经营体系建设》，《人民日报》，2013 年 8 月 7 日。

② 黄祖辉：《现代农业经营体系建构与制度创新》，《经济与管理评论》，2013 年第 6 期。

③ 程同顺，赫永超：《当前中国农业安全隐患及其战略选择》，《中共中央党校学报》，2014年第 3 期。

业的社会化服务体系有着更为迫切的需要。目前，全国公益性农业服务机构已达 15.2 万个，农业经营性专业服务组织超过 100 万个。实践证明，新型农业经营主体加上农业社会化服务，是构建新型农业经营体系、推进现代农业建设的核心路径。[1]

发展农业社会化服务，要构建公共型服务、合作型服务、市场化服务有机结合、统筹协调、全面发展的专业化社会服务体系。要因地制宜充分发挥不同类型的服务组织的作用。公益性服务机构是农业社会化服务的重要基础。要引导它们重点在那些具有较强公益性、外部性、基础性的领域，经营性服务组织干不了、不愿干的领域积极发挥作用，比如农业技术推广、动植物疫病防控、农产品质量监管等。经营性服务组织是农业社会化服务的生力军。要按照主体多元、形式多样、竞争充分的原则，采取政府订购、定向委托、奖励补助、招投标等方式，引导这类服务组织，在农产品保鲜、贮运、加工、销售环节，以及金融保险、信息服务等方面发挥更大作用。[2]

农业社会化服务体系的建立健全是一项系统工程，也是一场持久战。我们对于农业社会化服务主体要重点规划、加快培育、大力扶持。发挥财政资金"四两拨千斤"的带动作用，在市场机制作用的基础上，通过政府引导，带动金融资本和社会资本投入，加快农业生产全程社会化服务体系构建。围绕"急需、迫切"的原则，重点关注生产中的短板，选择农民需求大、市场化机制还没有形成的生产关键环节继续开展社会化服务试点。[3]农户是农业社会化服务对象，对于他们，我们要加大宣传力度，培育农业社会化服务有效需求，这样才能切实提高服务体系的效率。有些地区农业服务体系

---

① 韩长赋：《积极推进新型农业经营体系建设》，《人民日报》，2013 年 8 月 7 日。
② 韩长赋：《积极推进新型农业经营体系建设》，《人民日报》，2013 年 8 月 7 日。
③ 向婧，罗芸：《健全农业社会化服务体系 引领小农户跟上现代化》，《重庆日报》，2017 年 10 月 30 日。

效率低下，一个重要原因就是缺乏服务需求，地方政府没有处理好农业经营主体有效需求的培育和农业社会化服务体系建设的关系。我们只有通过农业社会化服务，把千家万户的小农生产联结起来，才能形成规模、提高效益、节本增效，才能把小农生产引入现代农业的发展中来。

第三节　提升农业安全治理能力

治理能力的核心是制度执行能力，良好的治理能力既是治理现代化的重要标志，也是国家治理走上制度化、法治化和民主化治理的必然要求和题中应有之义。从国家治理的层面来讲，农业安全治理能力是指各级各类治理主体对农业安全相关制度体系的执行能力，它是衡量一个国家治理现代化程度的重要指标，也是衡量一个国家农业安全的重要维度。党的十八大提出，要推进国家治理体系和治理能力现代化，从这个意义而言，提升农业治理能力对推进国家治理现代化和确保粮食安全具有双重促进作用。

一、确保种子安全

农业的稳定发展关乎国民经济的正常运行，也关乎社会稳定和民生需求，而种子安全又是粮食安全与农业稳定发展的基本前提，如果我们没有优良的种子，纵有万亩良田也不可能确保粮食安全。放眼世界，一些跨国种业巨头疯狂布局我国粮食产区，也正折射出本土种子产业势单力薄的现实。从现实来看，我国种业目前仍处于初级发展阶段，一方面农作物育种创新能力、种业产业集中度较低，另一方面种子市场监管能力仍然较低，折射出种子安全治理能力滞后的现实。[①]总体而言，当前我国种子安全治理体系和治理能力较之治理现代化的要求尚有较大差距，确保种子安全已经成为提升种子治理能力的关键环节。

（一）加快振兴现代种业科技

粮安天下，种铸基石。2018 年中央 1 号文件指出，我们要加快发展现代农作物、畜禽、水产、林木种业，提升自主创新能力。因此，我们需要加快振兴现代种业科技，抓住农业科技创新重点，以产业需求为导向，着力在良种培育、新品种引进推广等方面有所突破。在良种培育方面，要大力支持新品种引进、试验和示范工作，加强种子繁育基地建设。在土地整理、中低产田改造、现代农业示范园区或基地等项目的建设上，要与种子繁育基地建设有机结合起来，加大对种子生产新技术的研究力度，提高种子的繁殖效率、综合抗性和品质。强化对新技术、新品种的宣传和推广工作，提高相关技术和产品的实际应用，同时提高对新品种配套技术的研发力度，促进新产品和新技术的转化。强化品种更新换代的研发力度，加快培育一批增产潜力大的优质、高产品种，促进良种的广泛推广和更新换代。

注重种业基础性、公益性研究，加强种质资源收集、保护和鉴定工作，创制改良育种材料，逐步建立以企业为主体的商业化育种新机制，实现公益性研究到商业化运作机制转变。政府要加大相关优惠力度、制定相关支持政策，大力支持种业发展，建立种子生产激励机制，突出制种乡镇和制种大户的培养，推动形成一批具有自主研发能力的重点企业、大型种业集团，鼓励企业扩大规模和提升实力，打造具有自主能力的种业品牌，引导和扶持建立具有相当影响力的生产基地，以税收优惠政策等手段奖励制种大户，切实提高良种的自给率，提高整个行业的创造力和竞争力。

---

① 张永强，单宇：《粮食安全背景下我国种子产业发展研究》，《农业经济》，2016 年第 6 期。

政府要加大对种子生产基地的资金投入，尤其是棉粮油等主要粮食种子的生产示范基地的资金投入。在这方面，种子企业要采取更多方式和渠道建立种子生产基地，建设新品种引进示范场。对符合条件的种子生产，我们要开展生产保险试点扶植政策，加大种子储备财政补助力度。对良种产业的龙头企业在政策、信贷、税收和项目建设上给予支持，落实和完善科研院所育种成果推向市场的激励机制。推进种子产业由科研、生产、经营相脱节向育、繁、推一体化转化，由小而全的分散经营向专业化和企业集团转化，引导和推进种业的体制改革，促进种子产业链条上各个环节的高效衔接，实现种子产业化和整个行业的现代化。

对于种子企业来说，要既注重自力更生搞研发，增加科研投入，又注重与科研院所进行合作，使科研成果更有效率、更高质量地转化为社会生产力，如此才能够产生良好的协同效应。种子企业要做到合理分配资源，以提高种子业绩为主要目标，开发更多具有核心竞争力的产品，不断满足农民对种子价值的需求。同时，种子企业还必须重视对育种基地的管控，以更好地保证种源质量，满足农民对种子质量的要求。另外，企业应提供科技服务指导农民的种植活动，提高农民种植水平，真正实现种子高收获的目标。[①]我国当前大多数种子企业不重视技术服务，这就导致种子难以发挥其实际效能，难以做到物尽其用。所以，种子企业应与经销商相互配合，建立农业推广服务网络，对于农民种植过程中遇到的问题及时予以解决和处理，如此才能把种子的潜在优势转化为看得见的生产力。同时，要积极开展种植技术推广和种植技术培训，倡导科学耕作，提升种植效益，让品质好的种子能充分发挥其技术力量和竞争力。

---

① 文艳艳，王帅，张峻汕：《中国种业供给侧改革与种业安全研究》，《上海经济研究》，2017 年第 11 期。

（二）强化种子市场监管

首先，严把经营准入关。严格按照 2015 年新修订的《种子法》中的有关规定，规范管理种子经营企业，坚决取缔那些资金不实、质量控制手段不严、人员技术条件差的企业。强化种子生产经营行政许可管理，完善品种审定、保护、退出制度。要始终坚持持证经营、依法经营和经营的可追溯性，监管主体必须确保生产经营品种真实合法，确保各个经营环节的可控性。围绕种子生产基地、经营秩序混乱的交易市场及行政区域交界处进行重点督查，加大对制造、销售假冒伪劣种子企业及套牌侵权、未审先推、无证生产行为的打击力度。[①]

其次，严把品种入口关。要采取严进宽出的入口政策，提高新品种审定的标准，严格审核引种，完善品种审定。充分利用先进生物技术和物联网等信息技术，建立品种 DNA 信息数据库，利用 DNA 身份信息强化事中、事后监管，实现品种快捷智能查询。[②]防止品种过度泛滥，强化种子的动态管理和评估工作，对于那些推广面积不大、种性缺陷明显、适应性不强的低质品种要定期进行清理退市，提高种子市场的整体水平。

再次，严把质量准入关。要严格执行质量检验标准，对种子纯度和发芽率等进行检验检测，严禁那些没有经过检验或检验结果为不合格的种子流入市场。强化动态管理力度，充分利用定期检查和不定期抽查的检查手段，加大对市场的检查力度，扩大市场抽样检查的覆盖面，并且将检查结果向公众进行公布，如此即确保了公众的参与权和知情权，也通过市场选择进一步优化种子的品质。

最后，提升监管部门的市场监管和执法能力。要提升种子监管

---

① 李平，刘再良，王伟政：《我国粮食种子安全问题的调研与思考》，《作物研究》，2012 年第 6 期。

② 王帅：《我国种业供给侧改革与种业安全》，《天津师范大学学报（社会科学版）》，2017 年第 6 期。

部门的监管水平和监管能力，特别是要提升基层管理部门管理人员的业务水平，通过加大部门经费的投入，加强相关知识的培训，提升相关机构的监管能力和执法水平。

（三）加强种业知识产权保护

当前，社会知识产权对于社会发展的影响十分巨大，对中国种业知识产权的保护更是迫在眉睫，这既有共性的原因，也有种业发展自身的特点，即是说，种子研发的成本投入非常大，研发的周期较长，研发的风险更是高于其他行业，因此，相关知识产权的作用就更加明显。当前我国对种业知识产权保护重视不够，对知识产权侵权打击力度不够，假冒伪劣种子企业违法成本比较低。不仅使一些由品种审定制度的改头换面式的侵权、"模仿育种""克隆育种"等不良行为得不到有效遏制，还使我国一些种质资源被国外剽窃，如大豆种植资源等，使我国损失了大量的潜在利益，也严重扼杀了我国育种的创新动力。因此，在知识产权的保护战略的制定上我们必须作出科学的选择，一方面要使其具有其他法律法规的共性，另一方面更要具有国际视野，作出有利于自我种业发展的选择，为中国种业在国际竞争中保驾护航。

首先,种业知识产权保护应当更加注重对集体知识产权的保护，这是由种业研发的特点决定的，在种业研发的过程中，集体知识产权处于弱势，更容易被侵害。同时，集体研发在种子研发的过程中具有十分重要的作用，是种业研发的主要推动力，从这个角度讲，也应更加注重集体知识产权的保护。具体而言，在立法、司法两个层面上我们要处理好单位和个人的知识产权归属，作出公正的价值选择，防范集体知识产权在人才流动过程中受到侵犯。要依法处理好涉外企业在种子研发过程中的知识产权归属，可以契约的形式先行约定知识产权的归属，严格履行审批程序，依法防范优质品种的外流和知识产权的侵犯。必要时，我们建立国家种业知识产权强制保护制度，防止单位和个人懈怠而造成种业知识产权流失，由国家出资进行知识产权保护，确保国家从总体上控制种业知识产权。[1]

其次，大力推动种业信息平台建设，通过该平台将品种审定、种子生产经营许可审批、种子委托生产和代销零售备案以及市场案件查处等环节生成的信息资源综合处理，建立和完善互联互通机制，建立可追溯机制和供给侧完整记录，确保从品种选育到种子终端零售的全过程可回溯、可查询。2016 年，与新《种子法》配套施行的《农作物种子标签和使用说明管理办法》（以下简称《办法》）由农业部颁布和出台，对于种子相关信息作出了科学合理的规定。新《办法》对种子标签作出了较为全面的规定，对信息的真实性、全面性、严谨性和可追溯性均提出具体的标准和要求，这些规定既体现了法律精神，也从法律法规的层面上保护了相关主体的权益，同时，也结合市场实际进行了部分修改，使条款更加符合生产经营和实际操作，更有助于政策的落实，最终得以维护农民利益、保护生产经营者权益。

最后，积极探索品种制度改革，减少政府干预，最终实现"品种审定制度"向"品种注册制度"的转变，积极探索建立新品种稳定性、一致性和特异性测试的一体化程序和机构。同时，提高测试标准，建立区分原生研发品种和派生品种的技术标准，杜绝"模仿育种""克隆育种""装饰性育种"等不良行为。[2]

二、提升农产品安全水平

从维护民生的角度来看，保障食品安全就是在确保食品供应充足的基础上，避免食源性疾病对人的身体健康造成威胁，维护民众的身体健康、生命安全、生命质量和家庭幸福。[3]党的十八届五中

---

[1]《加强知识产权保护 确保国家种业安全》，《检察日报》，2017 年 3 月 11 日。

[2] 王帅：《我国种业供给侧改革与种业安全》，《天津师范大学学报（社会科学版）》，2017 年第 6 期。

[3] 赵士辉主编：《食品安全》，天津古籍出版社 2012 年版，第 3 页。

全会首次提出，要推进健康中国建设，实施食品安全战略，形成严密高效、社会共治的食品安全治理体系，让人民群众吃得放心。习近平总书记也曾对食品安全工作作出重要指示指出，民以食为天，加强食品安全工作，关系我国 13 亿多人的身体健康和生命安全，必须抓得紧而又紧，"用最严谨的标准、最严格的监管、最严厉的处罚、最严肃的问责，确保广大人民群众'舌尖上的安全'"[①]。这些年，党和政府下了很大力气抓食品安全，食品安全形势不断好转，但存在的问题仍然不少，老百姓仍然有很多期待，我们还要再接再厉，把食品安全工作做细做实。

（一）充分发挥政府的监管职能

食品安全问题形势复杂、态势严峻，食品监管任重道远，这一方面是因为科技的发展带来的食品重大变革，新的食品虽然满足了公众对于美食、健康的渴求，但是其潜在的风险也是一种非常大的威胁，以转基因食品为例，其是人类社会从未有过的新的课题，转基因食品究竟会给人类带来巨大的福利，还是会给人类社会造成巨大灾难，这个问题仍然处于争论当中，政府监管也难以抉择；另一方面如食品添加剂的问题、小企业的食品安全问题、小商小贩的食品卫生问题，凡此种种不一而足，为食品安全带来了严重威胁。食品安全构成对政府治理能力的重大拷问，是每一个国家在现代化、工业化过程中必须要面对的问题，也是发达资本主义国家目前仍然在努力应对的挑战。

食品安全具有公共产品性质，食品安全监管和服务是国家治理体系和治理能力的重要组成部分。食品安全是产出来的，也是监管出来的。面对国民的生命健康，政府必须伸出监管之手。要科学划分权力主体和权力边界，处理好各级政府监管事权，以防止出现监

---

① 刘明国：《从三个维度领会习近平总书记"三农"重要论述》，《农村工作通讯》，2014年第 12 期。

管职责不清、层层推诿的现象。中央政府负责食品安全治理基本制度建设，包括相关法律法规、标准和企业生产经营行为规范建设，建立基础信息数据库和信用体系，完善统一权威高效的监管体制。地方政府要将食品安全与国内生产总值、安全生产责任等一起作为地方政府考核内容，形成竞争机制。要严惩各类食品安全违法行为，落实属地管理原则和问题导向，市、县两级政府严格管理，实现责任可量化、可操作、可检验。乡镇基层要将食品安全纳入社会管理综合治理网格中，定格、定责、定人，聘请协管员、信息员负责网格内食品安全巡查，改变"牛栏关猫"的状况，防止食品安全在第一线失守。①

具体到操作层面，政府要加强对高毒违禁农药的监管，对农药生产、流通环节的监管也要加强，不让这些高毒违禁农药进入农资市场，农民也就不会去使用。政府对食品生产加工、流通和销售企业更要严格监管，依法治理。政府不仅有监管的职能，更有提供食品安全指导服务的责任，既要做好监管，同时也要做好技术培训和指导服务，以让农民和其他生产者能够更好地掌握农产品质量安全技术，比如农药使用剂量和使用时间等技术规范。我们要明确食品安全指导服务工作对食品安全这样具有社会公益性质的事业，发挥着积极的引导作用。

（二）完善食品安全监管体系

第一，召回制度是指企业将出现相关问题的产品回流至企业以进行补救的制度，召回制度在很多行业当中已经得到广泛应用，在西方国家，食品召回制度在食品安全监督领域中作用十分明显，但是我国目前仍然没有建立召回制度，这严重影响了食品安全工作的开展，尤其是在某些食品已经出现安全隐患的时候，相关企业仍然无所作为，而政府监管部门没有任何办法，公众安全就会因此受到

---

① 胡颖廉：《推进食品安全治理体系现代化》，《行政管理改革》，2016年第6期。

严重威胁。对于国家来说，需要借鉴国外经验，明确规定食品召回范围级别及如何处置等细节，以提高食品召回制度的可执行性。

第二，健全食品安全信息管理制度。导致食品安全问题的一个重要原因在于消费者对有关食品安全的信息了解较少，那么，解决食品安全的一个重要工作就是让消费者了解更多有关食品安全的信息，由此看来，建立食品安全信息制度至关重要。为此，我们应重点做好以下四项工作：首先，健全食品安全信息网络，让广大消费者知道即将消费的产品的相关信息；其次，健全食品包装制度，食品包装一方面要确保产品性能不受影响，另一方面要如实记载食品安全相关信息，尽可能使消费者知悉相关信息。再次，健全食品安全监测和信息披露制度，社会在发展，科技在进步，食品构成要素越来越复杂，普通民众无法了解产品的安全信息，这些信息必须由国家相关部门给予监测和披露，使广大群众能够了解和知悉。最后，要进一步规范食品广告。广告作为市场营销的一部分，近年来发展十分迅速，并且为越来越多的企业所重视，这一点在现今社会无可厚非，但是广告不能夸大其词，更不能误导消费者。

第三，建立转基因生物市场监控体系和转基因食品追踪制度，确保转基因食品从生产到流通再到消费各个环节都能被监测和追查到，从而提升转基因食品的安全性。同时，通过食品追踪制度，实行分流管理，确保消费者知情，在全国范围内建立转基因食品监控监测网络体系。

第四，创新监管方式。目前的互联网技术、物联网技术、云计算、大数据比对，包括摄像监控、手机终端的广泛使用，为食品安全保障和监管提供了多种技术便利和实现路径。因此，我们可借助大数据进行食品安全监管，消除食品安全隐患。

（三）慎重对待转基因农产品

转基因技术在粮食品种方面的应用一直以来都受到广泛争议。除了其食用安全性的风险之外，生态的安全性、专利的垄断性以及技术的不确定性、不可逆性等因素都是我们要综合评估的因素。农业部曾指出，对待农业转基因技术要做到研究上要大胆，坚持自主创新；推广上要慎重，做到确保安全；管理上要严格，坚持依法监管。

第一，完善转基因作物安全管理体系。首先，转基因作物安全管理应坚持预防原则。我国对转基因作物，特别是基本口粮作物的安全管理，要以"预防原则"作为基本准则，以此来指导现阶段我国转基因生物安全监管工作的开展，采取"从严"的安全管理模式来规范转基因生物，在转基因商业化和转基因安全的价值选择上，必须把安全管制列在头等重要的位置。在管理体制上，构建"统一监管模式"，强化部门的分工与合作，确保监管内容和监管过程的衔接。对于转基因技术及相关生物产品，从研究、开发开始，到使用、释放和处置，再到市场化等各环节，要进行全过程的规范、监管和控制。其次，加快推进转基因生物安全立法工作。修订、完善现有的转基因粮食作物科研生产管理方面的法律法规。2015年新修订的《食品安全法》对转基因立法已经有所铺垫，因此，相应的《转基因食品安全法》也应加快制定，形成以《转基因食品安全法》综合立法为主、相关法律条款为辅、转基因食品安全法规规章相结合的转基因食品安全监管体系。[①]同时，我们要加快转基因生物安全标准的制定和完善，率先推出当前急需技术标准和指南，以规范转基因生物相关行为。加强与国际交流合作，参与转基因相关领域国际安全标准的制定，学习和借鉴转基因生物安全管理的国际标准，尽快形成一整套适合我国国情并与国际接轨的法律法规、技术规程和管理体系。最后，建立健全转基因作物安全管理体制。转基因生物的安全工作目前由多个部门共同管理，如何明确各部门管理职责、管

---

① 张庆颜等：《我国转基因食品安全监管的现状及对策》，《安徽农学通报》，2016年第16期。

理内容和管理过程，进而推进有效、顺畅的协调管理机制的形成至关重要，因此，必须要通过法律进一步界定和明晰各职能部门在转基因生物安全管理工作中的地位和职能。

第二，加强对转基因作物进口、生产和销售的监管。首先，政府有关监管部门应根据已定的法律法规严格执法，对盲目进口与推广转基因商业化造成严重后果的企业依法追究其责任。对进出境的转基因产品，质检总局和出入境检验检疫机构要严格把关，履行好职责，依法依规处理未经批准的转基因产品。谨慎对待转基因农作物产业化及商业化推广，并按照国家制定的技术规程规范对于转基因作物的违规种植进行严格依法监管，严厉查处、严厉打击、公开曝光。同时，进一步强化转基因生物安全属地管理责任和研发生产经营者的主体责任，抓好转基因作物的监管工作。其次，强化转基因生物标识制度。通过实施从严的转基因产品强制标识制度，确保公众对于转基因食品的知情权，在具体操作范畴方面，要进一步明确转基因食品强制标识的管辖主体，将转基因成分、含量、用途等要给予明确的标识，并且要增加转基因产品标识产品目录，在具体说明等方面要避免专业、晦涩、难于被公众理解的词汇。对于目前市场上出现的转基因农作物非法商业化、转基因产品标识不清等现象应加以严格监管，尊重公众的自由选择权和充分知情权。最后，建立生物安全公众参与制度。有关转基因作物入境与商业化种植的重大问题的决策应充分尊重民意。建立健全参与转基因生物安全管理的公众平台，通过生物安全信息的发布和宣传，鼓励和推动公众积极参与相关管理进程，比如参与转基因标识制度及其相关法律法规的制定和完善，参与转基因食品的生产和销售等相关环节的宣传和销售，从而夯实转基因食品安全工作的公众基础。

第三，加大政府对涉及转基因技术和产品单位的监管力度。政府管理机构要通过调查及时掌握那些研究转基因技术的单位或投资的企业的情况。把好入口管理，严格限制参与转基因作物领域单位和企业的数量，制定更加严格的从业条件，同时要做好动态管理，实时监测转基因从业主体的资质和条件，责令那些条件缺失、无法保障转基因作物安全的单位限期整改，以确保转基因安全管理落到实处。以转基因研究和试验为重点，对科研教学单位和企业进行动态监管，严厉打击违规行为。对转基因作物违规试验、违规种植和违规销售情况进行督查，形成安全监管的高压态势。

转基因粮食种子相关管理环节应当符合国家有关规定，强化对转基因粮食种子的安全管理，包括研发、育成、种植、销售、进口、出口等相关环节。重点应关注关系国计民生的基础性粮食品种，禁止任何单位和个人擅自应用转基因技术。对现有转基因粮食种子的科研、试验、生产种植和交换销售情况进行全面调研，在有关专家没有统一的科学研究结论之前，不应进行匆忙推广。[①]

鼓励和支持相关领域的科研工作，加大财政政策投入和税收政策优惠，设立专项基金，制定专项税收优惠，鼓励和支持转基因生物环境和安全的基础研究，加强生物安全领域的控制和管理，提高评价、检测等相关技术的研究水平。鼓励和支持相关领域人才的培养，提升监管人员的培训水平，建立一支掌握高水平的转基因生物安全技术的管理人才队伍。加强国际间的交流与合作，学习和借鉴生物技术发达国家的管理经验。构建完善的转基因生物及产品安全评价和监测检测技术体系，确保有能力实现转基因产品研发和产业化安全。

（四）构建社会共治网络

食品安全与每个人的生活息息相关，其涉及范围广、内容多，单纯依靠政府监管无法实现全面监管，因此，要构建全社会共治网络，促进社会公众的广泛参与。社会公众参与食品安全监管既有内在动力，又有客观需求，更有现实的可行性，政府应当加大食品安

---

① 黄佑存：《对转基因粮食和食品必须立法监管》，《中国粮食经济》，2010 年第 7 期。

全相关问题的宣传和科普，让广大群众了解食品安全相关问题，使其有能力参与到食品监管当中来。同时，应当倡导公众参与的监督管理模式，通过物质奖励、精神奖励等激励公众参与。在企业管理方面，应当建立健全企业信用制度，鼓励和引导企业重视食品安全问题，制定负面清单，凡是在食品安全问题上有瑕疵的企业坚决淘汰出局，在食品安全的入口杜绝危险的发生。在监管制定上，建立健全政府、企业、公民、社会团体等多位一体的监管模式，并引进第三方参与到食品安全的监管过程中来。社会共治是解决食品安全问题的重要手段，在治理过程当中必然发挥积极作用。

公众参与有助于减少政策的错误，并赋予监管及其结果以民主的正当性，增加一般公众对于风险的知识，增加公众对监管正当性的信心。[①]公众参与具有相关的权益基础，因为监管活动所使用的资源正是公共资源，而且监管的过程可能会涉及具体的某一个公民的权益，同时监管的结果会影响到公众的福利，因此我们从权利的层面上考虑，也应鼓励公众的参与。同时，公众参与也是公众与管理者之间对话的一次重要的机会，通过对话，公众更易于理解相关标准和制度的内在逻辑，从而有利于相关法律法规的执行，对于管理者来说，公众参与会使得政策和标准更加科学。

三、改善农业生态问题

我国的农村农业经济在取得巨大成就的同时，也付出了巨大的代价，资源利用的弦绷得越来越紧，生态环境的承载能力越来越接近极限，因此，迫切需要我们转变农业发展方式，加强农业生态环境污染的治理，切实推进农业生态环境保护和生态农业建设，实现农业朝着绿色、有机和可持续的方向发展。

[①] 刘亚平：《走向监管国家——以食品安全为例》，中央编译出版社 2011 年版，第 175 页。

（一）加大对农业资源的保护力度

环境保护是我们的基本国策之一，做任何事情都不能违背这一重要原则，在此基础上，要提高农业生产的生产效能，就要将两者有机结合，在实现充分保护农业资源的基础上，发展农业产业。农业部部长韩长赋指出："首要的是做到不欠新账，逐步使透支的农业资源、环境得到休养生息。"我们要坚决执行好我国耕地保护和集约化运用土地的相关制度。明确土地利用红线，绝不可越线操作，积极开展农田土地的综合性整治利用，按照耕地利用的数、质相结合的保护原则，落实好耕地的使用制度。要绝对杜绝以次充好的土地占补法，例如用不好的土地来补充占用的好土地、使得土地数量受损，用好的耕地来进行城市建设、破坏了土地品质等，此类行为都应该坚决控制，杜绝其发生。切实加大耕地、水、草原、水域滩涂等保护力度，实施耕地质量保护与提升行动，推广深耕深松、保护性耕作、秸秆还田、增施有机肥、种植绿肥等方式，增加土壤有机质，实行耕地轮作休耕制度试点。

切实转变农业增长方式，推广农业节本增效技术，把绿色发展摆在更加突出的位置，提高资源利用效率，发展生态循环农业。探索更加科学先进的农业耕作模式，实行集约化生产，让农业生产更绿色、更环保；在畜禽饲养方面，学习借鉴新的方法，运用标准化的生产手段，开启新的饲养篇章；注重落实水产养护制度，充分保护水域资源，做到控捕有度；大力发展节水农业，加大粮食主产区、严重缺水区和生态脆弱区高效节水灌溉工程建设力度，推广工程建设节约用水及农作物种植节约用水，选用先进的灌溉水段，充分提升水资源的利用效率，用好再生水等水资源，增加水资源利用频率，实现灌溉用水总量零增长，有效缓解水资源不足的矛盾。

建立健全农业资源环境保护法律法规。积极推进农业资源环境保护立法，抓紧制定有关土壤污染、生态保护、循环经济、农业环境监测等法律法规，在资源保护领域，重点是开展耕地质量保护、野生植物保护、外来物种入侵管理立法工作，确立农业资源损害赔偿制度、划定农业资源保护红线，严惩破坏者；在环境保护领域，重点是贯彻落实《环境保护法》，明确农业环境的良好标准，同时，进一步加强技术提升与改造，让农业生产和环境保护有机结合，顺利有效地开展好农业生产，同时保护好农业环境。

依法建立、科学高效的农业资源环境保护管理制度与机制。在监管上，我们要从农业生态系统的整体性和过程性考虑，建立一整套"从投入品到农田""从农田到餐桌"的全过程监管制度体系。在保障上，要以法定形式，加大政府财政支持力度，建立健全以技术补贴机制和绿色农业经济核算体系为核心的农业补贴制度，形成稳定长效的财政支持机制。在考核上，我们要以资源承载力和环境容量保护为基础，充分落实土地管理保护制度，制定相关责任书与责任清单，同时，要将这些具体责任落实到每个单位、企业、个人，在合法合规的范围内节约使用土地，科学化制度考评体系，对于农业环境保护开展评分考核，建立农业资源保有量的科学核算评估机制，量化可持续发展能力。

（二）强化对农业环境突出问题的治理

针对耕地数量减少和质量下降的问题，要严格依法实行非宜农耕地的退耕还林、退耕还湖、退耕还草工作，严格保护天然植被，适当降低农地开发利用强度。重点保护和提升耕地质量，推广深耕深松、保护性耕作、秸秆还田、增施有机肥、种植绿肥等方式，增加土壤有机质，实行耕地轮作休耕制度试点。

要解决好农业源污染问题，从国家节能减排的整体出发，将农业源污染问题作为国家节能减排的重要组成部分，以达到"点面结合、面面俱到"的效果。聚焦农业源污染预防和控制问题，应当坚持预防与治理相结合的原则，从源头到过程再到末端各个环节都应当纳入监督管理体制当中来，大力开展农村污染治理工作，对于农业源头污染要做到早发现、早定位、全程坚持，同时全面推行农村清洁治乱工作，有效处理农业、农村、农田垃圾及废弃物，有效改善和解决农业源污染问题。要下大力气控制农业生产污染源，从源头入手，杜绝污染物的出现，建立集约化的治污体系，当前粗放式的污染物倾倒已经严重影响了我国农村的环境，特别是一些工业生产废料，过去多采用直接转移到偏远农村的方法来进行处理，现在要全部废除，必须设立科学的治污体系与机构，保证农村、土地、环境、生态等方面的安全。

实行资源环境一体化管理，加强生态环境的综合整治。生态环境是一个有机整体和复合系统，其高效的功能取决于其稳定的内部结构和持续、有序的运行过程。因此，我们要把资源和生态环境作为一个系统，进行一体化管理。要以环境保护的基本国策为根本立足点，坚持治理、保护与建设相结合的原则，把城镇、乡村作为一个整体来进行生态环境的总体规划、整治和保护管理。着眼于功能提升，以流域或区域整体为单元，实行包括整治坡耕地、兴建生态公益林、升级企业技术、治理水土流失和环境污染在内的生态环境综合治理和生态环境建设的一揽子工程。同时，生态环境综合性、多样性和多层次的特点决定了生态环境的建设是一个涉及多个地区、部门和行业的综合性系统工程，需要各级政府统一领导、整体协调，农、林、牧、渔、水利、环保等行业主管部门要按照各自职能分工，明确责任，彼此之间相互配合、统筹安排，加强行业指导和工程管理。

引入市场机制，加快发展农业环保产业。注重市场需求，是我们一直强调的重要内容，这是促进农业产业化发展的关键。目前，我们已经明白了环境保护的重要性，认识到环保性的农业发展才是可持续发展的重要要求。因此，发展环保型农业产业是符合市场需求的。生产离不开治污，治污问题离不开费用，单个企业也无法全方位地落实好治污问题，那么，我们就应该集中来进行治污管理，可以由政府出面，来建立治污机构，各相关企业分别上交相应的治污费用，形成多方合作，共同为农业生产污染治理贡献力量。同时，要鼓励环保型农业产业发展，实现农业生产污染物的再利用，这可以说是最好的治污方式。还要吸引社会资金的投入，号召全社会的力量来共同关注农业生产污染，从根本上树立人们污染治理的意识与相关环保意识，共同为农业生产污染治理而努力，真正营造出一个环保、绿色的农业生产产业链条。

（三）发展生态农业

农业归属于自然，依自然而生，所谓"道法自然"，农业活动应尊重自然规律和法则。[①]要推行可持续农业战略，转变农业发展方式，发展绿色生态农业，回归天人合一。从未来农业发展趋势看，农业将由单一经济可持续的农业拓展为资源、经济和生态三者都可持续的农业。农业健康、稳定和持续发展，取决于农业生产的投入能力、农业政策的协调能力、农业生态的支持能力、农业设施的保障能力以及人力资本的创新能力。中国人均农业资源禀赋不足，必须以资源高效利用为切入点，创建节约资源、环保绿色的可持续生态农业。生态农业是农业发展的内在要求，也是保证农业安全的基础。生态农业、循环农业、绿色农业和低碳农业的叫法不同，但都是可持续农业的一种类型，是不同视角下的可持续农业，推行可持续农业战略将是今后现代农业发展的必由路径。

生态农业发展既要结合农业结构调整、农业生产条件的改善，还要引入包括社会、市场和流通在内的大循环的理念，实现从单纯生态农业到生态产业变革的思想改变，并要结合地区经济发展和资源开发的大局来开展。要在农村地区社会经济与生态环境协同进步的过程中发展农业生态。不能为搞生态农业而搞生态农业，重形式而轻内容，大生态发展的思想已经不是山水田园模式，也不是简单的循环利用自然资源的模式。要把生态农业作为实现农业全面发展

---

① 张云华：《读懂中国农业》，上海远东出版社 2015 年版，第 69 页。

的基础，为大产业的开发提供一个基本平台，要以系统的观点来看待农业，将都市农业纳入城市生态系统，将观光农业纳入旅游生态系统，将生态林业纳入森林生态系统。

要加强我国生态农业与绿色、无公害和有机食品开发之间的相互协调和促进，通过生态农业的发展促进无公害、绿色、有机食品的开发；反过来，也要进一步实现无公害、绿色、有机食品良好的市场需求对生态农业向纵深发展的推进。不同生态化水平的农产品的市场供求不同，我们要着眼于国内外市场，以优质、安全的农产品为载体，通过创新生态农业科技，以体制创新尤其是实现农业产业化经营为动力，有选择、有步骤、因地制宜地实现农业生态化，优化农业结构与布局，有效地提高农产品整体的市场竞争力。通过发展生态农业，农产品的质量必然得到提升，这不仅可以使我国公民的健康进一步得到保障，而且也有利于冲破欧美国家的绿色壁垒，增加我国农产品的出口，同时还有利于减少不必要的贸易争端。同时，我们还可以借鉴生态农业的成功经验，推进有机农业的发展。我国的生态农业经过了多年的发展和检验，不管在实践上还是理论上都取得了很大的进步，具备了一定的基础，因此，我们可以在现有生态农业的基础上开发有机农业。

结　论

　　农业作为第一产业是国民经济的支柱，正如习近平总书记2018年致贺首届"中国农民丰收节"时所讲的那样，"重农固本是安民之基、治国之要"。农业在国民经济当中的作用既体现在第一产业、为人民群众提供基本食物来源的直接作用，还体现在其与二、三产业之间关系方面。农业是第二产业和第三产业的基础，农业的发展水平很大程度上影响了第二产业和第三产业的发展水平。就现阶段的中国而言，农业作为基础性产业还影响着社会的安全和稳定，其不仅可为14亿人口提供稳定健康的食物，而且是广大农民稳定的收入来源，因此，确保农业安全的意义十分重大，既是经济问题，也是社会问题，更是政治问题。从这个意义上讲，实现以农业安全为根本要求的农业现代化是当前我国农业发展的目标之一，具有划时代的、根本性的意义，其重要性不言而喻。

　　新中国成立以来，尤其是改革开放以来，在中国共产党的正确领导下，我国农业得到了空前快速的发展，粮食产量的规模、农产品的多样性等都得到了根本改善，基本实现了自给自足。但是，当前因我国人口的增长导致的农产品供需失衡，经济增长方式粗放导致的农业生态遭到破坏，农业科技投入不足导致的种子安全、农业竞争力不强等问题逐渐显现，已经成为农业安全领域不得不面对的问题。农业安全问题表现形式多样，概括起来主要包括粮食安全问题、种子安全问题、农产品安全问题和农业生态安全问题。

　　粮食安全问题主要体现在粮食的数量与日益增长的人口需求之间还存在较大差距，同与之密切相关的其他产业之间的需要仍存在着明显缺口，这种情况尚未得到有效改善。我们在粮食产量与粮食安全的评价标准上仍有许多工作要做，唯有如此，才能满足"人们稳定获得食物的权利"的要求。在广义粮食安全上，我国粮食仍未完全摆脱对外来进口的依赖，对于进口来源地的影响和控制权受到多方面因素的制约，新的粮食供给区域尚未得到有效落实，粮食主权问题容易受到来自他国的影响。由此可见，粮食安全是我国农业安全的重中之重，需要给予更多的关注。种子安全领域内，由于农业自身的特点，种子是农业安全的前提条件，具有举足轻重的作用。由于长久以来形成的农业安全观念，导致我们对于种子安全的重视不够，在资金投入、政策扶持、法律保障等方面严重滞后，致使种子安全隐患十分明显，主要体现在：一是种子质量不高，种业发展相对落后，种子多元化、多样化发展水平与农业需求之间差距十分明显；二是种子数量不足，尚无法满足快速发展的农业需求；三是种子市场监管混乱，农民的合法权益无法得到有效保障，农业安全源头风险隐患较大。

　　当前，我国农产品安全问题突出，农产品安全事件频发，影响到了人民群众的健康，也对政府及农业的公信力产生了不利影响，具体表现为：农产品加工过程安全隐患突出，农产品二次污染的风险不容乐观；农产品安全监管结构性矛盾凸显，监管的合力现状与客观需要之间差距明显；在具体操作层面，我国农产品安全技术落后，尚未达到市场和农业安全需要的标准。在农业生态安全方面，我国土地资源约束趋紧，有效耕地面积逐年下降，耕地质量问题凸显，农业持续高质量发展问题堪忧；我国淡水资源也面临着总量少、污染严重、不断缩减的现实状况，淡水资源逐渐成为制约我国农业发展的重要因素；气候变化异常，极端天气发生的频率增多，也给农业安全造成了较大隐患；我国生态资源的退化严重，生态资源形势严峻，需要我们给予更多的关注，以确保农业和谐稳定健康发展。

　　我国农业安全问题产生原因是多方面的。当前，我国农业安全治理尚缺乏战略意识，国家层面上，很长一段时间以来治理主体并没有意识到农业安全问题的严重性，各级政府普遍更易关注传统的安全领域而忽视农业安全问题，国民对于农业安全的关注度也不高，导致农业安全隐患突出。同时，在需求与供应方面，农业产业存在供需失衡的问题，原因也是多方面的，一是由于人口众多，农业供应压力增大；二是由于作为资本属性的产业利润水平低，农业的吸引力不强；三是由于农业生产效率、科技投入、生产模式等因素，致使农业生态环境遭到严重破坏。总体来看，我国当前农业产业经营竞争力不足，产业化水平低，创新动力不足，外资渗透严重，信息化技术欠缺，资金投入偏低。农业法律监管机制不科学，法治观念缺失，法律制度不完善，责任体制不清晰，监督渠道不通畅。

我国实现农业安全必须加强顶层设计，从战略高度重视农业，要把农业安全与国防安全置于同等重要的位置；要正确认识农业安全的本质问题，从经济的角度上认识和解决农业安全才是根本出路，才能妥善解决各类农业安全问题；解决农业安全问题应当立足于中国特色社会主义市场经济之上，全面发挥市场的调节作用和政府的宏观调控作用，从市场和政府两个方面着手确保农业安全得以实现；解决农业安全问题就要以"稳定"为价值导向，这是在国家治理现代化大背景下的正确选择，这样才能确保人民群众稳定获得生活所需的粮食以及其他农产品。为此，我们要构建现代农业治理体系，其既包括现代农业产业体系，也包括现代农业生产体系，还包括现代农业经营体系。同时，还要积极提升农业安全治理能力，全面贯彻和落实农业安全治理体系的相关规定，确保种子安全问题得以妥善解决，加强种业快速、健康发展，提高种子的科技含量和质量；提升农产品安全水平，关键要从安全质量出发，以保障农业所提供的食品更加安全和健康；改善农业生态问题，确保耕地面积和质量，确保淡水资源的保护和利用，为农业安全的长远发展提供保障和支持。

参考文献

一、中文译著

1. 彼得·萨瑟兰:《WTO 的未来——阐释新千年中的体制性挑战》,刘敬东等译,中国财政经济出版社 2005 年版。

2. 孟德拉斯:《农民的终结》,李培林译,中国社会科学出版社 1991 年版。

3. 拉巴·拉马尔主编:《多元文化视野下的土壤与社会》,张璐译,商务印书馆 2005 年版。

4. 蒂埃里·苏卡:《牛奶、谎言与内幕》,王怡静译,苏州大学出版社 2008 年版。

5. 埃利克·奥森纳:《棉花国之旅》,杨祖功等译,新星出版社 2009 年版。

6. M. T. 瓦罗:《论农业》,王家绥译,商务印书馆 1981 年版。

7. 扬·杜威,范德普勒格:《新小农阶级》,潘璐等译,社会科学文献出版社 2013 年版。

8. 阿图洛·瓦尔曼:《玉米与资本主义》,谷晓静译,华东师范大学出版社 2005 年版。

9. 艾里克·施洛瑟:《快餐国家》,何韵等译,社会科学文献出版社 2006 年版。

10. 白苏珊:《乡村中国的权力与财富》,朗友兴等译,浙江人民出版社 2009 年版。

11. 保罗·罗伯茨:《食品恐慌》,胡晓娇等译,中信出版社 2008

年版。

12. D. 盖尔·约翰逊:《经济发展中的农业、农村、农民问题》,林毅夫、赵耀辉编译,商务印书馆 2004 年版。

13. 丹尼尔·查尔斯:《收获之神》,袁丽琴译,上海科学技术出版公司 2006 年版。

14. 富兰克林·H. 金:《四千年农夫:中国、朝鲜和日本的永续农业》,程存旺、石嫣译,东方出版社 2016 年版。

15. 弗里德曼等:《中国乡村,社会主义国家》,陶鹤山译,社会科学文献出版社 2002 年版。

16. 杰弗里·M. 史密斯:《种子的欺骗》,高伟等译,凤凰出版传媒集团、江苏人民出版社 2011 年版。

17. 杰弗里·M. 史密斯:《转基因赌局》,苏艳飞译,凤凰出版传媒集团、江苏人民出版社 2011 年版。

18. 兰德尔·菲茨杰拉德:《百年谎言》,但汉松等译,北京师范大学出版集团、北京师范大学出版社 2007 年版。

19. 李丹:《理解农民中国》,张天虹等译,凤凰出版传媒集团、江苏人民出版社 2008 年版。

20. 玛丽恩·内斯特尔:《食品安全》,程池等译,社会科学文献出版社 2004 年版。

21. 玛丽恩·内斯特尔:《食品政治》,刘文俊等译,社会科学文献出版社 2004 年版。

22. 帕特里克·韦斯特霍夫:《粮价谁决定》,申清等译,机械工业出版社 2011 年版。

23. 威廉·恩道尔:《粮食危机》,赵刚等译,知识产权出版社 2008 年版。

24. 詹姆斯·斯科特:《农民的道义经济学》,程立显等译,译林出版社 2001 年版。

25. 西奥多·W. 舒尔茨:《改造传统农业》,梁小民译,商务印书馆 2006 年版。

26. 约翰·马德莱：《贸易与粮食安全》，熊瑜好译，商务印书馆 2005 年版。

27. 詹姆斯·C. 斯科特：《弱者的武器》，郑广怀等译，凤凰出生传媒集团、译林出版社 2007 年版。

28. 詹姆斯·斯科特：《农民的道义经济学》，程立显等译，译林出版社 2001 年版。

29. 关谷俊作：《日本的农地制度》，金洪云译，生活·读书·新知三联书店 2004 年版。

30. 罔部守等编著：《日本农业概论》，中国农业出版社 2004 年版。

31. 祖田修：《农学原论》，张玉林等译，中国人民大学出版社 2003 年版。

32. R. A. B. 皮埃尔等：《美丽的新种子》，许云锴译，商务印书馆 2005 年版。

33. 阿马蒂亚·森：《贫困与饥荒》，王宇等译，商务印书馆 2001 年版。

34. 范达娜·席瓦：《失窃的收成》，唐均译，世纪出版集团、上海人民出版社 2006 年版。

35. 艾尔伯特·霍华德：《农业圣典》，李季主译，中国农业大学出版社 2013 年版。

36. 弗兰克·艾利思：《农民经济学》，胡景北译，上海人民出版社 2006 年版。

37. 拉吉·帕特尔：《粮食战争》，郭宝玺等译，东方出版社 2008 年版。

二、中文著作

1. 白跃世：《中国农业现代化路径选择分析》，中国社会科学出版社 2004 年版。

2. 曹宝明等:《中国粮食安全的现状、挑战与对策》,中国农业出版社 2014 年版。

3. 陈大彬:《中国农村改革纪事 1978—2008》,四川人民出版社 2008 年版。

4. 陈文科等:《中国农民问题》,河南人民出版社 2000 年版。

5. 陈锡文:《中国农业供给侧改革研究》,清华大学出版社 2017 年版。

6. 程漱兰:《中国农村发展:理论与实践》,中国人民大学出版社 1999 年版。

7. 柴卫东:《生化超限战》,中国发展出版社 2011 年版。

8. 党永富:《土壤污染与生态治理》,水利水电出版社 2015 年版。

9. 董志龙:《舌尖上的安全:破解食品安全危局》,中国纺织出版社 2014 年版。

10. 杜飞进:《中国的治理:国家治理现代化研究》,商务印书馆 2017 年版。

11. 杜楠,吕翔,朱晓禧等:《美国农业现代化历程及其对中国对启示研究》,中国农业科学技术出版社 2017 年版。

12. 方言:《转型发展期的农业政策研究》,中国经济出版社 2017 年版。

13. 冯小:《去小农化:国家主导发展下的农业转型》,华中科技大学出版社 2017 年版。

14. 傅晨:《中国农业改革与发展前沿研究》,中国农业出版社 2013 年版。

15. 傅军:《国富之道:国家治理体系现代化的实证研究(第 2 版)》,北京大学出版社 2014 年版。

16. 顾秀林:《转基因战争》,知识产权出版社 2011 年版。

17. 郭剑雄：《开放条件下的中国农业发展》，中国社会科学出版社 2004 年版。

18. 韩俊：《中国粮食安全与农业走出去发展战略研究》，中国发展出版社 2014 年版。

19. 胡鞍钢：《中国国家治理现代化》，中国人民大学出版社 2014 年版。

20. 侯建新：《农民、市场与社会变迁》，社会科学文献出版社 2002 年版。

21. 黄季焜等著：《制度变迁与可持续发展：30 年中国农业与农村》，上海人民出版社 2008 年版。

22. 巨建国：《现代国家治理体系》，中共中央党校出版社 2014 年版。

23. 蒋高明等著：《转基因粮食凶猛》，湖北长江出版集团、长江文艺出版社 2011 年版。

24. 蒋和平：《中国特色农业现代化建设研究》，经济科学出版社 2011 年版。

25. 姜云长等著：《多维视角下的加快转变农业发展方式研究》，中国社会科学出版社 2017 年版。

26. 兰思仁：《生态文明建设背景下的水土流失治理模式创新》，厦门大学出版社 2013 年版。

27. 李先德等著：《发展中的世界农业——法国农业》，中国农业出版社 2014 年版。

28. 李宗正等：《西方农业经济思想》，中国物资出版社 1996 年版。

29. 李周：《中国农业改革与发展》，社会科学文献出版社 2017 年版。

30. 梁孝：《社会主义市场经济与国家治理体系》，浙江人民出版社 2015 年版。

31. 刘福海，朱启臻主编：《中国农村土地制度研究》，中国农业大学出版社 2006 年版。

32. 刘少华，刘宏斌，余凯等：《国家治理体系现代化与政治治理》，湖南人民出版社 2015 年版。

33. 刘世军，刘建军等：《大国的复兴：国家治理体系与治理能力现代化》，上海人民出版社 2014 年版。

34. 刘志雄：《开放条件下中国农业安全问题研究》，首都经济贸易大学出版社 2014 年版。

35. 刘智峰：《国家治理论：国家治理转型的十大趋势与中国国家治理问题》，中国社会科学出版社 2014 年版。

36. 罗维扬选编：《外国人怎样当农民》，湖北人民出版社 2005 年版。

37. 陆学艺主编：《当代中国社会阶层分析报告》，社会科学文献出版社 2002 年版。

38. 毛育刚：《中国农业演变之探索》，社会科学文献出版社，2001 年版。

39. 潘维：《农民与市场》，商务印书馆 2003 年版。

40. 人民论坛编：《大国治理：国家治理体系和治理能力现代化》，中国经济出版社 2014 年版。

41. 宋洪远：《中国农村改革三十年》，中国农业出版社 2008 年版。

42. 宋敏：《日本环境友好型农业研究》，中国农业出版社 2010 年版。

43. 沈孝宙编：《转基因之争》，化学工业出版社 2008 年版。

44. 邵彦敏：《中国农村土地制度研究》，吉林大学出版社 2008 年版。

45. 唐风编著：《新粮食战争》，中国商业出版社 2008 年版。

46. 唐珂主编：《中国现代生态农业建设方略》，中国农业出版社 2015 年版。

47．王国敏等：《中国特色农业现代化道路的实现模式研究》，四川大学出版社 2013 年版。

48．王浦劬：《国家治理现代化：理论与政策》，人民出版社 2016年版。

49．温铁军：《居安思危：国家安全与乡村治理》，东方出版社 2016 年版。

50．魏加宁：《如何实现国家治理现代化》，中国发展出版社 2017年版。

51．宣杏云等：《西方国家农业现代化透视》，上海远东出版社 1998 年版。

52．熊光清：《中国流动人口中的政治排斥问题研究》，中国人民大学出版社 2009 年版。

53．许海清：《国家治理体系和治理能力现代化》，中共中央党校出版社 2013 年版。

54．徐浩：《农民经济的历史变迁》，社会科学文献出版社 2002年版。

55．许欣欣：《当代中国社会结构变迁与流动》，社会科学文献出版社 2000 年版。

56．许耀桐：《中国国家治理体系现代化总论》，国家行政学院出版社 2016 年版。

57．严瑞珍，罗丹，孔祥智等：《未来十年农业农村发展展望》，中国农业出版社 2014 年版。

58．杨雪冬：《国家治理的逻辑》，社会科学文献出版社 2017 年版。

59．于爱芝，孙道玮：《发展中的世界农业——澳大利亚农业》，中国农业出版社 2016 年版。

60．虞崇胜，唐皇凤：《第五个现代化：国家治理体系与治理能力现代化》，湖北人民出版社 2015 年版。

61. 俞可平：《论国家治理现代化》，社会科学文献出版社 2014 年版。

62. 张小劲，于晓虹编著：《推进国家治理体系和治理能力现代化六讲》，人民出版社 2014 年版。

63. 张云华：《读懂中国农业》，上海远东出版社 2015 年版。

64. 中国科学院中国现代化研究中心：《农业现代化的趋势和路径》，科学出版社 2017 年版。

65. 朱信凯等：《中国学者谈未来农业发展》，中国人民大学出版社 2017 年版。

三、中文期刊

1. 白凯，张智：《论习近平的政绩观及其价值》，《学校党建与思想教育》，2018 年第 4 期。

2. 白石，梁书民：《世界粮食供求形势与中国农业走出去战略》，《世界农业》，2007 年第 9 期。

3. 曹秋菊：《开放贸易下中国农业安全问题研究》，《农业现代化研究》，2010 年第 3 期。

4. 陈晓华：《完善农产品质量安全监管的思路和举措》，《行政管理改革》，2011 年第 6 期。

5. 程国强：《中国农业对外开放：影响、启示与战略选择》，《中国农村经济》，2012 年第 3 期。

6. 程同顺，赫永超：《当前中国农业安全隐患及其战略选择》，《中共中央党校学报》，2014 年第 3 期。

7. 程同顺，赫永超：《设施农业要注重发挥综合效益——以天津市为例》，《理论与现代化》，2016 年第 5 期。

8. 程同顺，贾凡：《从国家安全高度治理食品安全》，《思想战线》，2017 年第 1 期。

9. 崔卫杰：《开放形势下的中国农业产业安全》，《国际经济合作》，2015年第1期。

10. 储建国：《普遍化与多样化背景下治理"基本盘"的稳固与完善》，《国家治理》，2014年第15期。

11. 丁志刚：《如何理解国家治理与国家治理体系》，《学术界》，2014年第2期。

12. 党从速：《从农业安全视角探索支农模式的创新思路》，《中国财政》，2014年第1期。

13. 丁敏：《现代化农业下的粮食安全问题研究》，《现代化农业》，2017年第7期。

14. 董运来，谢作诗，刘志雄：《开放条件下中国农业安全面临的机遇与挑战》，《亚太经济》，2012年第5期。

15. 杜文骄：《农业产业安全综述》，《安徽农业科学》，2013年第41卷第23期。

16. 傅真晶，韦开蕾：《关于农业产业安全的文献综述》，《农村经济与科技》，2011年第11期。

17. 顾益康，袁海平：《中国农业安全问题思考》，《农业经济问题》，2010年第4期。

18. 韩连贵：《关于探讨农业产业化经营安全保障体系建设方略规程的思路》，《经济研究参考》，2013年第3期。

19. 何增科：《理解国家治理及其现代化》，《马克思主义与现实》，2014年第1期。

20. 韩冬雪：《衡量国家治理绩效的根本标准》，《人民论坛》，2014年第4期（上）。

21. 侯远长：《确立马克思主义的政绩观》，《社会主义研究》，2004年第5期。

22. 胡鞍钢，魏星：《治理能力与社会机会——基于世界治理指标的实证研究》，《河北学刊》，2009年第1期。

23. 胡颖廉：《国家食品安全战略基本框架》，《中国软科学》，2016 年第 9 期。

24. 金赛美，曹秋菊：《开放经济下我国农业安全度测算与对策研究》，《农业现代化研究》，2011 年第 3 期。

25. 景跃进，孙柏瑛，何增科等：《专家圆桌："第五个现代化"启程》，《人民论坛》，2014 年第 10 期。

26. 李国平，徐薇，陈森发：《入世过渡期结束后我国农业安全状况及对策》，《国际贸易问题》，2005 年第 3 期。

27. 李立辉，曾福生：《新常态下中国粮食安全面临的问题及路径选择》，《世界农业》，2016 年第 1 期。

28. 李连成，张玉波：《FDI 对我国产业安全的影响和对策探讨》，《云南财经学院学报》，2002 年第 2 期。

29. 李宁，辛毅：《国内外农业产业安全问题研究状况综述》，《价格月刊》，2009 年第 4 期。

30. 李景鹏：《关于推进国家治理体系和治理能力现代化——四个现代化之后的第五个现代化》，《天津社会科学》，2014 年第 2 期。

31. 林星，吴春梅：《习近平"三农"思想分析——基于十八大以来习近平系列重要讲话精神的解读》，《华中农业大学学报（社会科学版）》，2016 年第 5 期。

32. 刘林元：《关于理论与实践相结合的辩证内涵》，《毛泽东邓小平理论研究》，2003 年第 2 期。

33. 刘嘉敏，刘巍：《论习近平绿色发展思想》，《理论观察》，2017 年第 4 期。

34. 刘建军：《和而不同：现代国家治理体系的三重属性》，《复旦学报（社会科学版）》，2014 年第 3 期。

35. 刘志雄，董运来：《日本和美国农业安全政策及其对中国的启示》，《世界农业》，2011 年第 11 期。

36. 刘志雄，董运来：《印度农业安全政策与挑战》，《亚太经济》，

2012 年第 1 期。

37. 骆世明：《构建我国农业生态转型的政策法规体系》，《生态学报》，第 35 卷第 6 期，2015 年 3 月。

38. 吕勇斌：《外资并购与中国农业产业安全：效应与政策》，《农业经济问题》（月刊），2009 年第 11 期。

39. 金赛美，曹秋菊：《开放经济下我国农业安全度测算与对策研究》，《农业现代化研究》，2011 年第 32 卷第 3 期，2011 年 5 月。

40. 马建平，孟燕红：《论我国入世过渡期结束后的农业安全与发展》，《首都经济贸易大学学报》，2006 年第 2 期。

41. 马利军：《基于外商直接投资角度的中国农业安全研究》，《世界农业》，2013 年第 1 期。

42. 彭腾：《习近平大农业安全思想探析》，《湖南财政经济学院学报》，2015 年第 1 期。

43. 倪洪兴：《开放条件下我国农业产业安全问题》，《农业经济问题》，2010 年第 8 期。

44. 齐卫平，刘益飞，郝宇青，罗兴佐，张劲松，上官酒瑞：《乡村治理：问题与对策（笔谈）》，《华东师范大学学报（哲学社会科学版）》，2016 年第 1 期。

45. 仇焕广，陈瑞剑，廖绍攀，蔡亚庆：《中国农业企业"走出去"的现状、问题与对策》，《农业经济问题》，2013 年第 11 期。

46. 冉连：《国家治理研究的知识图谱——基于 CSSCI（2001—2015）的文献计量分析》，《吉首大学学报（社会科学版）》，2016 年第 6 期。

47. 任大鹏，赵阳，徐小春等：《关于中国农业产业安全问题的学术讨论》，《中国农业大学学报（社会科学版）》，2011 年第 2 期。

48. 桑玉成，刘建军：《第四件大事——构建现代化的民主政治和完善的国家治理结构》，《新视野》，2012 年第 6 期。

49. 宋琳，韩奇：《现代国家建设——中国的探索与实践》，《西北大学学报（哲学社会科学版）》，2013 年第 5 期。

50. 宋伟良，方梦佳：《中国农业产业安全防范体系建立的政策研究》，《宏观经济研究》，2013 年第 11 期。

51. 沈开举：《民主、信息公开与国家治理模式的变迁》，《河南社会科学》，2012 年第 4 期。

52. 盛国勇，陈池波：《习近平国家粮食安全战略思想探析》，《探索》，2015 年第 4 期。

53. 盛来运：《农业及粮食安全问题》，《统计研究》，2002 年第 10 期。

54. 宋向党：《系统化视角下的农业产业安全问题探讨》，《河北经贸大学学报》，2016 年第 37 卷第 5 期，2016 年 9 月。

55. 唐皇凤：《中国国家治理现代化的实践探索与基本特征》，《湖北社会科学》，2015 年第 2 期。

56. 田广清：《辩证地把握"摸着石头过河"与"顶层设计"的关系——相关理论观点述略》，《中国浦东干部学院学报》，2014 年第 1 期。

57. 王静，张洁瑕，段瑞娟：《区域农业生态系统研究进展》，《生态经济》第 31 卷第 2 期（2015 年 2 月）。

58. 王仕国：《五大发展理念与马克思主义发展观的新发展》，《求实》，2016 年 11 月。

59. 王松梅：《我国农业安全问题研究现状综述》，《生产力研究》，2012 年第 1 期。

60. 汪洋：《食品药品安全重在监管》，《求是》，2013 年第 16 期。

61. 温铁军：《注重小农经济发展 确保大农业的安全》，《农村工作通讯》，2011 年第 22 期。

62. 伍瑛：《我国转基因生物技术安全管理问题研究》，《北京农业》，2016 年 3 期。

63. 习近平：《人民对美好生活的向往就是我们的奋斗目标》，《人民日报》，2012 年 11 月 16 日。

64. 谢翀：《农业产业安全观下的外资并购风险与法律防范》，《华中农业大学学报》（社会科学版），2012 年 2 期。

65. 徐洁香，邢孝兵：《当前我国农业产业安全问题探析》，《商业研究》，2005 年第 17 期。

66. 徐勇：《热话题和冷思考——关于国家治理体系和治理能力现代化的对话》，《当代世界与社会主义》，2014 年第 1 期。

67. 许耀桐，刘祺：《当代中国国家治理体系分析》，《理论探索》，2014 年第 1 期。

68. 许耀桐：《以现代化为旨向识解国家治理》，《中国社会科学报》，2014 年 2 月 7 日。

69. 辛向阳：《推进国家治理体系和治理能力现代化的三个基本问题》，《理论探讨》，2014 年第 2 期。

70. 燕继荣，何增科：《关于国家治理现代化的对话》，《科学社会主义》，2014 年第 1 期。

71. 杨卫军：《习近平绿色发展观的价值考量》，《现代经济探讨》，2016 年第 8 期。

72. 于法稳：《习近平绿色发展新思想与农业的绿色转型发展》，《中国农村观察》，2016 年第 5 期。

73. 于伟峰，孙兵兵，王军：《论习近平的政绩观》，《大连干部学刊》，2014 年第 3 期。

74. 俞可平：《国家治理现代化若干问题（上）》，《福建日报》，2014 年 6 月 8 日。

75. 虞依娜，彭少麟：《生态恢复经济学》，《生态学报》，2009 年第 8 期。

76. 张碧琼：《国际资本扩张与经济安全》，《中国经贸导刊》，2003 年第 6 期。

77. 张晶等:《农业"走出去"的经验分析、机遇和挑战》,《农业经济》,2012 年第 11 期。

78. 张蓓,黄志平,杨炳成:《农产品供应链核心企业质量安全控制意愿实证分析——基于广东省 214 家农产品生产企业的调查数据》,《中国农村经济》,2014 年第 1 期。

79. 张士康等:《中国农产品消费的形态特征、关注度与农产品质的安全供给》,《世界农业》,2010 年第 8 期。

80. 赵国杰,王立飞:《浅谈信息化在农业产业化过程中的作用及对策》,《农业经济》,2011 年 6 月。

81. 赵其国:《现代生态农业与农业安全》,《生态环境》,2003 年第 3 期。

82. 赵其国等:《中国生态安全、农业安全及"三农"建设研究》,《农林经济管理学报》,2014 年第 3 期。

83. 周玉梅:《论农业安全与可持续发展》,《经济纵横》,2005 年第 2 期。

84. 周平:《论国家疆域的治理》,《思想战线》,2015 年第 4 期。

85. 郑宝华,李东:《国内农业产业安全问题研究综述》,《农业经济问题》,2008 年第 1 期。

86. 郑言,李蒙:《推进国家治理体系和治理能力现代化》,《吉林大学社会科学学报》,2014 年第 3 期。

87. 朱广其,赵家风:《进一步提高我国农产品国际竞争力》,《宏观经济管理》,2007 年第 5 期。

88. 朱丽萌:《中国农产品进出口与农业安全预测》,《财经科学》,2007 年第 4 期。

89. 朱鹏颐:《农业生态经济发展模式与战术探讨》,《中国软科学》,2015 年第 1 期。

90. 朱晓峰:《论我国的农业安全》,《经济学家》,2002 年第 1 期。

91. 朱信凯，张晨，杨晓婷：《习近平农业思想及十八大以来的实践》，《经济社会体制比较》，2017 年第 5 期。

92. 竹立家：《社会转型与国家治理现代化》，《科学社会主义》，2014 年第 1 期。

93. 左停，周智炜：《农业安全视域下的粮食安全再认识》，《江苏农业科学》，2014 年第 5 期。

四、英文论文

1. Bredahl L. "Consumers'Congnitions with Regard to Genetically Modified Foods：Results of a Qualitative Study in Four Countries", Appetite，1999（33）.

2. Conca Ken. "In the name of sustainabllity：Peace Studies and Envirorunental Diseourse", Peace and Change，1994，19（2）.

3. Frewer L. J., Howard C. and Aaron J. "Consumer Acceptance of Transgenic Crops", Pesticide Science，1998（52）.

4. Huang J. K., Yang J., Msangi S., et al. Weersink，Biofuels and the Poor："Global Impact Pathways of Biofuels on Agricultural Markets", Food Policy，2012（37）.

5. Knight J., Mather D., Holdsworth D., et al. "Acceptance of GM Food - An Experiment in six countries", Nature Biotechnology，2007，5（5）.

6. Kym Anderson and Anna Strutt. "Agriculture and Food Security in Asia by 2030", ADBI Working Paper Series，No. 368，July 2012.

7. Lack G. "Clinical RiskAssessment of GM Foods", Toxicol Lett，2002（127）.

8. Ladics G. S., Knippels L. M., Penninks A. H., et al. "Review of animal models designed to predict the potential allergenicity of novel

proteins in genetically modified crops", Regul Toxicol Pharmaco, 2010, 56 (2).

9. Liming Ye, Huajun Tang, Wenbin Wu, Peng Yang, Gerald C. Nelson, Daniel Mason-D'Croz, and Amanda Palazzo. "Chinese Food Security and Climate Change: Agriculture Futures", Economics, Vol. 8, 2014.

10. Pirages Dennls. "Soeial Evolution and Ecology Seeurity", Bulletin of Peace Proposals, 1991, 22 (3).

11. Pray C., Ma D., Huang J., et al. "Impact of Bt Cotton in China", World Development, 2001, 29 (5).

12. Qiu Guo-yu, Yin Jin and Shu Geng. "Impact of climate and land-use changes on water security for agriculture in northern China", Journal of Integrative Agriculture, 2012 (1).

13. Robin Gebbers I. and Viacheslav I. Adamchuk. "Precision Agriculture and Food Security", Science, Vol 327, 2010.

14. Shenggen Fan and Joanna Brzeska. "Feeding more people on an increasingly fragile planet: China's food and nutrition security in a national and global context", Journal of Integrative Agriculture, 2014 (6).

15. Varzakas T., Arvanitoyannis I. and Baltas H. "The Politics and Science behind GMO Acceptance", Critical Reviews in Food Science and Nutrition, 2007 (47).

16. Yuan Juanwen and Anke Niehof. "Agricultural technology extension and adoption in China: a case from Kaizuo Township, Guizhou Province", The China Quarterly, 2011 (6).

后　记

　　当我写下"后记"两个字的时候，感慨时光就像水中的茶叶那样慢慢绽放开来，过去有多美好，那水中的"茶叶"就有多舒展。我清楚地知道，我与南开大学甚至与我求学的日子彻底告别了，虽然它们在我骨子里早已打下深深的烙印，对我的余生都将产生深远影响。

　　从2000年我考入南开大学算起，直到今天，近19个寒暑春秋在我未曾留意的时候渐行远去，此刻才发现，它们是我最绚丽、最枝繁叶茂、绿树成荫的年华，它们将是我生命当中最为重要的组成部分，自是难以割舍。

　　2013年，我有幸考上南开大学周恩来政府管理学院政治学系，师从程同顺教授，攻读法学博士学位。彼时我已是34岁"高龄"，并且还要工作，无法将全部精力都放在学习上，我的恩师在我的求学路上花费的心血就可想而知了。在这里，我非常感谢我的恩师程同顺教授，他严谨的治学态度、渊博的专业知识和孜孜以求的进取精神使我受益匪浅，帮我建立了学术的信心和勇气，时刻激励我在学术的道路上奋勇前行。从我毕业论文主题的提炼和写作框架的确定，老师都倾注了大量的心血。每次与恩师沟通和交流，都让我豁然开朗，茅塞顿开。而在论文定稿后，老师对于写作格式、语言逻辑、错别字等方面的意见和建议，都让我自惭形秽，心生敬佩。虽然，定稿的论文仍没有达到老师的要求，但是，如果没有老师的指导和帮助，这篇论文将难以示人。当然，与学术关怀同等重要的是他在精神方面给予我的鼓励和支持。从他身上，我感受到一位杰出教师的强烈家国意识和情怀、一位优秀学者的责任和担当、一位智者洞若观火般的真知灼见。在我近 6 年的博士求学日子里，这种精神深深地鼓舞了我，是我迷茫时的一盏明灯、困顿时的一缕清风。得遇恩师，是我的幸运。我也相信，在未来的日子里，这种精神也必将激励我继续坚持下去。

在周恩来政府管理学院求学的日子里，我还要感恩几位幸运遇到的前辈：朱光磊教授、高永久教授和季乃礼教授。朱光磊老师的大师风范、高永久老师的严谨负责、季乃礼老师的诙谐幽默都给了我很多启示和感召，使我受益终身。也要感谢学弟（妹）们，正是他们的不断激励才使我没有半途而废，比如，他们会在任何场合问我："学长，论文准备得怎么样了？"在我尴尬不知所措之时，他们会说"学长肯定没问题"，然后投以"景仰"的目光，他们让我奋发图强，奋力前行，不敢蹉跎岁月。

读书是自私的，尤其是对三十几岁"高龄"、上有老下有小的我来说更是如此，因为这意味着陪伴家人的时间会被压缩。但是，我的家人从来没有因此而责怪我，他们只是干什么都不带我，并一脸嫌弃地说："快去读书吧，不然就毕不了业了。"感谢他们的包容、理解、鼓励和支持，这脉脉温情是我前进的动力。感谢我的父母，由于忙于学习和工作，我回家的机会并不多，他们经常笑谈，如果不是邻居的提醒，他们已经忘记了还有我这么个儿子。也要感谢我的哥哥和弟弟，他们以过来者的身份自居，跨学科指导我如何搞好学术研究，让我深刻理解了这么个道理：博士毕业了，说啥都对。感谢我的爱人，她想方设法、绞尽脑汁地分散我的精力，免得我写出"优秀论文"成为网红，毕竟树大招风，人大招蜂子。特别感谢我的女儿和我的儿子，他俩就像宪兵那样，全副武装地站在我身后，时刻提醒我这样一个事实：父亲就该有父亲的样子。——当然，父亲究竟应该是什么样子，我也不清楚。我问我父亲，他只是说："农民就该把地种好！"我似乎明白了，于是在我儿女前面更加认真地学习和工作，不敢有丝毫懈怠。

浩渺行无极，扬帆但信风。学海无涯如同浩瀚的宇宙，我们能做的就是怀揣信仰，坚定前行。

赫永超

2020 年 6 月 17 日